KB095953

THIS IS BIG

This is

디스 이즈 빅

머리사 멜처 지음 | 곽재은 옮김

BiG

STUDIO:ODR

일러두기

- 옮긴이주는 본문 내 별색으로 표기했다.
- 외래어는 국립국어원의 외래어 표기법을 따랐으나 일반적으로 통용되는 경우에는 관용에 따라 표기했다.
- 미국의 여성 의류 사이즈는 2부터 시작해 2단위로 늘어난다. 예컨대 우리나라 여성 의류의 44사이즈는 미국 여성 의류의 2사이즈를, 66사이즈는 6사이즈를 가리킨다.
- 본문 속 볼드체는 원서에서 이탤릭으로 강조한 부분이다.

우연이 아니라 선택이 당신의 운명을 결정한다.

— 진 니데치

1961년 9월의 어느 날 아침, 진 니데치는 몸이 공기처럼 가볍다고 느끼면서 눈을 떴다. "몸무게가 100킬로그램이 넘어도 날씬한 하루를 살 수 있다는 거 아셨어요?" 훗날 자신의 강연을 들으러 오는 사람들에게 진은 그렇게 묻게 될 것이다.

진은 일어나 무무원피스 형태의 하와이 전통 의상를 걸쳤다. 온몸을 그럴싸하게 가려주면서 피스타치오 몇 알을 쟁여놓을 주머니까지 달린 이 옷은 진이 보기에 신이 비만 여성에게 내린 축복이었다. 태그에 표시된 사이즈는 10이다. 실제로 진은 44사이즈를 입는데(실제 사이즈보다 작아 보이게 하는 요즘 사이즈로는 대략 20에 해당한다), 수선사에게 가진 옷을 몽땅 맡겨 원래 태그를 떼고 더 작고 기분 좋아지는 사이즈로 바꿔 달았다. 진의 운전면허증에 표시된 체중은 65.7킬로그램이었으나 진은 이미 고등학교 입학 전부터 그런 숫자는 보지 못했다. 하지만 차량 관리국에서는 체중을 잴 일이 없다.

　　진은 머리에 리본을 묶고 집을 나섰다. 리틀넥 거리를 지나 슈퍼마켓까지 걸어갔고, 퀴스프 시리얼 코너를 통과한 다음 어린 두 아들에게 먹일 그레이엄 크래커를 쟁였다. 과자류 진열대 앞에서 서성대다가 이번에는 달달하고 폭신한 초콜릿 코팅 마시멜로 과자 멜로마스가 들어 있는 노란 상자를 카트에 잔뜩 실었다. 진이 '나의 프랑켄슈타인'프랑켄슈타인 박사가 자신이 만든 괴물을 바라보는 심정처럼, 끔찍하게 싫지만 자신에게서 떼어낼 수도, 제거할 수도 없는 대상이라는 의미이라 부르는 이 과자는 그녀가 가장 사랑하는 간식이자 오랜 숙적이며, 이곳에 온 진짜 이유이기도 했다. 진은 욕실 간식 바구니에 멜로마스를 감춰두곤 했다. 아무도 몰래 슬쩍 욕실로 들어가 문을 잠그고 서너 상자씩 뚝딱 해치웠다. 진은 이런 버릇을 농담으로 웃어넘기려 애썼다. "과자 하나 더하기 하나는 열하나예요." 그러고는 멜로마스를 끊겠다고 항상 다짐하지만, 그 결심은 며칠을 못 넘기고 번번이 무너졌다.

　　9월의 그날 아침에도 진은 저도 모르게 다시 슈퍼마켓에 와서 카트를 채웠다. 계산대 직원에게는 과자는 애들이 먹을 거라고 대수롭지 않게 말할 것이다. 진은 이 악순환을 절대 못 깨리라고, 뚱뚱해지는 것은 그저 운이 없어서일 뿐이라고 생각했다. 하지만 그 밖의 인생은 잘 꾸려왔다고 여겼다. 진은 올해 서른여덟이고, 버스 운전을 하는 좋은 남편을 만나 행복한 결혼 생활을 하고 있다. 남편은 결혼할 때부터 진보다 뚱뚱했기 때문에 그녀는 상대적으로 더 아담하고 여성스럽게 느껴졌다. 다섯 살과 열 살짜리 건강한 두 아들도 있었다. 1961년 뉴욕 퀸스에 살던 진 니데치가 무엇을 더 바랐겠는가?

그때 동네에서 몇 번 마주쳤던 이웃 주민이 멜론 진열대를 내려다보는 모습이 진의 눈에 들어왔다. 처음 인사를 나눌 때부터 유달리 마음에 안 든 사람이었지만, 진은 훌륭한 주부였고 사교적으로 보이고 싶은 마음도 있었다. 그리고 만약 앞으로 뚱뚱해진다면 그걸 만회할 수 있도록 마음씨라도 친절해야 한다고 생각했다.

"진, 너무 보기 좋아요." 이웃이 말했다. "여름휴가가 근사했나 봐요?" 진은 살짝 우쭐해져 그렇다고 대답했다. 그러면서 머릿속에 태양과 모래사장이 아니라 아이스크림, 도넛, 피자, 샌드위치를 팔며 리틀넥 거리를 누비던 푸드트럭을 떠올렸다. 진은 트럭을 놓칠세라 동네 아이들처럼 열심히 트럭 뒤를 쫓아 달리곤 했다.

"정말 보기 좋아요." 진을 위아래로 훑어보며 이웃이 이렇게 덧붙였다. "예정일이 언제예요?"

결코 잊을 수 없는 순간이었다는 말로는 부족했다. 이 장면이 진의 남은 인생을 송두리째 바꿔놓을 것이었다. 못 말리는 수다쟁이였던 진도 그때는 말문이 막혔다. 그 여자는 진이 임신했다고 생각했다. 진은 집에 급히 가봐야 할 일이 생겼다고 떠듬떠듬 둘러대고는 황급히 슈퍼마켓을 빠져나왔다.

"어떡하지?" 집까지 네 블록을 걸어오는 동안 진은 묻고 또 물었다. 집으로 돌아오자 진은 곧장 침실 문 뒤에 세워둔 전신거울 앞으로 갔다. 어지간하면 피해 다니던 거울이었다. 화장실 거울에 비춰 볼 때는 자신이 그런대로 괜찮다고 생각했다. 얼굴, 립스틱, 머리까지는 솜씨 좋게 만질 수 있었다. 진은 자기 눈이 예쁘다고 생각하며 돌아서곤 했다. 그러나 이번만큼은 엉덩이와 배를 똑바로 쳐다보았다. 불룩하다. 날씬한 하루를 살고 있다던 그 여자는 누구였을까?

나중에 진은 이렇게 썼다. "대부분의 뚱뚱한 사람은 어떤 식으로든 상처받을 필요가 있다. 그래야 충격을 받아 조치를 취하고 자신을 위해 무언가를 한다. 갑자기 그리고 완전히 의기

소침해지는 일이 벌어져야 비로소 현실에 눈을 뜨는 것이다."

전신거울 앞 그 자리에서 진은 슈퍼마켓에서 만난 이웃에게 고마워하기로 결심했다. 그녀가 좋아서도 아니고 그녀를 용서해서도 아니었다. 그녀가 진에게 필요한 것을 주었기 때문이었다.

차례

어쩌면 이번만큼은
다를지도 모른다

진 니데치 별세하다.

　나는 아침마다 〈뉴욕타임스〉 부고란을 읽는 살짝 병적인 습관이 있다. 그 시간에 주로 브루클린에 있는 아파트 부엌의 나무 식탁 앞에 앉아 커피를 마시고, 20분 산책으로 노곤해진 불도그 조안은 내 발치에서 킁킁거린다. 부고는 누군가의 일생을 가져다가 '시작, 최고의 순간, 최악의 순간, 결말'이라는 깔끔한 포물선으로 압축한다. 하루를 시작하며 작가라는 내 일과 삶을 맞닥뜨리러 나가기 전에 부고를 읽는 이유가 여기에 있다. 나는 일과 인생 두 영역 모두에서 일관성이나 계획이 결핍된 채, 미끌거리는 한 지점을 떠나 미지의 또 다른 지점을 향해 흘러가고 있다는 느낌을 자주 받는다. 그래서 부고를 읽는 동안 제삼자가 일관된 관점에 따라 고인의 삶을 어떻게 이해했는지 따라가본다. 그 과정에서 내 삶을 들여다볼 수 있는 통찰을 얻고픈 무의식적인 바람도 있다. 보통 이것은 나를 위로하는 습관이었다. 하지만 진에 대한 기사를 읽은 그날 아침은 달랐다.

2015년 4월 말의 부고란 헤드라인은 이러했다. "웨이트워처스 창립자 진 니데치 별세. 향년 91세." 분명 나는 어리둥절한 표정이었을 것이다. 실제 인물이 웨이트워처스를 만들었다는 생각은 한 번도 해보지 못했다. 38년을 살면서 수없이 본, 어디에나 널려 있는 다이어트 회사는 탄생 설화랄 게 있을 수 없었다. 그 회사는 원래부터 그냥 거기에 있었다.

그냥 거기 있었다. 나를 고문하려고. 나는 그렇게 생각했다. 고문이라는 말은 그림자처럼 평생 나를 따라다닌 다이어트와 나의 관계를 미화한 표현일지 모르겠다. 부모님이 내게 처음 다이어트를 시킨 때가 언제였을까. 네 살? 다섯 살? 부모님 손에 이끌려 웨이트워처스에 처음 가입한 것은 아마 아홉 살 무렵 같다. 1980년대만 해도 이런 게 똑똑한 양육법으로 통했다. 하지만 나는 몇 주 나가지 못하고 그만뒀다. 효과도 없었다. 모든 다이어트가 항상 그랬다. 지금도 마찬가지다. 나는 체중이 늘었다 줄기를 수도 없이 반복해온 전형적인 만성 요요 다이어터이다. 내 체중 변화를 그래프로 그린다면 대도시 스카이라인과 비슷할 것이다.

그런데 〈뉴욕타임스〉 홈페이지에서 진 니데치가 활짝 미소 짓고 있다. 큼직한 올빼미 안경을 쓰고 금발을 한껏 부풀린 이 여인이, 애초부터 먹을 생각도 없었을 케이크 한 조각을 손에 든 채. 맨 처음엔 이런 생각이 들었다. 날 비참하게 만든 얼굴을 드디어 보는군. 이 여자가 그 모든 걸 시작한 악마이자, 충분히 신경만 쓰면 체중 감량 정도야 떼놓은 당상처럼 보이게 만든 장본인이란 말이지? 나는 나의 끝없는 다이어트 시도와 그 모든 강박과 좌절을 분풀이할 대상을 반드시 찾겠다는 일념으로 진의 부고를 읽어 내려갔다. 그녀의 인생 이야기는 대충 어떤 식일지 안 봐도 뻔하다고 생각했다. 날씬한 여자가 뚱뚱한 사람들의 인생에 끼어들어 그들이 칼로리 계산이나 무지방 냉동식품 같은 데서 한시도 헤어나지 못하게 옭아매고 정작 자신은 부와 명예를 거머쥐었다는, 대략 그런 줄거리의 이런저런 변주일 것이 뻔했다.

하지만 기사를 읽으면서 나는 진 니데치에게서 악당의 모습을 발견하지 못했다. 아니, 나를 보았다. 몸무게를 고민하며 평생을 보낸 여자가 거기 있었다. 진은 통통한 아이였다가 뚱뚱한 성인으로 자랐고, 단것을 향한 강렬한 욕망과 씨름했으며, 친구들과 고급스러운 케이크를 한 조각씩 야금야금 즐기기보다는 몰래 욕실에 틀어박혀 제일 좋아하는 슈퍼마켓 과자를 상자째 흡입하던 사람이었다. 진과 나는 둘 다 키가 170센티미터이고, 유대인이고, 금발이며(진은 염색으로, 나는 날 때부터), 브루클린 주민이다(진은 날 때부터, 나는 나의 선택으로). 진이 살을 빼기 전의 옛날 사진을 보면 나하고 너무 닮아서 이모나 사촌이라 우겨도 될 정도였다. 그녀는 마치 시간을 거슬러 1961년의 뉴욕으로 나를 옮겨놓은 듯한 모습이었다.

진이 살을 빼면서 스스로는 물론 그 누구도 예상치 못한 정도로 인생을 완전히 바꾸기 시작한 그때, 그녀는 나와 같은 나이였다. 진이 바닥을 쳤던 순간은 임신했느냐는 오해를 받았을 때였다. 내가 임신했을 거라고 넘겨짚은 사람도 족히 수십 명은 된다. 공항에서, 지하철에서, 심지어 식당에서 날씬한 우리 엄마 옆에 앉아 있었을 때도 그 말을 들었다. 바니스백화점의 한 여성은 아예 내 대답을 들으려 하지도 않았다. "출산한 지 얼마 안 되셨나 봐요." 그녀는 내 배를 뚫어져라 보면서 그렇게 말했다. 나는 얼굴이 붉어졌고, 고개를 저었고, 스카프를 고르느라 바쁜 척했다. 그때 입었던 회색 후드티는 두 번 다시 입지 않겠다고 속으로 다짐하면서.

게다가 진은 인간적으로 보였다. 진은 사랑, 나이, 일, 가족 그리고 세상에서의 자신의 위치를 놓고 평생 씨름한 여성이었다. 진 니데치 인생의 축약판을 다 읽고 나자 나는 새로 발견한 적의 죽음을 기뻐하기는커녕 오히려 잠시나마 그녀와의 유대감을 느꼈다.

나는 뷰티, 건강, 피트니스의 세계를 다루는 저널리스트다. 이런저런 제품이나 관리법을 시험해보거나 유명인과 시간을 보내는 일이 잦다. 이것이 지금 내가 최선을 다해 살고 있는 삶이고, 나 자신이 화려한 뉴욕 풍경의 일부가 되었다는 사실도 기쁘다. 이곳은 날씬한 사람들만 사는 세상 같다. 나는 그들의 생활습관을 속속들이 알지만 내가 그들과 같은 부류가 아니라는 사실도 잘 안다. 다른 사람들에게 내 몸에 관한 충고를 계속 들어야 한다는 것이 나의 직업적 아이러니다. 만약 내가 이런 미용 시술들에 대한 글을 잘 쓴다면 그것은 몸에 셀룰라이트가 하나도 없고 천부적인 운동 능력을 타고난 백조 같은 여성이 아니기 때문이다. 나는 가끔씩 나를 찾아오는 모순적인 감정을 사람들에게 차마 털어놓지 못한다. 자신이 개발한 무지개 다이어트가 내 체중 문제를 해결해줄 거라고 장담하는 다이어트 전문가나 나에게 심장 강화 운동 프로그램을 시켜보고 싶어 안달하는 트레이너를 인터뷰할 때면 가끔 우울해진다.

나는 음식과 건강한 관계를 가져본 적이 한 번도 없다. 아주 어린 나이에 다이어트를 시작한 걸 감안하면 그런 관계를 형성할 기회가 평생 있었는지나 모르겠다.

한번은 〈보그〉 영국판 커버스토리에 실릴 글을 쓰느라 배우 에밀리 블런트의 화보 촬영장을 찾았다. 블런트의 머리 손질과 메이크업이 아직 안 끝났던지라 서로 인사를 나눌 때까지 남는 시간을 때울 겸 촬영장을 어슬렁거렸다. 롱아일랜드시티의 19세기 산업용 건물을 사서 화려하게 개조한 곳이었다. 벽돌 건물의 외벽을 덮은 담쟁이넝쿨이 근사했고, 결혼식 같은 용도로 대관이 가능하다고 들었다. 나는 초록색 벨벳 소파에 가방을 내려놓고 점심용 케이터링이 남아 있는 테이블 쪽으로 발걸음을 옮겼다. 퀴노아 샐러드, 구운 닭고기, 아이스티, 유제품과 밀가루 없이 구운 브라우니 접시 등이 꽃다발과 함께 나란히 놓여 있었다. 나는 테이블 앞에 앉아 브라우니 하나를 입에 넣고 연달아 한 개를 더 먹었다. 항상 먹던 대로(아마 한때 진도 이런 식으로 먹었으리라), 맛을 음미할 새도 없이, 먹는 일이란 되도록 빨리 해치울 필요가 있다는 듯이 그렇게 브라우니를 입속으로 밀어 넣었다. 그러면서 생각했다. 유제품과 밀가루를 안 썼다니, 아주 건강한 브라우니겠군. 내가 양 볼을 가득 채우고 있는 사이에 저만치 안쪽에서는 턱수염을 기른 보조 사진작가가 케이블을 연결하느라 분주히 왔다 갔다 했다. 나는 식탐의 범죄 현장을 은폐하려는 것처럼 얼른 그를 돌아보았다.

촬영 당일은 블런트가 둘째 딸을 출산한 지 고작 몇 주밖에 지나지 않은 때였다. 궁금함을 참지 못한 나는 블런트가 지금 입는 청바지 사이즈를 확인하기 위해 촬영용 의상 구역으로 잠입했다. 허리 26인치였다. 대략 2사이즈다.

드디어 블런트가 머리 손질과 메이크업을 끝내고 계단을 내려왔다. 갓난아기를 품에 안은 육아도우미가 뒤를 따랐다. 블런트가 우아한 미소를 띠며 브라우니를 손으로 가리켰다. "이건 정말 먹어봐야 해요." 도우미와 나를 향해 이렇게 말한 그녀는, 브라우니가 워낙 맛있고 진해서 자신은 **딱** 한 입만 먹어도 만족스러웠고 실제로 더 이상은 **도저히** 못 먹겠다고 덧붙였다. 그 정도로 맛이 진하다는 뜻이었다. 이것이 보통 사람의 뇌가 음식에 반응하는 방식일까? 한 입으로 충분하다? 나는 채 5분도 안 되어 네 개는 먹었을 것이고, 집에 가서 혼자 먹으려고 대여섯 개는 벌써 가방에 쑤셔 넣었다(게다가 처량해 보이는 식은 치킨 몇 조각까지 반려견을 위해 챙겼다). 블런트가 계단을 내려오는 기척이 들렸을 때 접시에 남은 브라우니를 다시 배치할 시간은 충분했기 때문에 그곳이 걸신들린 걸스카우트 한 무리가 휩쓸고 간 현장처럼 보일 리는 만무했다. 나는 내 행동에 내심 당황했고, 동시에 블런트에게는 질투가 났다. 그런 식이니 출산 직후에도 26인치를 유지하겠지. 브라우니 한 접시를 보고도 달랑 한 개만 집어 한 입만 먹으니까. 진이 이런 순간에 무슨 말을 했을지 지금은 안다. "세상에서 가장 크고 진한 핫퍼지선디를 먹는 것보다 핫퍼지선디를 아예 안 먹는 것이 더 중요해야 합니다."

지난 몇 년간 나는 살을 조금이라도 더 빼기 위해 다이어트를 계속해야 할지, 아니면 그냥 다 포기하고 내 모습 그대로를 사랑하려고 노력해야 할지 혼란스러웠다. 즉 나를 바꾸는 것과 수용하는 것 사이에서 덫에 걸린 기분이었다. 그러나 완벽에 도달하는 것이 불가능함에도 그것을 목표로 노력하는 일에는 (자기 수용을 향해 노력하는 것과는 반대로) 그것 나름대로의 만족감이 있다. 이룰 수 없는 목표라 해도 그것을 향해 한 걸음씩 나아가는 행동(칼로리를 계산하고, 운동하고, 체중을 재는 일)이 있기 때문이다. 적어도 손에 잡히는 것을 목표로 삼을 수 있다. 나는 내 몸으로 사는 느낌이 더 좋았으면 좋겠다. 지하철 계단을 오를 때 숨이 끊어질 듯한 고통을 느끼지 않았으면 좋겠다. 내 사진을 보고 남은 하루를 망치지 않았으면 좋겠다. 나와 음식의 관계에 감정적인 문제가 끼어들지 않았으면 좋겠다. 하지만 동시에, 그토록 오랫동안 요요를 겪고도, 체중을 감량한 뒤 그

대로 유지하는 일이 통계적으로 매우 드물다는 사실을 알면서
도 여전히 살을 빼고 싶어 하는 나는 바보일까?

진 니데치는 내가 그리고 수백만 명이 실패한 지점에서
성공한 여성이다. 진은 30여 킬로그램을 감량하고 유지했으며,
그다음에는 회사를 설립하고 업계 최고가 되었다. 이 모든 것
이 지금으로부터 50년 전, 즉 구인 광고에 아직 남녀 구분이 존
재하던 시대에 일어난 일이었다. 요컨대 그녀는 아메리칸 드림
을 이뤘다. 진의 부고를 읽은 그 봄날, 나는 일기장을 꺼내 진에
게 묻고 싶은 질문들, 그녀의 대답을 듣는다면 혹시 내 인생에
도움이 될지 모를 질문들을 써 내려갔다. 다른 사람들이 고통
스러운 싸움을 반복하는 동안 진은 어떻게 성공했을까? 무엇
이 진을 다른 주부들과 그토록 다르게 만들었을까? 그런 변화
를 이루는 데 정말로 필요했던 건 무엇일까? 노력이나 행운, 주
변 사람들의 도움이었을까? 순전히 결단력이었을까? 달라진다
는 건 어떤 기분이었을까?

부고를 읽은 뒤 한동안 진에 대한 생각을 멈출 수가 없
었다. 진은 세상을 떠났으니 내게 대답해줄 수 없었고, 인터넷
상에는 이토록 많은 성취를 이룬 여성에 대한 정보가 너무 없
어 깜짝 놀랄 정도였다. 답을 알아낼 다른 방법을 찾고 싶어졌
다. 나는 저널리스트다. 그러니 어떤 편집자가 내게 진에 대해
글을 써보라고 하지 않았다 한들 무슨 상관일까? 내가 스스로
에게 진에 대한 글을 의뢰했다고 생각하면 어떨까?

진의 삶과 나의 삶은 아주 다르다. 나는 어린 두 아들을

키우는 좌절한 주부가 아니다. 오히려 옥상에서 칵테일을 마시며 여름의 석양을 수채화로 그리거나 일주일에 한두 권씩 책을 읽고 프랑스 영화를 보러 다니는 부류에 가깝다. 내 친구들은 나의 삶이 그들에게 영감을 준다고 자주 얘기하고, 나는 외적으로 정말 좋아 보이는 것들을 꽤나 열심히 쌓아왔다. 하지만 이런 성과는 내가 나 자신을 느끼는 방식과 언제나 극명한 대조를 이뤘다. 직감적으로 이런 생각이 들었다. 진 니데치는 영혼을 갉아먹는 이런 부조화에 대해 훤히 알고 있으리라.

나는 원고 청탁을 받으면 주저 없이 몰입한다. 전에 갔던 한 여성 전용 캠프에서는 남자 직원들이 옥외 화장실을 청소하러 들르면 "남자 등장"이라고 복창했다. 나더러 전생에 호수였다고 그리고 정령이 살을 빼라 했다고 말해준 샤먼도 만나봤다. 생면부지인 사람들을 따라 험난한 삼나무 숲을 가로지르는 하이킹도 해봤다. 나는 용감하고, 일단 시작하면 모든 걸 바친다.

나는 웨이트워처스에 가입하기로 했다. 이번에는 성실한 태도로 임할 것이다. 내가 오랫동안 웨이트워처스를 가장 구식이고, 단순하고, 대중적이고, 별 볼 일 없으며, 전 세계에서 가장 덜 세련된 다이어트 회사라고 폄하했던 것을 인정한다. 하지만 그럼에도 진에게는 효과가 있었다. 이 끝없는 싸움에서 벗어나는 동시에 자신과 다른 사람을 위해 체중이라는 큰 산을 정복했던 한 여성을 이해할 방법을 찾고 싶다면, 굳이 마다할 이유가 있을까? 평생 다이어트를 해온 마당에 그 다이어트라고 안 될 이유는 없지 않을까? 게다가 지금껏 나는 한 가지 다이어트를 1년간 꾸준히 해본 적이 없었다. 한때 30킬로그램을 감량하는 일이 가능하리라고 믿었던 시절도 있었지만, 언젠가부터는 그런 생각을 하지 않는다. 빠졌던 살은 그대로 다시 붙어났고, 시간이 지나면 더 붙었다. 만약 일주일에 0.5킬로그램씩 뺄 수 있다면 1년 뒤 24킬로그램이 빠지겠지만, 그렇다 한들 또 무슨 대단한 일이 생길까? 모든 다이어트는 몸무게가 바뀌면 인생도 달라질 거라는 약속이다. 그토록 오랜 시간 그것을 좇아온 내게 변화란 어떤 의미였을까?

어쩌면 이번만큼은 다를지도 몰랐다. 우선 목표 체중이 없었다. 앞으로의 1년이 자신감과 승리의 한 해가 되기를 바랐지만, 나는 순진하지 않았고 일이 어떻게 풀릴지 예측할 수 없다는 사실도 알았다. 그 1년은 미용상 보기 싫은 군살을 1그램이라도 없애겠다는 불가능한 과업을 좇는 시간이 아니라 체중을 약간 줄이는 시간이 될 터였다. 내 관심은 체중계의 숫자가 아니었다. 나 자신을 받아들이고 나의 고질적인 나쁜 습관과 결별하는 것이었다. 배우고, 달라지고, 평화를 찾을 여지가 있다는 사실을 나는 알았다.

CHAPTER 1

나는 아이 때도
뚱뚱했어요

1923년

진 니데치는 **뚱뚱하다**는 단어를 불쾌하게 여기지 않았다. 그저 단순한 사실로 받아들였다. "나는 아이 때도 뚱뚱했어요. 그걸 잊어본 적이 없죠." 진은 강한 뉴욕 토박이 억양으로 곧잘 그렇게 말했다. "예쁜 아이가 되고 싶었어요. 뚱뚱한 아이는 절대 **예쁘다, 사랑스럽다, 귀엽다, 잘생겼다** 같은 말을 못 들어요. 대신에 항상 **착하고, 정직하고, 깔끔하고, 깨끗하고, 믿음직스러운** 아이로 불리죠." 브루클린에서 유년기를 보낸 진은 외모 때문에 이런저런 수치심을 경험하며 자랐다. 부끄러워서 회전목마에 올라가 보지도 못했고, 교실에서는 언제 울릴지 모를 화재경보기 때문에 시시때때로 불안한 나머지 항상 의자 끄트머리에 엉덩이만 걸치고 앉아 있었다. "의자에서 일어나 교실 밖으로 대피해보면 항상 내가 꼴찌였어요. 나가면서는 꼭 책이나 잉크병, 다른 애들을 넘어뜨렸고요."

진의 본명은 진 에벌린 슬러츠키(사후에 유작으로 아카데미 여우주연상 후보에 오른 배우 진 이글스의 이름을 따서 지었다)다. 1923년 10월 12일 브루클린에서 태어났다. 택시 운전사인 아버지 데이비드 슬러츠키는 날 때부터 호리호리한 체형이었고 먹는 것도 툭하면 잊어버렸다. 진과 여동생 헬렌의 통통한 몸집은 손톱 미용사로 일하는 어머니 메이 로딘 슬러츠키에게 물려받은 것이었다. 진은 젠트리피케이션이 진행되기 이전 대공황 시기에 브루클린의 유대인 노동자 계급 가정에서 자랐다. 러시아에서 미국으로 이민 온 진의 할아버지는 윌리엄스버그에 부티크 호텔이나 홀푸드 마켓이 들어서기 한참 전부터 손수레에 피클과 청어를 싣고 다니며 팔았다.

진의 아버지가 저녁 근무를 할 때면 어머니는 두 딸과 식사를 했다. 그리고 진은 일을 마치고 돌아온 아버지와 함께 앉아 두 번째 저녁식사를 하곤 했다. 음식은 슬러츠키 가족에게 보상이자 위로였으며, 서글픔을 씻는 해독제이자 기쁜 소식을 축하하는 수단이었다. 일요일 저녁이면 스테이크와 프렌치프라이를 먹었고, 병에 젖소 엘시 그림이 붙은 보든 무균질 우유에 유벳 초코시럽을 넣고 크림까지 끼얹은 에그크림이 1페니짜리 사탕 한 움큼과 함께 식탁에 올랐다. 음식은 슬픔을 누그러뜨리는 진통제이기도 했다. 진이 울면 가족들은 먹을 것을 주었다. 진의 아버지는 대공황 시절에 뚱뚱한 아내와 딸들을 두었다는 데서 모종의 자부심을 느꼈다. 찬장에 음식이 떨어지지 않게 가족을 잘 부양하는 가장이라는 표시였기 때문이다.

진은 그때도 명랑하고, 외향적이고, 끊임없이 조잘댔다. 당시는 《데일 카네기 인간관계론》과 마저리 힐리스의 《독신을 즐기라Live Alone and Like It》가 베스트셀러였던 시대였다. 1936년에 나란히 출간된 이 자기계발서 두 권은 긍정적인 사고와 자기 신뢰, 혁신을 강조했고, 진은 평생 이 세 가지를 실천에 옮기는 삶을 살았다. 진은 주로 과체중인 소년들하고만 사귀기를 고집했고 마른 소녀들은 기피했다. 어떤 집단과 어울리든 그 안에서 제일 날씬한 사람이 되고 싶어 했다. 몸에 맞는 옷을 찾는 것이 매일의 숙제라며 자주 볼멘소리를 했고, 고등학생이 되기 전부터 유행하는 다이어트에 도전하기 시작했다.

진 슬러츠키는 브루클린 노스트랜드가의 공립여자고등학교에 입학했고 졸업 학년에 부반장을 맡았다. 1941년 졸업 앨범 속의 진은 동그란 얼굴에 이 시기 졸업반 전체를 휩쓴 것처럼 보이는 컬이 살짝 들어간 머리 모양을 하고 있다. 사진 속 모습은 누가 봐도 조금 통통해 보이는 정도다. 진의 졸업생 한마디는 랠프 월도 에머슨의 에세이 〈수상여록Considerations by the Way〉의 한 구절이었다. "하루의 수고, 한 시간의 여가면 족하리. 그러나 우정을 위해서는 한평생도 너무 짧다네."

날씬한 몸매는 비단 진만의 관심사가 아니었다. 졸업앨범에는 같은 반 학생 저메인이 쓴 〈너무나 튼튼하고 튼튼한 이 육신〉(《햄릿》에서 따온 표현이었다)이라는 제목의 에세이가 실려 있다. 10대답게 한껏 과장된 어조로 시작하는 첫 문장은 이렇다. "어느 누구도 뚱뚱한 소녀는 사랑하지 않는다. 육신의 슬픔

디스 이즈 빅

을 나만큼 잘 아는 이가 또 있을까?" 저메인은 자신이 시도했던 여러 다이어트(2주 우유 다이어트, 4일 오렌지주스 다이어트)를 묘사했고 내분비 클리닉을 방문한 이야기도 썼다. 클리닉의 엄격한 다이어트 처방을 그대로 따랐지만 결국 2주 후 몇 킬로그램이 늘어나 저메인은 다이어트를 포기하기에 이른다. 그렇다고 그것이 꼭 원래의 자기 몸을 받아들였다는 뜻은 아니다. 저메인은 이렇게 결론 내렸다. "지금은 체중이 제일 많이 나갔을 때보다 오히려 3킬로그램이 더 쪘다. 시간이 흐를수록 내 발은 잔디밭 밑으로 점점 더 깊게 파묻히리라 나는 굳게 확신한다. 참으로 내 발자국은 시간의 모래 위에 남겨질 것이다."

몸에 대한 진의 강박은 한때 부를 추구하던 미국 블루컬러 가정의 관심사가 체중 감량으로 이동한 비교적 새로운 현상의 반영이었다. 진이 사회생활을 시작한 제2차 세계대전 즈음, 비만은 미국 문화에서 나쁜 것(바람직하지 못하고, 게으르고, 비웃음을 살 만한 것)으로 깊이 각인되었다. 진은 자신에게 그런 운명이 예정되어 있을까 봐 두려웠다.

다이어트를 향한 욕구는 뚜렷한 어느 한 가지 원인에서 생겨나지 않는다. 허영, 가족력, 생활습관, 건강에 대한 욕망, 사회 등이 두루 작용한다. 나는 미국의 다이어트 역사를 다룬 힐렐 슈워츠의 《불가능한 만족Never Satisfied》에서 이에 대한 최고의 종합 해설판을 발견했다.

닐씬해지려는 욕망은 단순히 패션이 낳은 결과가 아니다. 그것은 과학과 무용, 가정학과 정치경제학, 의료 기술과 식품 마케팅, 복음주의 종교와 생명보험에서 동시다발적으로 발생한 여러 움직임의 합작품이라는 관점에서 이해할 필요가 있다. 몸에 대한 우리의 감각, 몸의 무게와 운동량에 대한 감각은 옷이 아니라 다양한 삶의 모습을 통해 더 많이 형성된다. 가구, 장난감, 건축, 에티켓은 일정한 유형의 몸과 일정한 유형의 무게감에 맞도록 디자인되거나 우리를 그 방향으로 몰아간다.

다른 모든 것처럼 날씬함과 뚱뚱함을 가르는 기준은 사회의 변덕에 따라 끊임없이 재구성된다. 다이어트는 서로 무관해 보이는 여러 움직임과 생각의 중심에 놓여 있고, 동시에 인간 존재를 그런 갈등의 한복판에 던져 넣는다. 다이어트는 개개인이 달라지기만 하면 많은 것이 해결된다고 약속한다.

전통적으로 다이어트(이 단어는 '삶의 방식'을 의미하는 고대 그리스어 **디아이타**diaita에서 유래했다)는 경제적 여유가 있는 이들의 관심사이자 사치였다. 뚱뚱해지는 것은 도를 넘는 것과 관련지어졌다. 벤저민 프랭클린은 이렇게 썼다. "쾌락이 아니라 필요를 위해 먹으라. 욕망은 필요가 어디서 끝나는지 모르기 때문이다." 한동안 다이어트는 산업화의 여파로 얻은 과잉 체중을 없애고자 애쓰던 남성의 전유물이기도 했다. 농장 일을 비롯한 여러 육체노동을 하다가 전문직 계층으로 이동하는 데 성공한 남성들은 식습관을 조절하든지 불어난 체중에 익숙해

지든지 해야 했다. 과체중 남성을 지칭하는 **돼지, 뚱보, 거구, 게**
으름뱅이 같은 말이 19세기 후반의 일상어 목록으로 들어왔다.

　　미국에서 중류층이 비만과의 전쟁을 벌이기 시작한 것
은 19세기 후반이었다. 당시에도 지금처럼 유명인이 주도해 유
행하는 다이어트가 있었다. 윌리엄 밴팅이 대표적이다. 1796년
생인 이 뚱뚱한 영국인 장의사는 주치의 윌리엄 하비 박사의
조언에 따라 탄수화물 섭취를 제한하는 방법으로 체중 감량에
성공했다. 밴팅은 1863년에 소책자를 발간하여 이 식단을 소개
하면서 기껏 코카인 등으로 식욕을 억제하던 기존 다이어트법
의 대안을 제시했다. 이것이 하비-밴팅 다이어트의 시작이다.
이 식단은 주로 단것과 탄수화물을 금지했다. 그중에는 빵, 맥
주, 감자, 설탕이 있었고 버터와 우유까지 제한했다. 밴팅의 이
름은 너무 유명해진 나머지 아예 다이어트와 동의어가 될 정도
였다. 사람들은 "밴팅 중이세요?"라고 서로 묻곤 했다.

　　배틀크리크 요양원에서는 전직 빗자루 판매원 존 켈로
그가 안식교의 채식주의 식생활을 응용하여 새로운 식단을 개
발했다. 그 식단은 고기, 술, 카페인, 발효시킨 빵, 조미료를 금
지했다. 음식의 감각적인 성질은 관능적인 것으로 여겨졌고, 위
장 문제는 섹스와 연관되었다. 뒤이어 존의 형제이자 회계사인
윌리엄 키스 켈로그가 배틀크리크 토스트 콘플레이크 회사를
설립했다. 이것이 바로 훗날 시리얼의 대유행을 이끈 켈로그사
의 전신이다. 또 다른 19세기 건강 전도사 실베스터 그레이엄은
통곡물 빵의 유익을 전파하고 자신의 이름을 따 그레이엄 크래

커의 이름을 지었다. '위대한 씹는 자the Great Masticator'라는 별명으로 불리던 호러스 플레처는 오래 씹기 열풍을 일으켜 추종자들이 생겨났다. 음식을 100번 이상 씹고 나서 삼키는 이 운동에는 헨리 포드, 존 록펠러, 토머스 에디슨, 업턴 싱클레어 등의 유명인사도 동참했다.

1880년에서 1920년에 걸쳐 문화적 규범이 천천히 변화했다. 이제 비만인은 단순히 바람직하지 않은 정도가 아니라 육체적으로나 도덕적으로 나쁜 사람이 되었다. 그리고 남성뿐만 아니라 여성에게도 동일한 잣대가 적용되었다. 이전까지만 해도 포동포동하다는 말은 여성에게 튼튼하다거나 출산(여성의 주요한 목표)에 알맞은 몸이라는 의미의 칭찬이었지만, 이 같은 이상형은 설 자리를 잃었다. 새 패러다임은 찰스 데이나 깁슨의 펜 드로잉에 나오는 깡마르고 허리가 잘록한 모래시계 체형의 '깁슨 걸'이었다. 뚱뚱함은 식욕 과잉이라는 낙인과 더불어 게으르기까지 하다는 뜻이 되었다.

1898년경 〈레이디스 홈 저널〉(1903년에 최초로 구독자 100만 명을 기록한 잡지)에서는 S.T. 로러 부인이 소화불량이나 과식을 예방하는 방법 같은 생활의 지혜를 알려주는 월간 연재가 시작되었다. 1910년 〈시카고 데일리 트리뷴〉은 "상류사회 여성은 날씬함을 위해 말 그대로 자살하고 있는가?"라는 질문을 던지기도 했다. 1911년 〈굿 하우스키핑〉의 어느 호에는 마리아 미들베리(에드나 세인트 빈센트 밀레이, 버지니아 울프 등이 포진한 잡지사 필진 가운데 이 이름이 다시 등장하지 않는 것을 보면 익명일 가능성이 높다)의 풍자적인 에세이 〈음식 없는 나의 일주일My Week Without Food〉이 실렸다. 다음과 같은 만연체 문장이 글의 서두를 연다. "지금껏 평균 이상의 건강을 유지해온 나였건만 중년의 나이로 접어들면서 통풍이라는 손님을 맞닥뜨려야 했다. 특히 손가락 관절염에서 유독 기승을 부리는 이 질환은 천천히, 그렇지만 확실하게 손을 못 쓰게 만든다." 주치의는 치료가 불가능하다고 했다. "그날 이후로 나는 교양 있는 일반 여성의 대열에서 떨어져 나와 온갖 유행과 민간요법에 이리저리 휘둘리는 팔랑귀의 무리에 들어왔다. (……) 우연히 단식에 관한 글을 몇 편 읽게 되었고, 어쩌면 이것이 나를 구원할지 모른다는 생각이 들었다." 단식 첫날, 그녀는 두통을 예방하려고 커피 한 큰술을 먹었지만 별 효과가 없었다. 둘째 날은 허공을 노려보며 하루 종일 음식 생각만 했다. '몸이 가볍고 유연해진' 잠깐의 휴지기가 지나자 이번에는 감기 기운이 느껴졌다. 그러나 주스를 조금 마시는 것 말고는 일체 음식을 끊는 다이어트를 계속 이어갔다. 몸무게는 77킬로그램에서 69킬로그램으로 내려갔다. 글 말미에서 미들베리는 이렇게 결론 내렸다. "나는 예쁘장한 카드를 하나 골라 이렇게 적었다. 이제 끝났는가? 그렇다. 대단히 힘들었는가? 아니다. 8킬로그램 감량 성공. 열 살은 더 나이 들어 보인다는 사실을 아는가? 그렇다. 하지만 일주일만 지나면 다시 젊어질 것이다. 지금도 평소 양만큼 먹는가? 아니다. 기타 등등."

제1차 세계대전은 또 다른 전환점이었다. 미국 정부의 선전 포스터는 소비자에게 분별 있게 식료품을 사고 식사는 정량만큼만 차릴 것을 권장했다. 정부 시책에 따라 일부 시민은 군용 식량 확보를 돕기 위해 고기 안 먹는 날과 밀가루 안 먹는 날을 지켰다. 체중은 금세 온 국민의 관심사가 되었다. 제1차 세계대전이 끝나자마자 욕실용 체중계가 미국 가정에 자리 잡았고, 이로써 누구나 집에서 체중 변화를 꾸준히 감시할 수 있는 시대가 열렸다. 이어 의사이자 건강 칼럼니스트 룰루 헌트 피터스가 칼로리 개념을 대중화시켰다. 피터스는 1918년도 베스트셀러 반열에 오른《다이어트와 건강 : 칼로리 해결의 핵심Diet and Health : With Key to the Calories》을 통해 칼로리 계산법으로 20킬로그램 이상을 감량한 과정을 자세히 기술했다. 그리고 비만의 고통을 실제로 경험해본 사람으로서, 독자들이 유혹에 저항하는 법만 터득한다면 분명 영광스러운 앞날이 기다리고 있으리라고 단언했다.

1920년대로 접어들면서 여성운동은 정치적 이권(특히 참정권) 도모를 위해 제법 조직화되는 양상을 보인다. 이는 여성의 공적 존재감을 부각시키는 결과를 낳았다. 아름다움은 더이상 얼굴에만 국한된 문제가 아니었다. 여성의 몸 전체가 새로운 방식으로 과시의 대상이 되었다. 보브 단발이 등장하고, 옷이 몸에 달라붙고, 치마가 짧아졌다. 식욕을 억제하려고 담배를 든 신여성이 세련되어 보였다. 코르셋이 몸의 움직임을 제한하고 장기에 안 좋은 영향을 줄 수 있다는 이유로 퇴출되자, 여성들은 자연스러운 몸의 모습과 다시 한번 씨름해야 했다. 동시에 그녀들은 역사상 최초로 과거처럼 옷을 맞추거나 직접 지어 입는 대신 기성품 옷을 사 입는 세대가 되었다. 그리고 옷을 몸에 맞춰 입는 것이 아니라 옷에 몸을 맞춰야 하는 사이즈의 개념이 등장했다(자신과 타인의 사이즈를 비교하는 것과 관련된 여러 쟁점도 불거졌다). 1920년대 여대생 사이에서는 양갈비 파인애플 다이어트가 선풍적인 인기를 끌었다. 이런 유행은 메리 픽퍼드나 테다 바라처럼 마른 몸매의 영화배우를 따라 하려는 심리와 무관하지 않았다. 잡지를 통해 스타의 사진이 광범위하게 유포되면서 대중은 유명 여성의 이미지 그리고 그들이 나타내는 도달 불가능하고 높아진 이상에 접근하는 일이 더 쉽고 빈번해졌다.

대공황이 닥치자 미국인들은 경제적으로 궁핍해지고 식량마저 부족해졌다. 그들은 고기를 적게 섭취하는 대신 설탕을 더 많이 섭취했고, 그레이비소스, 빵, 감자 등으로 식탁을 차렸다. 마가린은 버터의 손쉬운 대용품으로 각인되었다. 편리하고 경제적이라는 이유로 여러 가공식품이 부엌에서 차지하는 공간이 점점 늘어갔다. 1928년에는 벨비타 치즈와 라이스 크리스피 과자가 나란히 출시되었다. 1930년에는 스팸 통조림, 스키피 땅콩버터, 리츠 크래커(제조사에서 이 크래커로 가짜 사과파이 만드는 레시피를 퍼뜨리며 한동안 열풍을 일으키기도 했다) 등이 마트에 등장했다.

제2차 세계대전은 "우린 할 수 있어요!"라고 외치며 우람한 팔 근육을 뽐내는 리벳공 로지의 이미지로 대변된다. 이 전쟁은 생산인력의 부족을 초래하면서 미국 여성의 최대 미덕을 가사노동에서 공장노동으로 잠시 바꿔놓았다. 하지만 전쟁이 끝나자 여성들은 다시 집 안에서 몸매 가꾸기에 매진하는 처지로 돌아갔다. 1932년에는 그 유명한 천식치료제 벤제드린이 일반의약품으로 시판되었다. 그리고 이 약의 성분인 암페타민은 이후 수십 년간 여성지에서 '과식하지 않는 법'을 말하던 시대를 대표하는 다이어트 약이자 다이어트 비결로 대중에게 널리, 깊이 파고들었다. 잡지들은 앞다투어 '하루 1,000칼로리 속성 다이어트 식단'을 게재했다. 어느 칼럼에서 이다 진 캐인("남자의 마음으로 가려면 위장을 거쳐야 한다"는 말을 유행시킨 장본인)은 이렇게 썼다. "이제 곧 600만 병사가 귀환한다! 치열한 경쟁이다. 인류 역사상 처음으로 남자가 모자란 시대가 온다."

1945년 진은 갓 제대한 미래의 남편감을 처음 만났다. 이보다 조금 앞서 진은 롱아일랜드대학교에서 입학 허가를 받았다. 부분 장학금 혜택을 받았지만, 나머지 학비는 어떻게 해도 마련할 수가 없었다. "내가 아는 로지들 가운데 실제로 리벳공이 된 사람은 없어요"라고 진은 꼬집는다. 그리고 비록 자신은 고등학교 때 수학 성적이 뛰어났고 부모님도 교육을 중시했지만, 또래 소녀들 사이에서 고등교육을 장려하는 분위기는 없었다고 덧붙였다. 진은 학비가 전액 무료인 뉴욕시립대학교에 입학하는 것으로 타협했고 그곳에서 경영학을 공부했다. 하지만 1년 남짓 다니고 있을 때 평생 골초로 살아온 아버지가 폐암으로 세상을 떠나면서 결국 학업을 포기할 수밖에 없었다.

진은 가족의 생계에 보탬이 되기 위해 일자리를 구해야

했다. 어머니는 진이 자신의 뒤를 이어 손톱 미용사가 되어야 한다고 생각했다. 여자들이 자기 인생 이야기를 털어놓을 때 손을 잡아주는 것보다 더 큰 위로가 되는 일은 없다고 믿었기 때문이었다. 하지만 진은 자신이 자기 손톱도 제대로 다듬을 줄 모르는 사람이라며 맞섰고, 야간학교를 다니며 퀸스의 가구 공장에 취직했다. 다시 얼마 뒤, 진은 집에서 조금 더 가까운 맨오워 출판사에서 일자리를 제안받는다.

이 출판사는 경마 전문지를 발간하던 곳이라 직원들이 툭하면 뒷방에 모여 도박판을 벌이곤 했다. 진은 이 도박판이 합법적이지만은 않다는 증거를 일찍이 발견했다 해도 모른 척 넘겼을 것이다. 차차 이야기가 나오겠지만, 도박은 진에게 평생 동안 꺼지지 않는 열정이었다. 고칼로리 음식에서 얻는 것과 같은 기쁨과 황홀감을 도박에서도 아주 쉽게 얻을 수 있었다. 진은 쿠키를 끊고 나서 한참 동안 도박에 탐닉했다. 마침내 경찰이 회사로 들이닥쳐 도박판이 발각되었고, 그제야 진은 직장을 옮겨야겠다고 생각했다. 진이 떠올릴 수 있는 가장 안전하고 합법적인 곳은 연방 국세청이었는데 마침 그곳에서 사무원을 구하고 있었다.

진에게 연방 국세청의 가장 큰 장점은 휴게 시간이었다. 진은 길 건너 작은 음식점에서 대니시 페이스트리나 케이크 한 조각을 사서 아무하고나 앉아 수다를 떨곤 했다. 어느 날 식당 주인이 진보다 몸집이 한참 큰, 120킬로그램이나 되는 거구의 사내 마티 니데치를 진에게 소개했다. 나란히 앉아 무언가를 먹고 있던 두 사람이 인사를 텄다. 마티는 잘생기고 유머 감각 있는 남자였다. "안녕하세요, 진이라고 해요." 진이 말했다. "좋아 보이네요." 마티가 대답했다. 진의 페이스트리를 두고 한 말이었을까 아니면 진의 외모를 가리켜 한 말이었을까? 여성은 식욕을 자랑해선 안 되는 법이라지만 진은 아니었다. 그들의 로맨스는 두 대식가의 이야기였다. "마티와 나는 사랑에 빠졌고, 우린 먹는 걸 좋아했어요. 마티는 양을 푸짐하게 주는 뉴욕의 식당을 전부 꿰고 있었죠. 우리는 퀸스에서 공짜 디저트를 주는 식당은 모르는 데가 없었어요."

디스 이즈 빅

CHAPTER 2

뚱뚱한 여자의
전형이 있을까?

2017년 7월

당신의 이유는 무엇입니까? what's your why? 웨이트워처스에서 자주 듣는 질문이다. 이 문구가 쓰인 모자도 있다. 실제로 쓰고 다닐 수 있는 모자인데 솔직히 나라면 그냥 햇볕에 그을리고 말겠다. 나는 왜 살을 빼고 싶냐는 질문이 싫다. 다이어트에 무슨 새삼스러운 정당화가 필요하단 말인가? 식당에서 안쪽 자리로 들어가려고 버둥거릴 때 테이블에 내 배가 쓸리는 게 안 보이는가? 내가 다리를 꼬지 못하는 건? 사진이 엉망으로 나오거나 바지가 안 맞아보라. 그럼 그런 질문은 쏙 들어간다.

"나 웨이트워처스에 가입했어." 친구 베라와 대중목욕탕 사우나에 앉아 있다가 내가 불쑥 털어놓았다. "죽을 때 유서를 쓰면서 나는 팔뚝이 마음에 안 드니까 수의 입힐 때 상의는 긴 소매로 해달라고 특별 주문을 넣을 순 없잖아." 베라는 내가 생각하는 멋있는 여자의 전형이었다. 우리는 15년 전 어느 잡지사

디스 이즈 빅

의 말단 기자 신분으로 만났다. 1년 선배인 베라는 나보다 매사에, 특히 끔찍한 편집장을 다루는 일에 꽤 요령이 있었다. 편집장은 하루 종일 니코틴 껌을 질겅질겅 씹으면서 오탈자가 나올 때마다 내게 소리를 질러댔다. 어느 날 결국 나는 화장실로 뛰어가는 것도 포기하고 그대로 책상에 얼굴을 묻고 펑펑 울었다. 6개월 뒤 나는 해고됐다. 베라는 나를 데리고 나가 마가리타를 사줬고 그때만 해도 신문물이었던 브라질리언 왁싱까지 선물하면서 퇴사를 축하해줬다. 그것이 나의 첫 브라질리언 왁싱이다. 그렇게 베라는 나의 가장 친한 친구가 되었고 지금까지 내 옆에 있다.

　　우리는 항상 몸에 대해 이야기를 나눴지만 우리 자신은 쏙 빼고 머리로만 떠들었다. 미의 기준을 놓고도 많은 말을 했다. 그러나 막상 그 기준을 나에게 적용하면 기분이 어떨지 같은 현실적인 문제는 생략했다. 나는 베라가 고등학생 시절부터 20대 중반까지 섭식장애로 고생한 것을 안다(아마 여러분도 그러지 않았을까 싶다). 하지만 베라는 키가 크고 하늘하늘한 체형이라 통이 아주 넓은 플레어 팬츠를 입어도 굉장히 멋져 보인다. 사우나의 여성 전용 시간에도 베라는 검은색 끈 비키니를 입고 있다. 아이가 둘이지만 무척 날씬하고, 앉아 있어도 뱃살이 거의 잡히지 않을 만큼 복부가 탄탄하다. 반면 내 배는 하이웨이스트 비키니 하의에도 들어갈락 말락 한다. 거의 언제나 뱃살이 골반 아래까지 늘어진 느낌, 허벅지끼리 쓸리는 느낌, 아래를 볼 때 턱 밑 살이 목을 누르는 느낌을 받는다. 그리고 이런 몸을 바꿔보려고 할 수 있는 최선을 다했다. 그야말로 모든 걸 했다. 다이어트, 운동, 스파, 개인 트레이닝, 온전한 신체 수용, 보톡스, 필러, 심지어 이중턱을 없애려고 벨카이라 시술까지 도전했다. 지방 흡입술을 받으려고 전신마취도 했다. 게다가 이게 다가 아니다.

웨이트워처스에 가입했다는 내 말에 베라가 바쁘게 머리를 굴리는 것이 느껴졌다. 내 기분을 해치지 않으면서 나를 지지하는 표현을 찾느라 애쓰는 중일 것이다. 베라는 항상 내가 예쁘다고 말해준다. 칭찬을 퍼부으며 서로를 추어올려주는 여자들의 일상적인 방식으로. 나는 그런 말을 하는 베라를 믿지만, 한편으로는 나와 같은 사이즈가 된다면 베라가 스스로를 싫어하지 않을까 싶기도 하다. 베라는 아마 나의 가장 친한 친구겠지만, 그럼에도 그녀는 지금껏 내가 지방 흡입이 아니라 낭종 제거 수술을 받은 줄 안다. 이것은 내가 모든 사람에게 한 거짓말이다. 아무리 가까운 사이라도 말하지 않고 넘어가게 되는, 일종의 위험지대라고 해야 할까.

"그래도 너 참 대단해." 마침내 베라가 입을 뗐다. 나는 눈동자를 굴리지 않으려고 애썼다. 나는 뚱뚱했다. 적어도 내가 평생 살아온 미국 동부 해안 지역의 기준으로는 그렇다. 나는 다른 의도 없이 원래 의미 그대로 뚱뚱하다는 말을 쓴다. 굴곡 있는 몸이든, 플러스사이즈든 뚱뚱함을 돌려 말하는 완곡어법은 모조리 질색이다. 전에 데이트했던 어떤 남자는 나더러 "여분의 체중을 지니고 다니네요"라고 말했다. 나는 그 말이 들기 좋다고 어떻게든 믿어보려 했다.

체중이 최고점을 찍었을 때, 나는 16사이즈를 입었다. 내 생각에 이 정도면 사실 그렇게 심한 비만은 아니다. 내 몸은 비극적이지만 동시에 평범하기도 했다. 어쩌면 비만은 정상적인 것이 되었는지도 모른다. 미국 질병통제예방센터에 따르면 성인 인구의 3분의 2, 아동과 청소년 인구의 31.8퍼센트가 과체중이거나 비만이다. 그들 대부분이 살을 빼려고 안간힘을 쓴다. 매년 약 4,500만 명의 미국인이 다이어트를 하며 체중 감량 제품에 약 330억 달러를 쓴다.

뚱뚱한 여자의 전형이 있을까? 아마 없을 테지만 최소한 내가 청소년 소설에 나오는 그런 내성적인 비만 소녀가 아닌 것은 분명하다. 나는 수영복 쇼핑을 정말 좋아한다. 건강한 음식을 챙겨 먹고 규칙적인 운동을 한다. 내게 전문적인 능력이 있으며, 거주와 이동의 권리가 있다고 믿는다. 사람들 앞에서 발표를 하거나 개인적인 의사 표현을 하는 것을 두려워하지 않는다. 유능하다는 말도 제법 들었고 자기 확신 같은 것도 있다. 나를 꿔다 놓은 보릿자루 같다고 보는 사람은 없을 것이다. 나는 평생 옷을 사랑했고, 옷에 대한 취향과 안목도 제법 괜찮다고 생각한다. 어릴 적에 부모님은 입어서 기분 좋아지는 옷이면 무엇이든 입어도 된다고 하셨다. 그래서인지 내 유년 시절 사진은 죄다 총천연색 옷으로 도배가 되어 있고(초등학교 1학년 내내 빨간 바탕에 일본 전통 판화 문양의 초록 물고기가 찍힌 티셔츠를 입고 다녔다), "기분 좋아지는 옷을 입어라"는 나만의 주문이 되었다.

징말이시, 옷은 무기가 될 수 있다.

어느 날은 혹은 가끔씩은 몇 시간 동안 나도 이만하면 충분하다는 생각이 들기도 한다. 나처럼 생기고 싶어 하는 사람도 있을 수 있고, 충분히 그럴 것 같다고 믿어지기도 한다. 하지만 그 짧은 순간을 제외한 나머지 거의 대부분의 시간은 내 외모를 머리부터 발끝까지 송두리째 바꿔버리고 싶다. 이상적인 나(6사이즈를 입고, 걸을 때 허벅지끼리 쓸려 뾰루지가 나지 않고, 팔이 매끈하고, 이중턱이 없는 나)는 도달 불가능한 저 멀리 수평선 위의 아스라한 점이다. 그렇지만 내 몸을 있는 그대로 사랑하라는 말도 무슨 의미인지 와닿지 않는 것은 마찬가지다. 차라리 어떨 때는 내 몸에 대한 느낌을 '그렇게 느끼지 **않는다**'고 묘사하는 편이 더 쉽다. 가령 '내가 무가치하다고는 느끼지 않는다'든가 '내가 반드시 덫에 걸렸다고는 느끼지 않는다'고 말하는 것이다.

나는 요가도 제법 잘한다. 사실 그런 표현 자체가 이미 요가와 거리가 멀지만, 요가를 하면서 몸이 노곤해지고 풀어지는 느낌이 좋다. 나는 솔사이클에어로빅과 스피닝, 요가를 결합한 운동 시간에 자전거를 제일 잘 타는 그룹에 속하고, 끝내고 나면 곧장 뻗어 낮잠을 두 시간 자야 하긴 하지만 배리스 부트캠프홈트레이닝과 피트니스 체인 프로그램도 끝까지 해낸다. 그럼에도, 상체를 굽힐 때마다 방해가 되는 복부 지방이 없다면 요가가 더 쉬워지리란 사실, 조금이라도 더 날씬했다면 부트캠프에서 달리기 최하위권에 들지 않으리라는 사실도 안다.

디스 이즈 빅

어느 면에서 보면 나는 또 비만인의 전형이다. 음식을 몰래 먹는 것을 좋아한다. 적어도 무언가를 먹을 때 위안받는 기분이 드는 것이 좋다. 그리고 인생에서 안 풀리는 모든 것, 가령 연애 문제 따위를 전부 체중 때문으로 돌리고 탓한다.

한동안은 내가 노력해서 성취한 것들을 방패 삼아 내 비만을 상쇄해보려고 애썼다. 뚱뚱한 몸을 그대로 받아들이려고도 해봤고, 체중이 한 인간을 규정해서는 안 되며 아름다움의 이유는 다양하다는 가치관을 믿어보려고도 했다. 하지만 몬태나주에 요트를 띄우고 와이파이 없이 혼자 살지 않고서야 그게 가능이나 했을까? 나는 내 외모가 우선 내 눈에 예뻐 보였으면 좋겠다. 세상 사람들 눈에 어떻게 보이는가는 두 번째 문제다. 내가 다른 여자의 입장이 된다 해도 나처럼 생기고 싶다고 생각할 수 있기를, 내가 남자라면 선뜻 다가가고 싶다는 마음이 생기는 그런 여자가 되고 싶다. 하지만 반대로, 체중의 많고 적음과 상관없이 내 몸을 어느 정도는 수용할 수 있는 사람이 되고도 싶다.

나더러 맨 처음 뚱뚱하다고 말한 사람이 누구였는지는 기억나지 않는다. 내가 비만이며, 비만은 바람직하지 않다는 사실을 처음 깨달은 순간도 떠오르지 않는다. 내가 어떻게 뚱뚱해졌는지 나는 모른다. 나는 항상 뚱뚱했다. 그것만이 내가 기억할 수 있는 유일한 현실이다. 사람들이 자기 몸에 대한 글을 쓸 때 으레 묘사하는 순간들이 있다. 자신의 몸에서 순수한 기쁨을 느낄 수 있었던 사춘기 이전의 장밋빛 시절, 세상의 혹독한 현실이 밀고 들어오기 이전의 그때가 바로 그런 순간이다. 나는 그런 타락 이전의 시간을 한 번도 가져본 적이 없다. 내 몸에는 전설의 뮤지션 조니 미첼이 노래하듯 "우리 스스로 그 동산으로 돌아가야 해"<우드스톡> 가사의 일부라고 할 만한 때가 없었다. 내가 소위 에덴동산 같은 곳을 수상쩍어하는 이유, 그곳에 도달하는 방편으로 더 단순했던 시절을 갈망하는 사람들을 볼 때 심한 의혹의 눈길을 보내는 이유는 그 때문일지 모른다.

야외활동 애호가라는 점에서 우리 부모님은 전형적인 캘리포니아 사람이다(그분들처럼 나도 그곳에서 자랐다). 엄마가 가장 좋아하는 옷 색깔은 초록과 갈색인데 자연과 로빈 후드를 연상시키기 때문이다(엄마는 사회주의자다). 내가 어릴 적 엄마는 해마다 친구분들과 함께 나를 데리고 시에라네바다산맥의 깊숙한 곳으로 하이킹 여행을 떠났다. 산속에서 엄마와 친구들은 월경혈이 곰을 유인한다는 농담을 하곤 했다. 일곱 살 소녀였던 나는 이 모든 것이 끔찍했고 근사한 백화점이 즐비한 장소에 어울릴 만한 어른으로 자랄 수 있게 하루빨리 대학도시로 이사 가기만 기다렸다. 주말마다 함께 외식을 하면 내가 먹고 싶은 메뉴를 무엇이든, 심지어 디저트도 먹게 해주겠다는 부모님의 꾐에 속아 서부 해안 곳곳의 하이킹 트레일에 질질 끌려다녔다. 집을 나서서 돌아오는 순간까지 나는 지루하고 피곤하다는 불평을 입에 달고 있었다.

이런 풍경이 1980년대의 캘리포니아였다. 삼나무 목욕통, 유리벽돌, 생일상에 올려달라고 졸랐던 황새치구이 등이 그

디스 이즈 빅

시절의 기억이다. 우리는 유기농 제품을 샀고 갓 짠 주스와 그린 스무디를 마셨다. 이런 라이프스타일이 지금처럼 선망의 대상이 되기 수십 년 전의 일이다. 엄마는 재저사이즈^{재즈댄스와 에어}^{로빅을 결합한 운동}를 배우러 다녔고, 아빠는 10대 때부터 서핑을 했다. 우리 가족은 휴가 때마다 요세미티 국립공원에서 수영을 하거나 산악자전거를 탔다. 겨울은 브리티시컬럼비아나 콜로라도에서 스키를 타는 계절이었다. 내 금발은 햇빛에 바래다 못해 거의 백발처럼 보였다.

두 분은 내가 아주 어릴 때 이혼했다. 나와 부모님이 한 방에 있었던 어린 시절 기억은 아주 희미하다. 두 분의 말다툼을 들었던 기억, 엄마가 만든 비네그레트 드레싱에 아빠가 스테이크를 찍어 먹던 기억이 떠오르긴 한다. 엄마는 먹지 않았다. 엄마의 식사, 엄마의 다이어트 방법은 아예 저녁식사를 건너뛰는 것이었다. 엄마는 실리콘밸리라는 이름이 생기기 전부터 그곳에서 자랐고, 코카콜라와 그린올리브, 너트류를 섞은 후식을 자신의 장기처럼 상에 올렸던 남부 여인의 딸이었다. 엄마는 항상 요리가 질색인 사람처럼 보였지만, 실상은 그보다 훨씬 심했다. 아예 음식을 혐오했다. 한때 뚱뚱했었기 때문이 절대 아니다. 차라리 엄마는 4사이즈 옷을 입으려고 1년 내내 5킬로그램 감량을 목표로 삼고 사는 유형에 가까웠다. 아주 어릴 적 기억 속의 엄마는 시베리안 허스키를 데리고 매일 8킬로미터씩 조깅을 나갔다. 이 여성은 미국 가족계획협회에서 일했고, 미스 캘리포니아 선발 대회에 반대하는 시위와 페미니스트 운동가 글로리아 스타이넘의 강의에 나를 데려간 사람이기도 하다. 얼마 전 엄마는 60대 중반에 여성 펑크록 밴드인 푸시 라이엇의 공연장에서 춤을 추다가 '비트에 미친' 적이 있었다고 고백했다.

아빠는 반강제적이긴 했지만 30년간 정기적인 다이어트를 계속하면서 9킬로그램을 감량한 대식가다. 그렇지만 체중 때문에 문제가 생겼던 적은 실제로 한 번도 없었다. 아빠는 이론이나 상식에 구애받지 않고 본인만의 특별한 다이어트법을 만들어내곤 했다. 가령 빵은 먹을 수 없지만 크래커는 먹을 수 있다든가, 설탕은 안 되지만 우유와 생크림을 반반 섞은 트리플 카푸치노는 괜찮다는 식이었다. 몇 년 전에는 아빠가 사랑하는 보더콜리 핀이 체중을 줄여야 했는데, 아빠의 원대한 계획은 반려견과 함께 다이어트를 하면서 그 과정을 시간순으로 기록하여 《반려견 다이어트^{The Dog Diet}》라는 책을 출판하는 것이었다. 우리는 베스트셀러가 될 가능성이 있다고 맞장구를 쳤다. 변호사인 아빠는 법정 스케치에 등장하는 본인 모습이 항상 신경 쓰이는 듯했다. 슈트 차림으로 무언가를 주장하는 자신의 모습을 그린 스케치를 보여주면서 뚱뚱해 보이지 않냐고 몇 번인가 물었다. 내가 할 수 있는 적절한 대답은 "아니요"뿐이었다.

나는 제대로 차린 식탁 앞에 가족이 둘러앉아 식사한 기억이 없다. 올바른 식습관을 배울 기회가 있었는지조차 의문이다. 나는 외동이었고, 부모님은 전쟁과 다름없는 이혼 과정 중에도 내 체중 문제에서만큼은 태도를 180도 바꾸어 한마음으

디스 이즈 빅

로 대화했다. 두 분은 내가 조만간 특별 코너에서 옷을 사야 할지 모른다는 사실을 가장 두려워했다. 그분들은 내가 아직 유아기일 때 이미 나를 영양사에게 데려갔다. 그때 내가 무슨 처방을 받았는지, 몸무게는 얼마였는지, 심지어 정확히 몇 살이었는지조차 기억나지 않는다. 부모님의 의도가 순수했으리라고는 생각하지만, 내게 그날은 갑자기 이유도 모른 채 앞으로 불려 나가 벌을 받고 온 느낌으로 남아 있다. 어찌 보면 다이어트는 내 인생에서 유일하게 받은 훈육이었다. 부모님이 그리 엄격하신 편도 아니었고, 사실상 그럴 필요도 없었기 때문이다. 나는 티 파티에 가서 스콘을 먹는 것 정도가 인생 최고의 소원이던 고분고분한 아이였다.

웨이트워처스에 처음 가입한 것은 그로부터 몇 년 뒤였다. 그래봐야 나는 여전히 초등학생이었다. 엄마와 나는 함께 등록했고(1980년대 중반에는 부모와 아이 동반 다이어트가 더 환영받았다), 캘리포니아 북부에 있던 한 쇼핑몰에 매주 한 번씩 가서 체중을 쟀다. 다이어트를 시작하기 전날 밤 내가 냉장고 문을 열고 뉴먼스오운 레모네이드를 꺼냈더니 그 즉시 엄마가 했던 말이 떠오른다. "그게 마지막 잔이야. 칼로리를 마시면 안 돼." 30년이 더 지난 지금도 나는 자몽주스를 마시거나 마가리타를 주문할 때면 음료로 칼로리를 채우면 안 된다는 생각이 불쑥 떠오른다.

레스토랑에 가면 부모님이 정해놓은 규칙이 있었다. 엄마든 아빠든 한 분이 시시케밥이나 샐러드처럼 내가 먹을 수 있는 음식을 정해주었다. 나는 동네 식료품점에서 파는 베이글이나 프라이드치킨, 막대 꽂은 스프링롤 따위는 절대 먹을 수 없었다. 부모님은 지금까지도 내가 음식을 주문할 때마다 참견을 빠뜨리지 않는다. 지난번에 엄마를 만나러 갔을 때였다. "카르네 아사다 부리토? 그래, 최소한 감자칩은 안 골랐구나." 그 말을 하던 엄마는 부리토를 먹고 싶은 생각이 싹 달아나게 만드는 눈빛으로 나를 보고 있었다. "부탁이 있는데 말이다, 좀 천천히 먹으면 좋겠구나." 얼마 전 저녁식사 자리에서는 아빠가 그렇게 말했다. 어릴 적, 내가 너무 애절하게 조르거나 두 분이 너무 바쁘면 가끔 규칙을 깨고 내가 원하는 음식(타키토 혹은 피자 한 조각, 브라우니 한 개, 초콜릿을 끼얹은 크런치 아이스크림 한 스쿱)을 먹게 해주는 날도 있었다. 하지만 그럴 때마다 살찔 거라는 잔소리가 따라붙었다.

통제 불능의 내 몸은 가족의 근심이 되었다. 누구든 한마디씩 거들었다. 엄마의 친구들마저 파티 때마다 나를 불러 옆에 앉히고는 일말의 주저 없이 내가 얼마나 체중 관리가 필요한지, 그날은 조금 더 날씬해 보이는지 아닌지를 놓고 잔소리를 했다. 나의 몸, 내가 먹고 싶은 음식, 그 어느 것도 내 것이 아니었다. 내 삶을 규정짓는 관계가 그런 식으로 만들어졌다.

이때 사진을 보면 나는 약간 통통할 뿐이다. 하지만 가족은 내가 행복하고 건강하기를 바랐고, 사람들의 조롱으로부터 나를 막아주고 싶어 했다. 물론 이 소망은 이뤄지지 않았다. 한번은 엄마와 손잡고 작은 식료품점에 들른 적이 있다. 상호

디스 이즈 빅

마저 아이러니하게 '아기돼지 마켓'인 곳이었다. 별안간 계산대 줄에 서 있던 할아버지 한 분이 엄마에게 말을 건넸다. "엄마는 날씬한데 애는 왜 이리 뚱뚱해?" 지어낸 이야기가 아니다. 도대체 아무 이유 없이 어떻게 그 정도로까지 사람이 무례할 수 있을까? 엄마에게 무슨 대답을 들으려 했던 걸까? 엄마는 불쾌한 표정으로 대꾸했다. "모르죠." 엄마도 너무 충격을 받아 달리할 말이 안 떠올랐을 것이다. 하지만 내 귀에는 엄마가 나와의 의리를 저버린 것처럼 들렸다. 부모님은 나를 고통에서 건져주기 위해서뿐만 아니라 딸아이가 뚱뚱하다는 창피함을 겪지 않기 위해서도 내가 체중을 관리하길 바랐다.

나는 조숙한 소녀였고, 밖에 안 나가고 집에 틀어박혀 혼자 책 읽기를 좋아하던 아이였다(《제인 에어》, 《베이비시터스 클럽》 시리즈, 주디 블룸의 《블러버》를 탐독했고, 《낸시 드루》 시리즈에 나온 10대 탐정 소녀 낸시, 남자에 관심 많고 항상 다이어트에 실패하는 낸시의 통통한 친구이자 코믹 조연인 베스와 친했다). 학교생활은 그럭저럭 잘했지만 음식과 몸에 관련된 문제는 너무 힘들었다. 나는 피트니스, 스포츠, 체조 등은 종류를 막론하고 낙제였기 때문에 내 취향이 아니라고 생각했다. 초등학교 때는 장애 아동을 위해 특별히 개발된 체육 수업을 들어야 했을 정도다. 내가 무슨 장애를 가졌는지는 몰랐지만 내 몸이 그 수업에서 결코 예외일 수 없는 것은 분명했다. 매년 여름이면 신병훈련소를 본떠 만든 혹독한 어린이 캠프에 참여했다. 그리고 어느 잔인한 여덟 살 소년대원이 캠프의 빨간색 공식 수영복을 입은 나를 보고 '뚱땡이'라는 별명을 붙여줬다. 그때 내가 얼마나 비참한 기분이었는지 부모님은 몰랐을 것이다. 물론 나는 이런 이야기를 부모님에게 어떻게 해야 하는지 몰랐다. 어린 내가 생각하기에도 캠프 바깥에는 별천지가 있었다. 쿠도스 초콜릿 시리얼바가 있고, 식탁에 둘러앉아 맛있게 식사하는 다른 집 가족들이 있었다. 하지만 그런 것들은 나의 삶이 아니었다. 내가 유럽 영화를 볼 때 지금까지도 적응이 안 되는 부분은 사람들이 음식을 먹는 방식이다. 그 사람들은 디저트를 딱 두 입만 먹거나 간식으로 과일을 먹는다.

하지만 처음에는 강요로 시작됐던 체중 감량이 차츰 나 스스로도 원하는 어떤 것이 되어갔다. 부모님이 내게 다이어트를 일종의 종교처럼 주입했기 때문만이 아니라 나 스스로가 예뻐 보이고 싶다는 마음에서 다이어트를 하기 시작했다. 내가 남들과 달라서 (아무리 좋은 의미라고 해도) 놀림을 받거나 눈에 띄는 고통을 겪게 하고 싶지 않다는 부모님의 욕구가 효과를 발휘했다. 하지만 그분들은 내게 건강한 습관이나 나 자신을 사랑하는 법을 가르쳐주는 데는 실패했다. 비현실적인 감량 목표가 생기면서 건강한 생활습관을 유지하는 일은 훨씬 더 어려워졌다.

이런 변화는 열 살 무렵에 시작되었다. 어느 날 나는 잡지 〈선셋〉을 뒤적이다가 소녀 전용 다이어트 캠프의 광고를 보았다. 그리고 몇 주 뒤, 나는 2주짜리 캠프에 참가하기 위해 샌타바버라로 날아가는 보호자 미동반 아동이 되었다. 사탕 같은 금지물품을 찾는다는 명분으로 강제로 가방을 수색당했고, 이어서 하루 4시간의 운동 프로그램이 시작되었다. 트램펄린 에어로빅 수업의 마지막 곡은 항상 더 타임의 〈정글 러브〉였다. 그리고 일주일에 한 번 프로즌요거트 체인점 TCBY로 디저트를 먹으러 갔다. 알고 보니 이 캠프는 내가 살던 곳에서 수백 킬로미터 남쪽에 있는 로스앤젤레스 웨스트사이드 일대의 부유층 청소년들이 모여드는 집합소였다. 그 두 주간 내가 무얼 먹었고 체중이 얼마나 빠졌는지는 새까맣게 잊었지만, 바나나 리퍼블릭 매장에서 티셔츠 접는 법을 배웠던 기억은 난다. 지금도 그 방법은 잊지 않고 있다. 캠프 마지막 날 스태프가 우리를 몽땅 차에 태워 쇼핑몰로 데려갔다. 소녀들의 다이어트 성공을 기념하기 위해 부모님들이 미리 낸 돈으로 새 옷을 사기 위해서였다.

이것도 일종의 패턴이 되었다. 부모님은 내 다이어트를 위해 돈을 냈고, 나는 그렇게 살을 뺀 다음 항상 이전 몸무게로 복귀했다. 침도 맞아보았고, 초경 전에만 감량에 성공하면 평생 체중으로 고민할 일이 없다고 장담하는 의사도 만났다. 중학교 1학년 때 등록한 어느 다이어트 프로그램은 매일 아침 체중 검사를 해야 해서 아침마다 엄마가 차로 데려다주기도 했다. 내가 핼러윈 축제 때 사탕을 받아 오면 부모님은 일일이 뒤적거리다가 한 움큼 덜어냈고 내 몫은 조금만 남겨놓았다. 중학생이 되면서부터는 나도 요령이 생겨서 학교 사물함에 사탕을 숨겼다.

현재 우리는 내가 자라던 1980년대의 그 누구보다 다이어트와 아동기에 대해 더 많이 알고 있다. 이를테면 미국 소아과학회는 다이어트를 지나치게 강조하거나 아동에게 다이어트를 강요하는 일을 피하라고 부모와 의사 모두에게 권고한다. 아예 자녀의 체중에 관해서는 언급조차 하지 말 것을 당부한다. 연구로 밝혀진 바에 따르면, 체중에 집중하는 것은 음식과의 관계가 좋게 말해 **복잡해지고** 나쁘게 말해 **장애**로 비화하는 지름길이다. 대신 가족은 다 같이 모여 식사를 하고, 부모는 식사와 운동이 모범적인 균형을 이루도록 노력할 필요가 있다. 건강한 습관을 가르치는 일은 쉽지 않다. 지금도 여전히 아동의 식사 시간은 훈계로 뒤범벅이다. 나 역시 지금까지도 그 영향을 벗어나지 못했다. 잎채소를 제외하면 죄책감 없이 먹을 수 있는 음식이 거의 떠오르지 않는다. 이것은 60대 후반에 들어섰지만 여전히 몸과 관련하여 평화를 누리지도, 식습관의 균형을 찾지도 못한 부모님에 대한 나의 연민을 에둘러 표현하는 방식이기도 하다.

내가 왜 여전히 뚱뚱한지 나는 납득할 만한 이유를 모른다. 아마도 게으른 식습관, 잘못 뽑은 유전자 복권, 푸짐함에 대한 사랑이 복합적으로 작용했으리라는 것 정도가 지금 말할 수 있는 최선이다. 뚱뚱해지지 않으려면 나 같은 사람은 누군가와 어울리며 재미있게 지내는 삶을 철저히 포기하겠다는 결심이 필요하다. 푸짐함의 반대는 결핍이다. 그래서 나는 일단 다이어트가 시작되면 공황 상태로 돌변하고 저녁을 건너뛰거나 샐러드만 먹고 싶어진다.

마흔 번째 생일이 일주일 지난 2017년 7월 중순, 나는 1980년대 이후 처음으로 웨이트워처스에 가입했다. 진이 세상을 떠나고 내가 그녀의 삶에 대해 알게 된 지 2년 만이었다. '좋은 생각은 묵혀도 좋은 법'이라고 말하고 넘어가도 되겠지만, 사실 내가 꾸물거렸다. 웨이트워처스를 한다는 것은 내가 다시 다이어트에 진지해져야 한다는 뜻이다.

꾸물대던 그 2년 동안 나는 온갖 다른 시도는 다 해봤다. 팔레오 다이어트가 적격이라고 말했던 유명 다이어트 의사와 만날 약속도 잡았다. 나의 다음 고객은 복싱선수 역을 맡아 훈련 중인 어느 톱스타 배우였다. 그는 몸속에서부터 빛이 나는 것처럼 보였다. 그렇다면 저것도 나한테 필요할까? 팔레오 복싱을 한 2주 했다. 그러고는 덩컨 하인스 믹스를 반죽해서 구운 따끈따끈한 브라우니를 먹으면서 제빵 경연 TV 프로그램 〈그레이트 브리티시 베이크 오프〉를 보았다.

아, 내 체중은 특별한 수준이라 좀 특별한 의사가 필요하다고 생각하고 싶기도 했다. 그래서 내과 의사를 찾아가 위 속에 풍선을 삽입하는 시술에 대해 상의했다. 삽입한 풍선에는 생리식염수를 채워서 포만감이 빨리 들고 식사량도 줄어들도록 조절한다. 수술비만 1만 달러였다. 도저히 내가 감당할 수 없는 액수인 데다가, 만성 구토라는 부작용이 따라올 수 있다고 했다. 그 뒤 한 달가량은 뒤늦게 폭식증 환자가 되어 칫솔 손잡이를 목구멍에 밀어 넣고 구토를 했다. 매끼 그러지는 않았고 아이스크림이나 치즈버거를 먹었을 때만 그랬다. 이 모든 방법 가운데 건전하거나 지속 가능한 것은 하나도 없었다.

나는 진에게 조금씩 되돌아가고 있었다. 진이 한 번만 자기 말대로 해보라고 계속 잔소리를 해대는 왕할머니 요정같이 느껴졌다. 꽤 오래전 일이지만, 미드타운에서 열렸던 웨이트 워처스 시범 모임을 찾아간 적이 있었다. 아니, 정확히 말하면 가려고 했었다. 장소가 어느 대형 빌딩의 지하 1층이었다. 건물에 들어선 나는 경비원에게 신분증을 보여주려고 다가갔다. 그런데 그가 나를 흘깃 보더니 이렇게 물었다. "지하 1층?" 나는 그 말에 무너졌다. 그 정도로 뻔해 보였나? 도저히 아래층까지 내려갈 엄두가 나질 않았다. 진은 이렇게 말했다. "남의 등쌀에 못 이겨 억지로 온 분들이 있지요. 그런 분들은 보통 팔짱을 끼고 저만치 뒤에 앉아요. 그러다가 천천히 팔짱을 풀고, 그러다가 또 앞으로 슬쩍슬쩍 다가오세요. 그래요, 지금 여러분처럼요. 그 모습이 저는 감동적이었어요. 지금도 그렇고요." 나도 다가갈 준비가 된 것 같다.

미국에서 웨이트워처스 회원의 평균 연령은 48세다. 온라인 전용 회원들은 이보다 조금 젊고(평균 45세), 현장 모임에 직접 나가는 회원들은 조금 나이가 많은 편이다(평균 54세). 현재는 회원의 90퍼센트가 여성이다. 웨이트워처스는 지금 성황 중이다. 활동 회원이 390만 명에 달하며, 웨이트워처스로 감량에 성공한 8,300명의 리더가 이끄는 3만 1,000개의 모임이 세계 각지에서 열린다. 치열한 다이어트 산업 시장에서 현재 업계 1위인 기업이다.

이번에는 오로지 나만을 위해 웨이트워처스에 갈 생각이었다. 그래서 몇 군데 모임을 둘러보고, 가장 동기부여가 많이 되거나 회원들이 가장 흥미로워 보이는 곳을 찾기로 했다. 사실 정확히 내가 무얼 찾고 있는지도 몰랐지만, 그래도 막상 보면 직감적으로 알 것 같았다.

처음 방문한 곳은 매주 금요일 오후 1시 15분에 열리는 모임이었다. 미드타운 맨해튼 57번가의 우중충한 1950년대 건물을 찾아 4층의 웨이트워처스 플래그십 센터로 올라갔다. 이곳은 회사 창립 50주년을 기념하여 2013년부터 진 니데치 센터라고 불렸다. 교회 등의 다른 용도로도 단기 임대하는 어수선한 곳이 아니라 오로지 웨이트워처스만 24시간 상주하며 사용하는 공간이었다. 그리고 퇴근시간과 점심시간을 전후하여 대개 하루 두 번 모임이 열렸다. 웨이트워처스 영업소는 대부분 외장이 근사하지 않다. 이곳도 진의 이름만 붙었을 뿐 다른 곳과 별반 다르지 않았다. 여느 영업소처럼 금방이라도 철거될 법한 상설 팝업스토어처럼 생겼다. 들여놓은 비품도 최소한이다. 안내용 책자, 의자(다양한 체형이 앉을 수 있게 배려한 것인지 팔걸이가 없다), 시중에 파는 칩이나 단백질바, 생수 판매대 정도가 전부다. 멀찍이 구석에 체중계가 보이고, 그 옆에는 프라이버시 보호를 위한 가림막이 있다. 회원은 체중계 위에 올라서도 숫자를 볼 수 없다. 웨이트워처스 직원만 이 숫자를 볼 수 있고, 나중에 카드에 기입하면서 회원들이 얼마나 감량(또는 증량)했는가를 계산해준다.

나는 그곳으로 가서 체중을 쟀다. 아마 넉 달 만에 처음이었던 것 같다. 정확히 118.8킬로그램이었다. 아빠보다 더 많이 나갔다. 게다가 아빠는 170센티미터인 나보다 20센티미터나 더 크다. 이 숫자라면 인생 최고의 몸무게가 나갔을 때에 비해 1~2킬로그램쯤 가벼울 뿐이다. 다시 말해, 지난 5년 동안 저칼로리, 고단백, 저탄수화물 다이어트를 하면서 그리고 솔직히 말해 무수히 끼니까지 굶으면서 감량한 30킬로그램을 1.3킬로그램만 남기고 모조리 복구했다는 뜻이다. 나는 작가 록산 게이가 말하는 '레인 브라이언트 비만'레인 브라이언트는 플러스사이즈 여성 의류 브랜드로, 기성복을 살 수 있는 정도의 비만이라는 뜻이다 또는 일부 비만 수용 운동가들이 '스몰 비만'이라 부르는 유형이었다. 이것은 내가 가장 크게 나온 일반 사이즈 옷도 때로는 작아서 유통용 '특대 사이즈'가 풀리는 온라인 숍을 통해 16사이즈 바지를 사야 한다는 의미였다. 신은 오프라인 매장에 그런 옷이 보관되는 것을 금지한다. 뚱뚱한 고객이 쇼핑하는 모습이 보일 수 있기 때문이다. 나는 비행기 좌석에서 안전벨트 연장선이 필요 없는 사람이다. 의자에 몸이 안 들어간 적은 없었다. 물론 의자를 부순 적은 있다(컵케이크를 먹다 그랬다. 게다가 그 일이 있은 직후 클럽에 갔다가 얼마 전 헤어진 남자친구가 바싹 마른 갈색 머리 갤러리스트와 한창 신나게 어울리고 있는 장면을 목격했다). 나는 22나 42사이즈를 입는 것이 어떤 기분인지 몰랐고, 사실 내가 그렇게 되지 않기를 바랐다. 나보다 사이즈가 더 큰 사람보다는 지금 나의 이 사이즈로 세상을 사는 것이 조금 더 쉬울지도 모르겠다.

하지만 조금이라도 이상적인 체중을 초과하는 사람이라면 세상살이가 쉽지는 않으리라 생각한다. 내가 어릴 적에 엄마는 "남자들은 뚱뚱하다는 소리를 들을 때까지 35킬로그램의 여유가 있지만 여자는 5킬로그램밖에 없어"라고 입버릇처럼 말하곤 했다.

체중 증가를 확인한 절망에서 나를 건져준 것은 그래도 다시 시작한다는 일말의 희망이었다. 나는 안내지 한 묶음과 주별 모임 주제가 소개된 웨이트워처스 팸플릿을 집어 들었다. 이번 주제는 '재미에 집중하기'였다. 팸플릿 앞면에는 검정색 비키니 차림의 뚱뚱한 백인 여성이 바다를 향해 두 팔을 활짝 펴고 카리브 해변처럼 보이는 곳으로 걸어가는 뒷모습이 실렸다. 속지에는 '내가 할 일 : 기분 좋아지는 활동 찾기'라는 제목 아래 좋아하는 신체활동을 찾는 것이 왜 중요한지 자세히 설명되어 있었다. 나는 자리에 앉아 아직 한 번도 만들어보지 못한 고대의 곡물 샐러드 레시피를 읽어보았다. 닭고기, 복숭아, 타라곤 등으로 만드는 샐러드였다.

모임에는 마른 체구의 70대 여성 도리스와 살을 빼러 온 남편 에즈라 부부가 있었다. 붉은 머리카락에 검정 스리피스를 입은 중년 여성 제니는 목표 체중을 지금껏 꾸준히 유지해서 평생회원(체중 감량에 성공한 후 그 상태를 유지하기 위해 나오는 회원)이 됐고, 도리스와 에즈라 부부에게 15킬로그램 감량 성공 기념으로 받은 장식품을 보여주고 있었다. 웨이트워처스의 로고가 각인된 황금 열쇠였다. 몸무게의 5퍼센트나 10퍼센트를 감량할 때에도 별과 동전 모양 장식품을 준다. 초창기 회원들은 진이 웨이트워처스 로고와 인조다이아몬드를 넣어 직접 디자인한 실버 브로치를 받았지만 그것은 이제 더 이상 생산되지 않는다.

모임의 리더 바버라 로즌이 선드레스를 입고 경쾌한 걸음으로 등장했다. 구불거리는 긴 금발을 늘어뜨린 날씬하고 멋있는 70대 여성이었다. 모임의 시작을 알리기 위해 로즌이 꺼낸 첫마디는 이랬다. "살인적인 무더위네요. 그래도 저는 아직 웨이트워처스 모임에 온답니다." 로즌은 웨이트워처스 실패자 1세대였다. 1970년대에 끔찍한 이혼 과정을 겪으면서 몸무게가 20킬로그램이 불어 웨이트워처스에 가입했고, 가입 첫해 딱 두 번을 제외하고는 한 번도 빠지지 않고 모임에 나왔다. 가장 인상적으로 다가왔던 사실은 로즌이 감량 체중을 40년 넘게 유지해왔다는 사실이다. 로즌이 나와 진의 시대를 이어주는 살아 있는 연결고리, 내가 나만의 멜로마스 정령에게 무릎 꿇지 않도록 지켜줄 수호자일지 모른다는 생각이 잠시 스쳤다. 〈뉴욕타임스〉의 어느 기자는 로즌을 가리켜 '서커스 진행자의 열정'을 가졌다고 묘사했었다. 게다가 로즌은 진과 동일한 뉴욕 토박이 억양을 구사하지 않는가.

로즌의 모임에는 웨이트워처스의 고참들이 많이 든른다고 들었다. 나는 그 베테랑들과 친해져서 지난 수십 년간의 다이어트에 대해 배우고 싶었다. 또 더 간절하게는, 감량 후 요요를 겪지 않는 진짜 비결을 전수받을 수 있지 않을까 하는 기대를 품었다. 게다가 나는 40대 이후의 삶에 대한 롤모델도 필요했다. 모임은 약간 어수선했다. 어디선가 휴대전화가 울리면 누군가는 끄라고 고함을 질렀다. 앞쪽에 앉은 두 여성이 끊임없이 손주 이야기를 늘어놓는 바람에 급기야 뒷줄에 앉은 누군가가 조용히 좀 해달라고 부탁해야 했다. 나는 한 세대, 어쩌면 두 세대 차이가 나는 가장 젊은 사람이었다. 이곳은 언뜻 생각하기엔 그럴싸했지만 실제로 내가 있을 자리는 아니었다.

로즌이 지난 주말에 가족과 롱아일랜드에서 바비큐 파티를 한 이야기를 꺼냈다. "취사선택을 아주, 아주 꼼꼼히 해야 합니다. 누가 도넛 한 개를 건넬 때도요." 도넛 애호가들 사이에서 웅얼거리는 소리가 터져 나왔다. 로즌은 말했다. "도넛은 13포인트예요. 만약 하겐다즈였다면 저도 먹었겠죠. 하지만 뙤약볕 아래 서서 13포인트 도넛은 사양합니다. 나, 음식에 도도한 사람이에요! 도넛은 제가 좋아하는 음식이 아니에요. 지금보다 한 20킬로그램 덜 나간다면 또 모를까."

아이스크림 이야기가 나오자 페이즐리 무늬 카프탄^{터키나 아랍 지역에서 입는 길고 헐렁한 옷}을 걸친 미라가 발동이 걸린 듯했다. 그녀는 1982년부터 모임에 나왔다지만 그리 말라 보이지는 않았다. "속으면 안 돼요, 요거트는 아이스크림이에요! 매장에서 파는 블루밍데일즈 요거트는 17포인트예요!" 미라의 절규는 "소일렌트 그린은 사람이야!"라고 외치던 찰턴 헤스턴을 떠올리게 했다.^{〈소일렌트 그린〉은 환경 파괴로 식품이 사라진 맨해튼을 배경으로 한 영화로, 주인공은 플랑크톤 단백질 가공품으로 알려졌던 대체식품 소일렌트 그린의 재료가 실제}

로는 인육임을 밝혀낸다 미라가 울린 경종은 신선한 과일보다 말린 과일의 포인트가 더 높다는 후속 논쟁을 낳았다. 나는 에즈라가 아내에게 "복숭아……, 복숭아"라고 속삭이는 소리를 들었다. 식품의 함정을 둘러싼 이 엄청난 열정을 보며 나는 웃음이 터지려는 것을 간신히 참았다.

모임을 마치자 신입 회원은 따로 남아(에즈라와 나 단둘이었다) 로즈에게 앞으로의 식생활에 대한 설명을 들었다. 금지 식품은 없었지만 들어야 할 내용은 꽤 많았다. 휴대전화 앱을 사용하면 내게 할당된 38포인트를 넘지 않도록 먹는 음식을 관리할 수 있다. 여담이지만, 웨이트워처스 회원들이 가장 많이 조회하는 식품은 음료 두 가지, 즉 커피와 와인이라고 한다. 블랙커피는 포인트가 없지만 와인은 120밀리리터당 4포인트다. 로즈은 감량 전 사진을 코팅해서 지니고 다녔고, 자신의 과거 체중을 보여주는 증거인 양 그 사진을 우리 앞에 내밀었다. 에즈라는 회원 중에 다시 살이 찌는 비율이 얼마나 되느냐고 물었다. 로즈은 에즈라에게 절대 그런 일은 일어나지 않는다고 못 박았다. "계속 모임에 참석하고 프로그램대로만 따르시면요. 이건 평생 하는 겁니다. 끝이란 게 없어요."

그 말은 참 암담하게 들렸다. 매주 금요일 오후마다 프로즌요거트를 놓고 엄마보다 나이 많은 분들과 서로 참견하며, 입에 들어가는 깨알 하나까지 꼼꼼히 확인하며 보낸다? 그런 삶이 좋은 것인지 나쁜 것인지 아직 판단이 안 섰다. 갑자기 전조등 불빛을 본 사슴처럼 얼어붙은 순간이었다. 우리는 자유를 대단히 소중한, 힘겹게 노력해서 획득한 무엇처럼 느낀다. 그리고 계획은 그 자유를 포기하는 것으로 느껴지기 때문에 주춤거릴 수밖에 없다.

CHAPTER 3

비만은
나의 정체성

1947년

1947년 4월 20일, 진의 결혼식 날이었다. 진은 18사이즈의 버슬 스타일 남색 드레스를 품만 살짝 늘려 입었다. 20사이즈 때부터 계속 다이어트를 해온 진은 짜릿했다. 진에게도 이런 패턴이 굳어졌다. 우선 진은 이런저런 속성 다이어트, 가령 블랙커피만 마시거나, 달걀만 먹거나, 아니면 잡지에서 본 자몽 다이어트 같은 것을 시도해서 10~13킬로그램을 감량했다. 하지만 사람이 감귤류만 먹고는 살 수 없는 법이고, 결국 좋아하는 음식에 입을 대기 시작하는 순간부터 다시 체중은 슬금슬금 불어났다. 진이 남편 마티에게 자신이 뚱뚱해 보이지 않느냐고 물을 때마다 그의 대답은 항상 비슷했다. "여보, 당신은 완벽해." 우선 마티 자신이 거구이기도 했지만 실제로 이 말은 진심이었다. 마티는 진의 모습이 정말로 마음에 들었다. 체중 문제는 진이 스스로와 치른 싸움이었다.

진과 마티는 브루클린에 사는 진의 할아버지 집 근처 어느 교회에서 하객 50여 명이 지켜보는 가운데 소박한 결혼식을 올렸다. 액세서리를 사는 일은 드레스에 몸을 맞추는 노력보다 훨씬 쉬웠으므로 진은 유티카 거리의 한 상점에서 사고를 쳤다. 어마어마하게 큰 베이지색 웨딩 모자를 30달러에 산 것이다. 진이 감당할 수 있는 예산을 한참 넘어선 액수였다. 그리고 브루클린 출신의 누아르 영화 스타 바버라 스탠윅을 친척으로 둔 친구를 통해 이 여배우의 장갑 한 켤레도 빌렸다. 결혼식 때 신부가 지닐 '빌린 물건'미국에서는 결혼식 날 신부가 낡은 물건, 새 물건, 빌린 물건, 파란색 물건을 몸에 지니면 좋다는 미신이 있다. 특히 빌린 물건은 빌려준 사람의 행운을 넘겨받는다는 의미가 있다이었다.

마티는 오클라호마주 털사에 있는 한 백화점에 취직했다. 자연스레 신혼부부의 허니문은 털사를 향한 자동차 여행이 되었다. 결혼식 다음 날, 두 사람은 1942년형 뷰익 컨버터블을 타고 브루클린을 출발하여 미 대륙을 가로질렀다. 이들은 가는 중에도 미트로프, 밀크셰이크, 프라이드에그 등을 먹을 수 있도록 시장과 간이식당 위치를 중심으로 여정을 짰다. 털사에 도착한 다음에는 어느 부부의 집에서 가구 딸린 방 한 칸을 빌려 신혼살림을 차렸다. 진은 요리를 그다지 많이 하지 않았기 때문에 두 사람은 주로 햄, 감자칩, 프레즐, 믹스로 만든 초콜릿 푸딩 등으로 식사를 했다. 때때로 외식을 하며 에어컨과 푸짐한 양의 혜택을 누리기도 했다. 얼마 뒤 부부는 달달한 입맛 취향을 방해받지 않고 만끽할 수 있는 둘만의 오붓한 공간으로 다시 이사했다. 진이 디저트용 케이크를 굽거나, 두 사람이 함께 식사 후 산책을 하며 아이스크림을 사 먹거나, 수박 노점 앞에 차를 세우고 포장을 받아 차 안에서 함께 먹는 일이 잦아졌다.

진은 그 시대의 전형적인 여성이었다. 결혼 전까지 일을 하다가 결혼과 동시에 그만두고 전업주부가 됐다. 제2차 세계대전 중 일터를 지켰던 600만 명의 여성은 1945년 종전과 동시에 일을 그만두었다. 1950년대는 이렇게 가정과 전통적인 여성 역할로의 대대적인 복귀가 진행된 시기였다. 남성은 전쟁터에서 돌아와 직장으로 갔고, 여성은 집에 머물며 자녀를 기르고 가사를 돌봤다. 신부의 연령도 어렸다. 1956년 초혼 신부의 평균 나이는 스무 살에 불과했고, 교외생활의 안락함(차 두 대가 들어가는 차고, 핵가족, 가전제품)은 부러움의 대상이었다. 1960년이 되면 집 밖에서 일하는 여성 인구의 비율은 35퍼센트까지 내려간다. 임금 수준 역시 남성이 1달러를 버는 동안 여성은 평균 60센트밖에 벌지 못했다.

전후 시대 여성의 가사노동을 비판한 《여성성의 신화》에서 베티 프리단은 당시 주부들이 개인적인 포부 따위는 전혀 없이 정신이 마비된 삶을 사는 좀비처럼 변했다고 표현했다. "그들의 유일한 꿈은 현모양처가 되는 것이었다. 가장 큰 포부는 자녀 다섯과 아름다운 집을 소유하는 것이었고, 유일한 목표는 남편을 얻고 지키는 것이었다. 집이라는 울타리 너머에서 일어나는 여성과 무관한 문제에 관해서는 그 어떤 생각도 하지 않았다. 중요한 결정은 모두 남자들이 내려주기를 바랐다. 여

디스 이즈 빅

성으로서 자신에게 주어진 역할을 찬양했고, 인구조사 서류의 직업란에 자랑스럽게 '전업주부'라고 써넣었다."

진은 가끔 가정주부 역할이 지겨워지면 베이지색 웨딩 모자를 꺼내 쓰고 버스에 올라 털사 시내에 있는 백화점으로 갔다. 그녀는 쇼핑하는 여자들에게 자신을 판매원이라고 소개 하기를 좋아했다. 좀 이상하게 들릴 수도 있겠지만, 진은 자기 몸무게에 대해 워낙 오래 거짓말을 하다 보니 말을 꾸며대는 것에 도가 터버렸다고 믿었다. 게다가 진의 밝고 명랑한 태도 는 누구에게나 환심을 샀다. 진은 누가 입은 옷이 엉덩이를 더 커 보이게 하거나 색이 어울리지 않으면 어떤 식으로 정중하게 말해줘야 하는지를 잘 아는 사람이었고, 이야기 끝에는 결국 전화번호를 받으며 나중에 어울리는 옷을 발견하면 따로 연락 해주겠다는 약속까지 했다. 진의 천부적인 세일즈우먼 자질이 처음 드러난 계기였다. 얼마 안 가 진은 옷을 추천하고 그 대가 로 수수료를 받는, 지금으로 치면 소위 스타일리스트 일을 제 법 맡게 되었다.

이 무렵 유행하던 패션은 잘록한 허리, 풀스커트 그리고 부드러운 어깨선이 특징인 모래시계 라인이었다. 그것은 전시 배급의 끝을 알리는 순간에 대한 반응이자 축하였고(오페라 〈메 리 위도〉 속 모래시계 패션의 인기가 끌어올린 보정속옷의 수요를 맞 추기 위해 이때부터 다시 고무 산업이 활기를 띠기 시작했다) 다시 풍 요의 시대가 도래했음을 알리는 표식이기도 했다. 여성성은 부 드러운, 심지어 약간 비실용적인 모습으로 표현되었다. 이런 여성성의 이상은 아동 문화 속으로까지 침투하여 디즈니 애니메이션의 여자 주인공들은 1950년대의 신데렐라 이후로 점점 더 여리여리해졌다. 1959년에는 믿기 힘들 정도로 가슴이 큰 바비 인형이 세상에 데뷔했다. 1951년에는 이미 1936년에 미국 최초로 체육관을 몇 군데 개장한 바 있던 잭 라렌이 TV라는 새로운 매체를 통해 자신의 이름을 건 피트니스 쇼를 시작했다. 이 쇼는 1985년까지 방송되었다.

전후 시대의 가정학은 가사노동을 추켜세우며 도전적이고 보람 있는 역할로 묘사했다. 가정학은 전 국민적인 인기를 누렸다. 미국 교육평가원의 조사를 찾아보면 이 시기 고등학교 2학년 여학생들은 고교 교과과정 중 가장 관심 있는 과목으로 가정학을 꼽았다. 가정학 학위가 있으면 교사가 되거나 식품회사에 취직할 수 있었다(당시 식품회사들은 허구의 가정학자를 회사의 마스코트처럼 내세우는 경우가 많았다). 전형적인 가정학 교과서들은 가족을 위해 장 보는 법을 가르쳤고 전통적인 젠더 분업 체계를 도입했다(아빠는 마당 일과 바비큐 굽기를, 나머지 일은 전부 엄마가 맡는다). 이것은 미국 중산층 가정에서 풀타임 가정부를 고용하는 일이 점차 보기 힘든 광경이 되어버린 탓도 있었다. 1960년대 초 앨라배마주의 어느 가정학 교과 지침에는 음식이 어떻게 '우리 자신이 되는지'를 교사가 설명해야 한다고 말하는 대목이 나온다. "뚱뚱한 사람과 마른 사람, 침착한 사람과 신경질적인 사람, 행복한 사람과 불행한 사람, 혈색이 좋은 사람과 창백한 사람, 기운이 넘치는 사람과 없는 사람, 머리숱이 풍성한 사람과 부족한 사람 등이 대조된 사진을 보세요. 매일 먹은 음식이 '당신이 되고' 내가 하루 동안 먹은 모든 음식을 그날의 양식으로 여겨야 함을 알아차리세요."

진을 비롯한 바쁜 주부들에게는 다행스럽게도, 식품업계는 부엌에서 그들을 돕기 위해 만반의 준비를 했다. 식품회사들은 케이크믹스(1947년 시장에 등장했다), 유제품이 아닌 커피 크리머(1952년), 필스버리의 간판 제품인 크랙온더라인 반죽 패키징(1952년에 특허등록이 되었다) 그리고 에고 냉동 와플과 치즈 위즈(둘 다 1953년에 시판되었다) 같은 간편식품을 개발하기 시작했다. 이런 제품은 그 자체가 문화적 혁신과 과학적 성취의 상징이었다. 요리 실력이 없어도 요리를 할 수 있는 세상이 되었다. 음식평론가 로라 셔피로는 이렇게 썼다. "영양성분과 칼로리가 관심의 초점이 되었다. 규격화된 도구와 계량이 컵과 눈짐작을 대신했다. 그리고 위생이 미국인의 미식 신전에서 가장 까다로운 신이 되었다." 이 말의 메시지를 필스버리의 모토를 빌려 표현하자면 이렇다. "오븐에서 나온 것보다 더 좋은 것은 없다!" 식탁에서 저녁(또는 디저트나 간식)을 먹기 위해 어떤 과정을 거치고 어떤 방법을 썼는가는 더 이상 중요하지 않았다.

공장에서 생산된 식품이 미국의 일반 가정에 침투하기 시작한 것은 19세기였다. 하지만 이런 제품들이 시장을 홍수처럼 휩쓴 것은 식품 업계와 그 배후의 정치인들이 영향력을 행사한 1950년대부터였다. 아이젠하워 대통령은 1953년에 취임한 직후부터 얼린 채소, 호르몬과 항생제로 키운 붉은 고기, 오렌지주스 농축분말 등 소위 '기적의 식품'을 홍보하기 위한 오찬 자리에 참석했다. 미국 가정의 3분의 2가 TV 수상기를 보유했던 1954년에는 식품기업 스완슨이 칠면조, 완두콩, 고구마 등을 트레이에 담아 추수감사절 요리를 오마주한 제품 'TV 디너'

겉포장이 TV 수상기 모양처럼 디자인된 냉동식품. 간단히 해동하여 TV를 보며 먹을 수 있

었다를 98센트라는 가격에 내놓았고, 출시 첫해에 1,000만 개를 팔아치웠다. 외식 애호가에게 1950년대는 패스트푸드 체인의 연이은 등장으로 기억될 것이다. 던킨도넛이 1950년, 타코벨이 1952년, 버거킹이 1954년, 맥도날드가 1955년, KFC가 1955년, 피자헛이 1958년, 아이홉이 1958년, 도미노피자가 1960년에 각각 문을 열었다. 칼로리 메가히트의 기록적인 퍼레이드였다.

　과학잡지 〈타운 앤 컨트리〉의 필자 포피 캐넌은 1951년에 베스트셀러 《통조림 요리책Can-Opener Cookbook》을 출간했다. 그녀가 소개한 '캐서롤 알라킹'이라는 요리의 레시피는 치킨 알라킹 통조림, 크림소스와 크림치즈가 들어간 마카로니 통조림, 빵가루, 버터 그리고 장식으로 올릴 파슬리나 물냉이 등이 재료로 들어갔다(음식은 어떻게 차려내는가에 따라 180도 달라진다는 것이 캐넌의 지론이었다). 1957년에는 전자레인지를 활용한 요리법에 대한 기사가 〈베터 홈 앤 가든스〉에 최초로 실렸다. 1960년에는 오리건주 포틀랜드의 카피라이터 페그 브래컨이 쓴 《요리가 싫은 요리책I Hate to Cook Book》이 300만 부의 판매고를 올렸다. 브래컨의 레시피는 대부분 부용 큐브과 수프 통조림을 주재료로 삼았고, 여기에 건조한 위트를 적당량 첨가했다. 가령

그녀의 '스키드로드 스트로가노프'의 레시피는 2행시다. "마늘, 양파, 다진 소고기를 기름에 볶네. 밀가루, 소금, 파프리카, 버섯을 넣어 휘젓고, 5분을 기다리며 담배 한 개비에 불을 붙여 멀뚱히 싱크대를 응시하네."

《야만인과 함께 살기Life Among the Savages》를 쓴 셜리 잭슨이나 《데이지는 먹지 말아요Please Don't Eat the Daisies》를 쓴 진 커 같은 작가, '어찌할 바 모르는' 존재인 가정주부가 된다는 것을 주제로 칼럼을 쓴 어마 봄벡 같은 저널리스트를 비롯한 이 여성들은 가정을 거부하라는 극단적인 주장까지는 하지 않았지만, 가정의 행복이 허구라는 사실만큼은 공통적으로 폭로했다. 부엌에서 자신의 소명을 찾아야 했던 여성들에게 요리의 편리성은 전복적인 역할을 수행했다.

1948년 1월, 진과 마티는 다시 대륙을 가로질러 펜실베이니아 서부의 워런으로 이사했다. 마티는 가구매장 매니저 일을 구했다. 이웃집에 사는 통통한 두 독신 여성이 오븐에서 갓 구워낸 쿠키 접시를 들고 진과 마티 부부를 환영하러 왔다. 진은 금세 고향집에 온 듯한 편안함을 느꼈다. 하지만 이곳은 오클라호마보다 진이 할 일이 더 없었다. 여름에는 카누를 타고 겨울에는 썰매를 즐기는 사람이라면 시간을 보낼 거리가 많았겠지만, 니데치 부부는 야외활동과는 통 거리가 먼 뉴욕 토박이였다. 그들이 가장 즐겼던 여가활동은 (외식을 빼면) 쇼핑과 영화 감상이었다. 결국 두 사람은 주로 먹기만 했다. 부부는 디너파티와 티 파티를 자주 열고 피크닉을 다녔다. 그리고 마티가 일하는 가구매장 건너편에서 카페를 운영하며 페이스트리를 파는 그리스인 부부와 친구가 되었다.

진과 마티는 유쾌한 손님이었기 때문에 인기가 많았다. 무엇이든 맛있게 먹었고, 근사한 닭구이나 솜씨 좋은 케이크 아이싱을 보면 그 자리에서 칭찬을 아끼지 않았다. 두 사람은 체중도 같이 늘었다. 진은 이제 지퍼가 잠기는 원피스가 없어 교회에 입고 갈 옷이 없다고 생각했고 마티의 바지도 사정은 마찬가지였다. 급기야 어느 날 진은 맞는 옷이 한 벌도 없어서 결국 커튼을 두르고 코스튬 파티에 갔다. 아마도 두 사람은 뚱뚱했을 것이다. 하지만 그것은 너무 행복해서였다. 언젠가 진은 과거를 회상하며 이렇게 말했다. "물론, 진짜 그래요, 우린 아무 상관하지 않는다고, 우리 식대로 계속할 거고 신경 쓰지 않는다고 말할 수 있어요. 하지만 속을 깊이 들여다보면 뚱뚱한 사람은 다들 하나씩 신경 쓰이는 구석이 있답니다. 그걸 부인하면서 자기는 아닌 척, 안 그런 척하는 거예요." 니데치 부부도 자신들이 어느덧 유쾌한 뚱보 커플이 되어버렸다는 사실을 의식하기 시작했다. 그들은 다른 사람들이 놀리기 전에 자신들이 먼저 스스로를 놀려대느라 바빴다. "나 갑상선에 문제 있잖아요." 이것도 진이 즐기는 레퍼토리 가운데 하나였다. 20세기 중반에 갑상선은 과체중을 둘러대기 위한 핑계로 이상하지만 흔하게 동원되었다. 진은 이런 얘기도 자주 했다. "저는 골격이 커요. 이모님 한 분이 아주 몸집이 컸거든요. 뭐, 나랑 피가 섞인 이모는 아니지만요." 진은 이런 틀에 박힌 우스개가 점점 서글프게 느껴졌고 처량한 사교술 같았다. 술에 취해 머리에 전등 갓을 쓰는 사람만큼도 웃기지 않았다.

진은 아이를 원했다. 2년쯤 노력한 끝에 진은 임신에 성공했고 친정어머니와 시어머니가 모두 진을 도우려 워런으로 왔다. 양가의 첫 손주가 될 아기였다. 산부인과 의사는 진이 임신 마지막 2주 동안 건강 상태가 안 좋았기 때문에 유도분만을 결정했다. 분만 과정은 순조롭게 진행되는 듯했다. 그러나 다음 날 아침 눈을 뜬 진은 나쁜 소식이 있음을 직감했다. 진은 아기를 지키지 못한 잘못을 자신에게 돌렸다. 그녀는 충격에 빠졌고 일주일간 청력을 상실했다. 마티는 미군생명보험의 일부를 현금화해서 아내가 몸을 추스르는 데에만 집중할 수 있도록 진과 진의 어머니를 플로리다로 보냈다. 그리고 플로리다에서 진은 아이를 잃은 또 다른 젊은 여성을 만났다. 같은 아픔을 나누면서 진은 카타르시스와 위로를 경험했다. 자신이 겪은 사건을 제대로 이해하는 사람과 나눴던 이 대화는 진의 인생을 바꿔놓았다. 그때 진은 인생에서 처음 맞닥뜨리는 가장 고통스러운 상황 속에 있다 할지라도 그 아픔을 공유하는 사람과 대화만 나눌 수 있다면 누구든 그 상황을 헤쳐나갈 힘을 얻을 수 있다는 통찰을 얻었다.

1951년 진은 다시 임신을 했고, 맏아들 데이비드가 태어났다. 한밤중에 아이에게 젖을 물리러 일어날 때마다 진은 군것질을 했다. 이 야식 습관은 데이비드가 통잠을 자게 된 후에도 오래 이어졌다. 진과 마티는 가족과 고향이 그리웠다. 데이비드가 생후 2개월이 되자 부부는 다시 뉴욕으로 돌아갈 결심을 했다. 그리고 뉴욕에서 양가 부모님 집을 1년 동안 오간 끝에 마침내 롱아일랜드 인근 퀸스 북동부의 딥데일 가든스에서 적당한 아파트를 발견했다. 진과 마티는 신혼부부처럼 지냈다. 마티는 버스를 운전하고 진은 집을 지켰으며, 가끔 살림살이가 빠듯해지면 진이 뉴저지에 있는 고모의 양계장에서 달걀을 받아다 방문 판매를 했다. 때때로 이웃집에 초대되어 커피와 케이크를 대접받는 날도 있었다. 세일즈우먼 진 니데치는 절대 이런 초대를 거절하지 않았다. 마티가 리무진 운전기사로 고용되자 진은 남편에게 이렇게 물었다. "당신은 뒷자리에 앉아보고 싶은 적 없어?" 마티가 대답했다. "무슨 소리야, 진. 잘 들어, 세상엔 뒷자리에 못 앉는 사람도 있는 법이야." 진은 혼자 생각했다. '나는 리무진 타는 사람이 되고 싶은데.'

1956년 진은 둘째를 임신했고, 체중이 86킬로그램까지 나갔다. 산부인과 의사는 진이 체중을 줄이지 않으면 심장에 무리가 올 수 있다고 경고했다. 진은 아이를 다시 잃을까 봐 두려웠다. 임신은 그녀에게 속성 다이어트처럼 무조건 참고 견뎌야 하는 고통스러운 경험이었다. 임신 기간 동안 진은 식욕 억제제를 먹었고, 다행히 출산 전까지 13킬로그램을 감량할 수 있었다. 아들 리처드는 약물 부작용 없이 태어났다. 하지만 리처드는 자신의 젖니가 이미 충치였다고 투덜거리곤 했다.

그러다 보니 진에게는 또 하나의 패턴이 생겨났다. 진은 굶거나, 메트리칼 같은 다이어트 음료를 먹거나, 제로 칼로리 다이어트 탄산음료를 쟁여놓고 마시거나, 아니면 뉴저지에 사는 어느 의사에게 매주 한 번씩 수상쩍은 주사를 맞거나 하면서 한 번에 10여 킬로그램을 뺐다. 뉴저지의 의사는 그 주사만 맞으면 나중에 먹고 싶은 음식은 다 먹을 수 있다고 장담했다(결국 진은 탈수 증세로 길거리에서 쓰러졌다). 진은 어유 정제도 먹어보았고, 강아지 비스킷처럼 생긴 데다 맛까지 비슷한 웨이퍼도 먹어봤고, 블랙커피와 담배로 연명하는 생활도 해봤다. 심지어 최면술사까지 찾아갔다.

진이 새로운 다이어트를 시작할 때마다 마티는 고개를 절레절레 흔들며 중얼거렸다. "또 시작이군." 진이 다이어트에 들어가면 온 가족이 고생했다. "셀러리와 당근 스틱만 먹고 살면 사람이 불행하다고 느낄 만해요." 진은 의지력으로 충분히 해낼 수 있다고 믿었지만 사실은 늘 반칙을 했다. 어둠을 틈타 할바 샌드위치를 만들려고 냉장고를 급습하거나 욕실에 꿍쳐둔 멜로마스를 찾아다니는 식이었다. 어릴 적 리처드는 피그뉴턴이나 오레오 같은 과자는 원래 집집마다 싱크대 밑에 쌓아두는 줄 알았다. 진은 두 아들에게 건강한 식습관의 모범을 보이지 못했다. 하지만 이 시절은 다이어트와 비만이 아직 아동보다는 어른들만의 영역으로 여겨지던 때였다. 당시의 유명한 육아 전문가 벤저민 스폭 박사는 "경미한 과체중 현상을 보이는 7세에서 10대 초반 아동이 많지만, 큰 노력 없이도 15세 이전에는 대부분 살이 빠진다"고 했다.

1953년에 나온 '먹으면서 날씬해지기'라는 팸플릿에는 자몽과 부용을 주식으로 하는 속성 체중 감량 메뉴가 소개되어 있다. 가슴과 살찐 무릎을 위한 운동법을 설명한 그림과 식욕 감퇴를 위해 흡연을 권장하는 내용도 눈에 띈다("담배는 먹을 수 없지만 더 나은 대안이 나오기 전까지 당분간 음식 역할을 할 수 있다"). 젤라틴 제조사 녹스도 라이크리스프 크래커처럼 자체 다이어트 프로그램을 개발했고, '슬금슬금 늘어나는 체중 사건을 해결할 당신의 남자 웨이트워처'라는 셜록 홈스 같은 탐정 캐릭터를 만들어 홍보에 활용했다. 1959년에는 92종의 다이어트 책이 시중에 나와 있었고, 허먼 톨러 박사의 《칼로리는 중요하지 않다Calories Don't Count》(이 책은 특정 업체의 홍화 기름 보충제를 광고하는 내용이 포함되어 1964년 연방 대배심의 수사를 받았고, 톨러는 결국 1967년 사기와 공모, 식품의약품 및 화장품법 위반 혐의로 기소되었다)와 저탄수화물 다이어트법을 소개한 시드니 피트리의 《마티니와 휘핑크림Martinis and Whipped Cream》 같은 책이 유명세를 탔다. 그리고 1961년이 되면 미국 인구의 40퍼센트가 저칼로리 제품을 사용하기에 이른다.

1950년대 말에 들어서면서 진의 기분은 바닥으로 곤두박질쳤다. 진은 자기보다 날씬한 여자는 무조건 질투하기 시작했다. 뚱뚱한 소녀들만 친구로 사귀려 했던 진의 10대 때 버릇이 나오고 있었다. 혹여라도 마티가 날씬한 여성이 입은 옷을 보고 마음에 들어 진에게 사지 않겠냐고 권하면, 진은 폭발했다. 그리고 45킬로그램이나 날씬해 보이게 해줄 옷이 어디 있냐고 혼잣말을 했다.

놀랍게도 실제 그 정도로 날씬한 여성 한두 명이 진에게 다가와 뻔뻔하게 이렇게 물은 적이 있다. "실례지만, 이런 미모를 가지신 분이 몸은 왜 그렇게 방치하세요?" 진은 대꾸할 말이 없어서 "제가 사랑스러운 데가 더 많아서 그렇죠!"라는 클리셰로 얼버무렸다. 이제 진은 사람들이 자기를 "그 뚱뚱한 여자", "상냥하지만 살은 좀 빼야 하는 여자", "몸집 좀 있는 여자", "통통한 여자" 등으로 부르는 것을 들었다. 파티에 가면 남편에게 "내가 저 여자만큼 뚱뚱해?"라고 묻곤 했다. "오, 아니야." 마티는 대답했다. "당신이 키가 더 크지. 당신 키에는 지금 몸무게가 나아." 진은 최소한 남편이 자신을 사랑한다는 사실은 알 수 있었다.

마른 여성은 얼굴이 동그스름한 데가 없으니 더 빨리 늙어 보일 것이다. 진은 자신이 스스로를 방치하고 있다고는 느끼지 않았다. 오히려 비만이 그녀의 정체성처럼 느껴졌다. 살이 빠진 뒤 다시 찌고, 그 실패의 고통으로 다시 다이어트에 돌입하는 패턴의 반복은 진을 무력감에 빠뜨렸다. "97킬로그램이 되니까 온몸에서 맥이 다 풀리더군요. 그냥 다 포기하고 나는 '영원한 비만인'이라고 인정해버릴까 싶었어요. 비만은 내가 못생겼다고 느끼게 만드는 추한 단어예요. 뭔가를 하긴 해야겠다고 생각했어요. 그렇지 않으면 그 말이 뇌리에서 떠나지 않을 테니까요."

CHAPTER 4

나눔은 자발적으로 이루어진다

2017년 8월

웨이트워처스 체중 검사를 위해 가장 가벼운 점프슈트 운동복을 꺼내 입었다. 등록하고 일주일째 된 날이었다. 그 옷을 입으면 험프티덤프티_{영국 구전동요에 나오는 달걀 모양 캐릭터}가 애슬레저 복장을 한 것처럼 보이지만, 그래도 옷 무게는 거의 없다. 속옷도 입지 않고, 공공장소에서 풍기문란죄에 해당되지 않을 정도로만 최소한으로 입었다. 작은 링 귀걸이도 뺐고 모닝커피와 물 마시기도 생략했다. 그 어느 것도 내 일주일의 노력이 거둘 승리를 방해하지 못할 것이다.

웨이트워처스의 모임은 대략 비슷한 형태로 진행되는 듯했다. 회원들은 몇 분 전에 도착해서 체중 검사를 하려고 줄을 선다. 옷은 본인이 원하는 만큼 최대한 벗는다(이후 운동할 계획이 있든 없든 많은 사람이 나처럼 운동복을 입었다. 이것만큼 가벼운 옷이 없기 때문이다. 청바지나 직장에서 입던 옷을 그대로 입고 오는 사람도 있긴 하다. 그렇지만 리더들의 말에 의하면 체중계 위에서 브래지어까지 벗는 여성도 있다고 한다. 우리 모임 사람들은 신발과 외투를 벗는 선에서 그쳤다. 작은 부스를 따로 설치해서 칸막이나 커튼 뒤에서 전체 탈의가 가능한 곳도 있다고 들었다).

그다음에는 이름표를 받고 자리를 찾아 앉는다. 리더는 회원 모두를 바라보고 서서 지난 한 주에 대해 몇 마디 얘기한다. 폭염이나 휴가 또는 그 밖에 식습관에 영향을 미칠 만한 사건이 있다면 그 이야기를 한다. 이어서 방금 전에 체중을 검사할 때 받은 유인물을 보는 순서가 시작된다. 주로 건강, 음식, 웰니스 관련 내용이다. 원칙적으로 전국의 모든 웨이트워처스 회원이 매주 같은 유인물을 놓고 이야기를 나눈다. 하지만 리더의 재량에 따라 공식 주제에만 집중하거나, 주제는 형식적으로만 다루고 넘어가거나, 아니면 아예 무시하고 리더 본인이나 회원들이 나누고 싶은 주제만을 다룰 수도 있다. 나눔은 자발적으로 이루어진다. 그래서 아주 시시콜콜한 일상까지 전부 얘기하는 사람이 있는가 하면, 참석만 할 뿐 말은 거의 하지 않는 사람도 있다. 어떤 모임은 사무실이 밀집된 지역에서 점심시간에 식사를 하며 진행하다가 마치는 즉시 자리를 뜨는 사무직 노동자가 주를 이루고, 어떤 곳은 오후 느지막이 시작해서 모임이 끝나면 다 같이 커피를 마시며 친목을 도모하는 은퇴자들이 모인다. 맨해튼 극장가 근처에는 브로드웨이에서 활동하는 배우와 무용수로만 구성된 모임도 있는 듯한데, 그게 어느 모임인지는 전혀 알 수 없었다. 감정이나 주제를 중심으로 거시적인 이야기를 하는 모임도 있고, 구체적이고 세세한 것에 치중해 레시피, 기발한 요리법, 해당 음식이 몇 포인트인지 등을 중점적으로 다루는 모임도 있다. 어떤 리더는 자기계발 강사 같은 인상을 주고, 어떤 리더는 집단상담 치료자 같다. 이렇게 30분쯤 지나면, 누군가가 여행 중에도 체중이 늘지 않았다거나 BMI_{체질량 지수}가 비만에서 과체중으로 내려갔다는 등의 자랑할 만한 소식을 전하고 회원들에게 축하를 받는다. 스티커나 작은 키링 같은 선물도 주어진다. 대략 여기까지 진행하면 끝이다.

모임이 끝나면 신입 회원은 시간을 몇 분 더 내어 리더와 다이어트 계획을 세우고, 나머지 회원들은 리더에게 질문을 하려고 서성대거나 삼삼오오 모여 각자의 성공담을 나눈다. 이 모든 과정에 걸리는 시간은 대략 45분. 좋은 리더를 만나면 나가기 전에 이름표를 떼라고 말해주지만, 그렇지 않으면 이름표와 웨이트워처스 로고를 가슴팍에 붙인 채 그 사실을 알려주는 친절한 사람을 만날 때까지 한동안 길거리를 누빌 각오를 해야 한다.

딱 일주일이 지났을 뿐인데 집에 있는 음식이 죄다 질리기 시작했다. 나를 위해 건강한 요리를 하는 것도 지겨워졌다. 점심으로 먹는 훈제연어 샐러드는 그럭저럭 나쁘지 않았지만, 내가 언제까지 계속할 수 있을지 알 수 없었다. 아니, 내가 이걸 원하긴 했었을까? 나는 그다지 만족스럽지 않은 다이어트 아이스크림 샌드위치를 먹으며 진정한 자제심을 보이고 있다고 생각했다. 다이어트 아이스크림 샌드위치가 몇 포인트인지 찾아

보았다. 하루 동안 내게 할당된 30여 포인트 가운데 6포인트였다. 나는 다시 침대에 누워 인스타그램 검색 페이지를 스크롤하며 30분을 보냈다. 금발 여자가 프라이팬을 꺼내 쿠키 같은 것을 굽더니 뜨끈뜨끈한 채로 접시에 담아 그 위에 아이스크림을 수북이 올리는 영상을 자정이 넘을 때까지 봤다. 돌이켜보면 그런 영상은 나의 포르노였다.

　한 가지 결론을 내렸다. 진과의 살아 있는 연결고리가 아무리 좋다 한들 그리고 바버라 로즌이 내게 어떤 마법의 안전 장치 역할을 한다 한들, 그럼에도 로즌의 모임은 내가 있을 곳이 아니었다. 로즌의 충실한 회원들은 함께 있으면 즐거웠지만 나보다 스무 살에서 서른 살쯤 나이가 많았다. 나는 감정과 신체 이미지에 대해 이야기하는 사람들과 연령, 인종, 인생 경험이 좀 더 다양한 모임을 찾고 있었다. 올 한 해를 잘 살아나가기 위해 다른 종류의 지지가 필요했다. 그래서 다시 모임을 찾아보기 시작했다. 맨해튼 금융가의 어느 건물 깊숙한 곳에서 늦은 오전에 열리는 모임부터 들러보았다. 그 주 웨이트워처스 프로그램의 제목은 '체중계 너머'였다. 하지만 나에게는 여전히 체중계가 가장 중요하다고 인정할 수밖에 없다. 체중을 쟀더니 1킬로그램쯤 빠져 있었다. 기뻐야 마땅했지만 사실 나는 첫 주 차에 좀 더 많이 감량하기를 기대했었다. 수분 무게만 빠진 것이라도 상관없으니 적어도 2킬로그램 이상은 줄어들 줄 알았다.

　모임 리더는 50대 게이 남성이었다. '자신에게 정직하기 위해' 예전에 입던 가장 큰 사이즈의 바지를 아직도 간직한다는 이야기를 하는 중이었다. 어쨌든 그날 나는 체중 검사 이후에는 더 머무르지 못했다. 배우 비지 필립스에 대한 글을 쓰는 중이어서 그녀와 함께 솔사이클 수업에 가기로 했기 때문이었다. 할리우드는 그녀가 좀 더 현실적인, 또는 친숙한 몸매를 가졌다고 표현한다. 우스운, 어쩌면 슬픈 일이다. 그리고 그녀가 체중이 얼마나 늘었는지, 체중을 유지하기 위해 얼마나 혹독한 식이요법과 운동을 병행하는지를 솔직히 공개한다는 점에서 그녀를 칭송해 마지않는다. 하지만 실제 그녀를 만나 보면 그녀의 몸은 비상식적이다. 누가 보더라도 도저히 '친숙하다'고는 말할 수 없을 만큼 비상식적으로 마르고 단단하다.

솔사이클을 마치고 필립스와 곡물 샐러드를 먹으면서 나는 웨이트워처스를 하고 있다고 말했다. 그녀가 갖고 있던 바나나빵을 꺼냈다. "우리 애들한테 이렇게 해주거든요." 그 말을 마친 필립스는 빵을 작은 조각으로 하나씩 집어먹을 수 있도록 격자 모양으로 토막토막 냈다. 사실 바나나빵 같은 음식이라면 난 혼자서 잽싸게 먹어치우는 편이 좋다. 남들 보는 앞에서 굳이 자르고 천천히 먹으면 자의식만 예민해지고 빵 맛도 살짝 줄어든다. 유명인들과 인터뷰를 하다 보면 점심식사가 기본으로 포함되는 경우가 많지만, 나는 되도록이면 일할 때는 먹지 않는다. 음식은 위로와 즐거움을 위한 것이지 일을 위한 것이 아니다.

아직까지는 어느 모임에서도 내가 찾는 사람들을 만나지 못했다. 그래서 나는 계속 찾아봤다. 인터넷으로 조사를 좀 해보다가 많은 사람이 좋아하는 듯한 모임을 하나 발견했다. 브루클린 파크슬로프에서 일요일마다 열리는 모임이었다. 한 번 들러보기로 했다.

합승용 우버를 타자 기사가 내비게이션을 켰다. 다른 손님들로 꽉 찬 차에 오르는 순간 GPS 로봇이 또랑또랑한 목소리로 말했다. "목적지는 파크슬로프 웨이트워처스입니다." 굴욕감이 들었다.

모임은 건물 지하의 비어 있는 상가에서 열렸다. 위층에는 솔사이클이 입주해 있었다. 이것을 가장 편리한 조합이라 해야 할지 아니면 살짝 정신 나간 삶의 증거라고 해야 할지 알 수 없었다. 솔사이클은 새로운 웰니스의 상징이다. 땀을 쏟는 동안 자신의 내적인 힘이 얼마나 대단한지를 말해주는 강사를 만나려고 사람들은 40달러 가까이 지불한다. 30년 전에는 재저사이즈가 그 자리에 있었을 것이다. 운동의 구체적인 내용은 달라졌어도 패러다임은 똑같다. 지역마다 조금씩 차이는 있지만 대개 일주일에 10달러 선을 오가는 웨이트워처스의 비용과 솔사이클의 비용은 극명하게 대조를 이룬다.

파크슬로프 모임 장소는 백화점 매장 하나 또는 작은 식당 하나 정도의 크기였다. 판매대 위에는 머그컵에 담아 전자레인지로 조리할 수 있는 3포인트 케이크믹스와 껌이 진열되어 있었다. 여느 웨이트워처스 모임 장소보다 좌석 수가 월등히 많았고, 그것만으로도 이 자리에서 일요일마다 두 개의 모임을 이끄는 미리엄의 인기를 실감할 수 있었다. 미리엄은 지금까지 내가 봤거나 상상했던 그 어떤 웨이트워처스 리더의 모습과도 달랐다. 미리엄은 채식주의자이자 유대인이고 40대 후반의 엄마이며 토박이 뉴요커였다. 오늘은 푸른색 옴버 염색 머리(미리엄 자신의 설명에 의하면 어느 날은 백금발이고 어느 날은 핑크나 보라색이란다)에 흑백 폴카도트 원피스 차림이었다. 장미와 해골, 히브리문자 문신은 체중 감량에 성공할 때마다 하나씩 새긴 거라고 했다. 미리엄은 나와 달리 뚱뚱한 유년 시절을 보내지 않았다. 하루 4시간, 일주일에 나흘을 체육관에서 보내던 경쟁력 있는 체조선수였다. 하지만 열일곱 살에 운동을 그만두면서 한 달 만에 7킬로그램이 쪘다. 미리엄은 우울해서, 후련해서 그리고 가족 사이의 혼란을 다루기 위해 먹었다. 그렇지만 애초부터 워낙 마른 체형이었던지라 7킬로그램이 늘어봐야 이제 겨우 평범한 10대처럼 보이기 시작한 정도였다. 그리고 대학생이 되어 남부 캘리포니아로 떠날 때까지만 해도 여전히 정상 체중이었다(어쩌면 다시 3~5킬로그램쯤 빠졌을지도 모르겠다). 하지만 그 뒤로 4년 동안 먹는 양이 계속 늘어나 결국 14킬로그램이 쪘다. 대학에서 지금의 남편을 만나 졸업하자마자 결혼을 했고, 결혼식 날에는 진이 그랬던 것처럼 일단 몸에 맞는 드레스 가운데 그나마 가장 예쁜 디자인을 골라 입고 식장에 들어갔다.

몇 년 뒤 미리엄은 어린 딸아이를 체육관에 등록시키러 갔다. 그날 미리엄은 결정적인 경험을 했다. "체육관에 8시 45분에 도착했어요. 아이 운동복하고 운동화를 챙겨서 선반 위에 올려놨죠. 앞머리를 댕강 자르고 양갈래 머리를 앙증맞게 땋은 우리 애가 까만색 전신 레오타드를 입고 있었어요. 아이가 선생님이랑 왔다 갔다 하는 모습을 물끄러미 보는데, 갑자기 울컥하더라고요." 미리엄은 말했다. "옆에 있던 다른 여자분이 내가 우는 걸 봤나 봐요. 내 어깨를 토닥여주고는 이렇게 물었던 거 같아요. '오늘 처음 오셨죠?' 난 그렇다고 대답했죠." 그 여자는 자신도 딸아이가 첫 수업을 받던 날 울었다고 했다. "그분은 내가 거울에 비친 내 모습을 보고 울었다는 걸 몰랐어요. 나도 네살 때는 딱 저런 모습으로 뛰어다녔는데 지금은 이렇게 되었구나. 체육관에 와서도 바깥에 서서 구경만 하는 뚱뚱한 엄마구나. 어떻게 이 지경이 되도록 가만히 있었지? 나 자신이 너무 한심하고 화가 나더라고요." 설상가상으로 체육관 관장은 예전에 미리엄을 가르쳤던 코치였다. 미리엄은 자기를 알아볼까 봐 겁이 났다. 왜 그렇게 살이 쪘냐고 묻는다면? 계속 그렇게 질문하던 끝에 마침내 미리엄은 2000년 11월, 서른에서 서른한 살로 넘어가기 직전에 웨이트워처스에 가입했다. 그리고 17주 만에 25킬로그램을 감량했다.

미리엄이 브루클린에서 이끄는 여러 모임 중 하나인 이곳은 회원이 수십 명에 달했다. 그리고 구성원 자체가 뉴욕이라는 도시의 단면을 그대로 보여준다고 해도 과언이 아니었다. 정통파 유대인 여성들, 10대 흑인 아이들, 동반 다이어트 중인 중년 백인 레즈비언 커플 그리고 배우 브리 라슨을 닮은 외모에 이미 47킬로그램을 감량한 전업주부 아이 엄마도 한 명 있었다. 50대의 판사 패트리스는 짧은 머리의 흑인 여성으로, 아이를 낳아 키우면서 불어난 체중 23킬로그램을 감량하는 중이었다. 이제 그 아이들은 성인이 되었고, 패트리스는 농담 삼아 말했다. "그 시간만큼 난 다이어트를 미루면서 불행했던 거예요."

로즈마리라는 여성은 부모님과 함께 드라마 〈토요일 밤의 열기〉 촬영지인 벤슨허스트에 살고 있었다. 간호사로 일하면서 밤 근무 때 먹은 야식 때문에 몸무게가 불었다. 공군이 꿈이던 로즈마리는 서른 살에 입대 지원을 했다. 신병 모집자가 키와 체중을 물었고, 로즈마리는 키는 160센티미터지만 몸무게는 모르겠다고 대답했다. 모병관이 그 키에는 70킬로그램이 제한 체중이라고 말했다. 로즈마리는 많이 나가봐야 77~78킬로그램 정도일 거라 생각하면서 체중계 위로 올라갔다. 체중계의 숫자는 107이었다. 현재 로즈마리는 86킬로그램이다. 그리고 "0.5킬로그램씩 일흔 번을 빼라"는 미리엄의 조언을 잘 따르고 있다. 그날 그녀는 길고 곱슬곱슬한 갈색 머리를 하나로 묶고 1990년대 아버지들처럼 깔끔한 카키색 바지, 소매를 걷어 입은 폴로셔츠, 투박한 흰 스니커즈 차림이었다. 그녀는 수업 시간에 나오는 모든 질문에 손을 드는 유형이었다. 나는 그런 로즈마리에게 짜증이 났던 것인지, 위축된 것이었는지, 아니면 그녀가 내 다이어트 뮤즈가 되어주길 내심 바랐던 것이었는지 모르겠다. 아마 세 가지 다였을 것이다.

모임 주제에 충실하지 않으면 웨이트워처스가 아니다. 그 주에 우리가 받은 질문은 '체중계 너머에 있는' 행복한 경험

세 가지를 적어보라는 것이었다. 이 부분은 흥미를 느끼기 어려웠다. 내가 이 정도보다는 수준이 높지 않을까 싶었지만 아무튼 해보기로 했다. 어차피 일요일 아침마다 이곳에 와서 한 시간씩 보낼 셈이라면 무엇이든 최선을 다해 얻어내는 편이 나을 것이다. 내가 언제 행복을 느낄까, 잠시 고민하다가 즉흥적으로 머리에 떠오른 것 세 가지를 적었다. **네스프레소 커피머신, 조안과 공원 산책하기 그리고 마스크팩.** 이런 바보 같은 목록보다는 내가 더 지적인 사람이라는 생각에 살짝 짜증이 났지만, 의외로 너무 밋밋한 목록이라 그것 때문에도 기분이 언짢아졌다. "자기 인생을 체중과 연결시켜 정의하는 것과 묘사하는 것의 차이는 무얼까요?" 미리엄이 물었다. 그녀의 마지막 질문이었다. 그리고 사람들은 서로 축하를 나누었다. 아마도 이것은 진의 시대가 남긴 유산일 것이다. 회원들이 감량 목표를 이야기하기 시작했다. 로이스라는 남자 경찰관은 이번 주에 2.7킬로그램을 감량했다고 말했다. 자리를 뜨면서 나는 이 모임을, 특히 이 리더를 더 지켜보고 싶어졌다.

내 평생 유일하게 말랐던(내가 항상 꿈꿔오던 모습 그대로, 진짜 말랐던) 때는 고등학생 시절의 짧은 몇 년이었다. 약의 도움을 받아 주로 굶어서 뺐다. 하지만 우리가 흔히 보는 그런 약이 아니었다. 배고픔을 관장하는 뇌 부위를 며칠 동안 계속해서 마비시키는 마약류 계통의 코카인과 메스암페타민이었다. 나는 열다섯 살 때 학교 근처에 열린 파티에 갔다가 처음 그 약을 접했다. 그 자리에 고등학생은 아마 친구 매그덜리나와 나 뿐이었던 것 같다. 동네 레코드 가게에서 일하는 남자들이 우리를 초대했다. 약이 어떻게 우리 손에 들어왔는지는 잘 기억나지 않는다. 아무튼 우리 둘은 사람들을 밀치며 화장실로 갔고, 번갈아 볼일을 보면서 학교에서 본 젊고 잘생긴 청소 직원이 그 파티에 왔다고 신기해했다. 그러다가 매그덜리나가 마치 거꾸로 종이접기를 하듯이 흰 종이를 조심조심 펼치기 시작했다. 안에 든 코카인은 내 방 벽지 색깔과 똑같은 크림색이었다. 매그덜리나는 3주 전에 발급받은 새 운전면허증을 꺼내 가루 뭉치 위에 일정한 간격으로 선을 그었다. 그러고는 1달러 지폐를 꺼내 돌돌 만 다음 코에 대고 가루를 흡입했다. 우리는 화장실을 나와 거실에 가서 벽에 기대섰다. 나는 노란색 민무늬 브이넥 티셔츠를 입고 있었는데 혈관이 세차게 고동쳤고 갑자기 쇄골이 앞으로 튀어나오는 것 같았다.

모두가 젓가락처럼 마르고 싶었던 그해, 쇄골은 우리에게 초미의 관심사였다. 매그덜리나는 어느 날 아침 학교 도서관에서 〈보그〉를 보다가 선명한 쇄골이 안쪽으로 둥글게 굽은 모델 앰버 발레타의 사진을 뜯어내기도 했다. 나는 각성 상태였고, 휘청거렸고, 배고픔을 못 느꼈다. 태어나서 처음으로 내가 예쁘게 느껴졌다. 문제의 그 순간 이후로 24시간 동안 아무것도 안 먹었다는 사실 때문에 더 그렇게 느꼈을지 모른다. 곧 약은 내 고교 시절 다이어트 여정의 숨은 영웅이 되었다. 마르고 싶은 욕심이 너무 컸기 때문에 그런 약을 오래 복용하면 위험

할 수 있다는 사실조차 머리에 떠오르지 않았다. 몇 년이 지나고, 내가 살이 찌기 싫어서 약물에 의존하고 있다는 자각이 서서히 들고 나서야 약을 끊을 수 있었다. 실제 다이어트는 훨씬 더 어렵고 힘든 반면에, 약에 의존하는 것은 정신적으로나 육체적으로 이렇게 간단하다는 사실이 아이러니하다.

날씬한 몸을 향한 나의 오디세이는 고등학교 1학년 말에 시작되었다. 그때 내 몸무게는 75킬로그램이었고 아직 마지막 성장기가 오기 전이었다. 그즈음 해외 출장을 가는 아빠와 새엄마를 따라 처음으로 유럽 여행을 해볼 기회가 생겼다. 보호자와 함께 있어야 할 나이는 지났다고 생각했지만 두 분이 회의에 가고 없을 때 나를 돌보기 위해 할머니가 여행에 동참했다. 할머니는 주로 카페에 앉아 모어멘톨 120을 꺼내 줄담배를 피우면서 샌프란시스코에서 챙겨 온 말린 과일을 먹었고, 나는 수중에 생긴 100달러를 어떻게 하면 가장 보람 있게 쓸 것인지 고민하느라 혼자 바빴다. 프랑스 의류 브랜드 쿠카이 매장을 들렀다가 리본 달린 가로줄무늬 스웨터를 입어봤다. 내가 꿈꿔 오던 미래의 우아한 내 모습이 거울 속에 어른거리는 듯했다. 하지만 갑자기 등장한 점원이 건넨 몇 마디에 이 황홀한 순간은 와장창 깨졌다. 그가 프랑스어 발음이 섞인 영어로 말했다. "줄무늬는 권하고 싶지 않네요." 당신도 사람들이 비만인과 가로줄무늬에 대해 어떻게 말하는지 알 것이다. 우리에게만 해당되는 그런 규칙이 있다.

그 한 번의 굴욕으로 스위치가 켜진 것은 아니었지만, 아부튼 1학년 말과 2학년 사이 내 몸무게는 18킬로그램이 줄었다. 그해 여름에는 내가 직접 고안한 다이어트를 시도해봤다. 오전 중에 플레인 베이글 두 개와 오렌지주스 1리터를 먹은 다음 나머지 시간은 굶는 것이다. 배를 채우기 위해서 엄마가 사다 놓은 4리터짜리 증류수(엄마는 생수 광고가 마케팅에 불과하다고 믿었다)를 벌컥벌컥 마셨고, 항구 주변을 계속 걸었다.

부정, 특히 자기 부정은 나름의 쾌감이 있다. 우리 가족을 완벽한 금욕주의자라고는 말 못 하겠지만, 식욕에 대한 통제만큼은 부모님이 항상 나를 한참 능가했다. 음식은 나의 맹점이었고 두 분은 그들만의 다른 맹점이 있었을 것이다. 나는 계획을 좋아한다. 미래지향적인 행동을 잘한다. 다이어트는 단순히 다이어트가 아니라 미래의 자신에 대한 상상이자 투자다. 그렇게 다이어트 문화와 체중 감량은 미국의 프로테스탄트 노동 윤리와 직접적으로 연결된다. 나는 프로테스탄트 문화 속에서 자라지는 않았지만(엄마는 1980년대 말에 위카교^{주문을 외고 주술을 거는 의식 위주의 종교운동} 신도가 되기로 결심했고, 아빠는 자신의 종교가 빅서^{캘리포니아 중부 해안의 아름다운 관광지}라고 했다), 항상 일을 해야 한다는 가치관 속에서 성장했다. 학교를 다니지 않으면 인턴을 하든 정식 직장을 잡아야 했다. 생산 능력은 그 자체로 보상이다.

고등학교 1학년이 되면서 나는 대학 입시 준비를 위해 사립학교로 옮겼다. 그곳에서는 학생식당이 주된 활동 반경이었다. 하지만 점심으로 나온 정체불명의 고기 요리에는 손도 대지 않았다. 당시는 1990년대였다. 학교에 바닐라나 초콜릿 향

디스 이즈 빅

의 무지방 프로즌요거트를 웨이퍼콘에 담아 무제한으로 먹을 수 있는 기계가 있었다. 많은 여학생이 샐러드를 골랐고, 고당분 무지방 디저트로 연명했다. 레드바인, 스낵웰의 악마 쿠키, 대형 토스터기로 구워 먹던 맨 빵도 추억으로 남아 있다. 토스터기 주변은 아이들이 삼삼오오 모여 수다를 떨다 흩어지는 일종의 한시적 자율 공간이었다. 돌이켜보면, 당시 모든 여학생들은 말라야 하고, 하루 종일 공부해야 하고, 목표로 하는 대학에 들어가야 한다는 압박감에 똑같이 시달렸다. 우리는 이런 주제들을 모두 이야기했지만 음식에 대한 이야기는 하지 않았다. 아무도 다이어트를 입에 올리지 않았다. 우리는 큰 문제 없이 다들 잘 해내고 있는 것처럼 보이고 싶었고, 그래서 다이어트는 다소 당혹스러운 주제였다.

1992년, 무엇이 건강한 식단인지 보여주는 식품 피라미드가 미국인들에게 최초로 소개되었다. 내 다이어트 식단에는 한 주 건너 금요일마다 먹는 채식 버거가 들어 있었다. 학교 식당에서 내가 좋아하는 채식 버거를 잔뜩 만들어내던 시절이었다. 아침식사로는 갈색 설탕을 수북이 뿌린 오트밀을 먹었고, 구운 감자를 웨지 모양으로 잘라 케첩을 찍어 먹으면서 프렌치 프라이 맛이랑 똑같다고 생각해보려 애썼다(아무리 그래도 그 맛은 아니었다). 나 스스로 사달라고 말했으면서도 제일 슬펐던 생일 케이크는 상자에 담긴 엔턴맨즈의 무지방 케이크였다. 막대 사탕을 잔뜩 먹었고, 껌도 엄청나게 씹었다. 배고픔을 잊을 수 있는 가장 섹시한 방법처럼 보였기 때문이다. 나는 담배에도 손을 댔지만 언제나 덥수룩한 머리를 한 남자애들과 같이 피워야 했다. 내게 담배를 구해다 준 이 아이들은 연기를 빨아들일 줄 모른다며 항상 나를 구박했다. 그때 부끄러움을 당한 기억 때문에 아직까지 그 악습에 재도전할 엄두를 못 낸다. 나는 2학년 방학이 오기 전에 57킬로그램이 되었다. 드디어 4사이즈를 입을 수 있었다.

섭식장애는 언제나 내 주변을 어슬렁거리고 있었는지 모른다. 우선, 저녁식사를 건너뛰는 엄마의 식습관을 그대로 물려받았다. 학교에서 일주일에 사흘은 종류를 막론하고 반드시 운동을 하게 되어 있었지만, 나처럼 운동에 관심이 없는 아이들은 운동장 트랙을 1.5킬로미터 달리거나 요가 수업으로 대체할 수 있었다. 어느 해 봄에는 대체 과목으로 호신술 강의도 열렸다. 이렇게 운동은 점차 뒷전으로 밀려났다. 대신 식욕 억제제와 소화 촉진제라는 꼼수에 먼저 손이 갔다. 어느 날 아빠 집 부엌 서랍에서 변비약을 발견한 다음부터는 거의 정기적으로 먹었다. 그러다가 배고픔과 피곤함을 마비시키는 약에 손을 댔다.

내 목표 체중은 52킬로그램이었다. 그냥 임의로 고른 숫자였다. 어떻게든 그 체중에만 도달하면 충분히 날씬해 보이고 사람들도 나를 뚱뚱하다고 여기지 않을 것 같아서였다. 물론 체중계에서 그 숫자는 한 번도 보지 못했다. 언젠가는 독감을 앓고 체중이 54킬로그램까지 내려간 적이 있었다. 살이 엄청 빠졌다고 새엄마가 축하해줬던 기억이 난다. 마침내 내가 날씬해졌다고 다들 찬사를 건넸다. 모두의 눈에는 내가 모든 걸

잘하고 있는 듯 보였을 것이다. 살도 빠졌고, 좋은 성적도 받았고, 좋은 친구들도 있었다. 내게 어떤 문제가 있을지 모른다고 의심할 여지는 전혀 없었다.

　　나는 가족에게도, 심지어 친구에게도 마음을 터놓고 솔직한 이야기를 하지 못했던 것 같다. 다이어트는 비밀리에 해야 하는 것이라고 생각했다. 특히 학교에서 나는 공공연히 페미니스트를 자처하는 사람으로 알려져 있었다. 나는 여성 역사의 달을 맞아 기념행사를 조직했고, '가장 혁명 지도자처럼 보이는 사람'에 뽑히기도 했다. 나의 사회생활은 "여자인 나는 항상 배고파야 한다고 배웠지"라고 노래하는 비키니 킬 같은 페미니스트 펑크밴드를 보러 다니는 일을 중심으로 돌아갔다. 나라는 존재가 사회의 산물이라는 사실도 알았지만, 그 수준을 넘어서지 못하는 나 자신도 부끄러웠다. 나의 이상은 내가 끊임없이 체중 고민을 하지 못하도록 막을 만큼 강하지 못했다.

　　하지만 부정할 수 없는 사실이 있다. 나는 분명히 날씬해졌지만(심지어 말랐지만), 그럼에도 달라지지 않았다. 판타지와 청소년 소설에서 본 것처럼 내가 외모에서부터 내면까지 달라지고, 더 이상 우물쭈물하는 뚱보 소녀처럼 느껴지지 않고, 거울 속의 내 모습을 사랑하게 되고, 그릴 치즈 샌드위치와 나초 생각이 사라질 것이라 기대했지만, 그런 일은 하나도 일어나지 않았다. 나는 졸업 파티에 가지 않았다. 남자친구도 안 생겼다. 밤마다 일기장에 남자애들에게 내가 얼마나 존재감이 없는지를 적고는 견딜 만하다고 쓰면서 일기를 끝맺었다. 나는 이

케아 트윈베드에 눕기 전에 내 엉덩이뼈를 한참 동안 만져보았다. 나중에 안 사실이지만, 진도 살이 빠지고 나서 나하고 똑같이 했다고 한다. 우리 같은 사람에게 엉덩이뼈는 신세계다. 나의 성격은 신비스럽고 호기심을 자극하는 미녀보다는 배스 부인제프리 초서의 《캔터베리 이야기》에 나오는 개성 강한 여장부이나 미스 피기TV 인형극 〈더 머펫 쇼〉에 나오는 거만한 톱스타 같은 괴짜 부류에 항상 더 가까웠다. 예쁜 쪽이 아니라 똑똑한 쪽이었다. 제멋대로인 몸의 반대가 고분고분한 몸이라면, 아무튼 나는 왜 고분고분해지고 싶었던 것일까?

CHAPTER 5

우리는 모두
기적을 원한다

1961년

"살을 빼겠다는 결심은 위장으로 하는 게 아니라 머리로 하는 거예요." 진이 말했다. 말이 쉽지 실천하기는 훨씬 어려운 조언이다. 그러나 진은 본질적으로 그 일을 해냈다. 1961년 가을, 서른여덟의 진은 키 170.2센티미터에 몸무게 97킬로그램이었다. 슈퍼마켓에서 이웃에게 임신 중이냐는 선의의 오해를 받은 뒤로 진은 체중 때문에 괴로워하며 고민했다.

마침 맨해튼에는 뉴욕시 보건부 영양국에서 운영하는 무료 비만 클리닉이 있었다(1962년 당시 미국 성인 인구 가운데 임상적으로 비만에 해당하는 비율은 13퍼센트에 불과했다. 그럼에도 지방정부에서 지원과 교육을 결합한 형태의 무료 다이어트 프로그램을 운영했다는 사실은 지금과 흥미로운 대조를 이룬다). 진은 상담 약속을 잡을 때 혹시 체중이 모자라 자격 미달이 되지 않을까 걱정해 몸무게를 143킬로그램이라고 부풀려 말했다. 물론 결과

디스 이즈 빅

는 자격이 넘치고도 남는 비만이었다. 진은 최대한 몸을 가리려고 아래로 갈수록 품이 넓어지는 큼지막한 코트를 입고 클리닉에 도착했다. 대기실에 앉은 사람들은 다들 뚱뚱한 몸집에 화난 듯한 얼굴이었다. 많은 사람이 선글라스 뒤로 표정을 숨기고 있었다.

진은 맨 뒷줄에 앉아 마르고 엄격한 영양학자 미스 존스의 말에 귀 기울였다(진은 미스 존스가 한 번도 비만을 경험해보지 못해서 자신의 고충을 이해하지 못할 것 같다는 인상을 받았다. 이 경험 때문에 훗날 진은 웨이트워처스 가맹주는 웨이트워처스 회원 출신이어야 하며 자신이 날씬해지기 이전의 전신사진을 기꺼이 공개할 수 있어야 한다는 규정을 만들었다). 신입 회원들의 체중 검사가 끝나자 미스 존스는 진의 목표 체중이 64.4킬로그램이라고 말했다. 64.4킬로그램! 진은 속으로 탄성을 질렀다. 80킬로그램만 나가도 충분히 행복할 것 같았다. 심지어 운전면허증에 거짓말로 기재한 몸무게도 65.7킬로그램이었고, 성인이 된 이후에는 그 숫자 근처조차 가보지 못했기 때문이다. "하지만 절 보세요. 전 이렇게 골격이 크잖아요." 진이 항의했다. "아니에요." 미스 존스의 대답이었다. "골격은 중간이세요. 64.4킬로그램까지 뺄 수 있어요. 질문은 하지 마세요. 판단도 하지 마시고요. 제 지시대로만 하시고, 조금 있다가 드리는 유인물에 나온 음식만 드시면 돼요."

진은 비만 연구자 노먼 졸리프 박사가 심장 건강을 위해 개발한 다이어트를 시작하게 되었다. 노먼 졸리프 박사는 바로 몇 주 전인 1961년 8월에 예순 번째 생일을 코앞에 두고 사망했다. 그는 1945년에 처음 비만 클리닉을 열었고 1950년대에《체중 감량과 유지Reduce and Stay Reduced》,《체중 감량 가이드The Reducing Guide》라는 책을 썼다. 졸리프 박사는 "땅콩버터 샌드위치, 우유, 사과 반쪽, 채소 한 줄기는 성장기 아동의 점심으로 부족하다"(현대의 시각으로 보면 대단히 건강한 식단 같다)고 쓰면서, 영양가 높은 학교 급식의 중요성을 알리는 전도사가 되어 시대를 앞서갔다. 진이 처방받은 다이어트법은 졸리프 박사가 '항동맥경화 클럽'이라고 명명한 1,100명을 대상으로 진행해 1957년에 발표한 임상 연구를 토대로 만들어졌다. 이 방법은 아주 구체적인 대신 융통성이 없었다. 주 5회 생선, 하루에 빵 두 조각과 우유 두 잔 그리고 반드시 주 1회 간을 먹는 것이 골자였다.

매주 체중 검사를 할 때마다 진은 미스 존스에게 대체 가능한 음식이 뭔지 질문 세례를 퍼부었다. 아침을 건너뛰면 점심을 두 배로 먹을 수 있는지, 6일 동안 유제품을 완전히 끊고 7일째에 밀크셰이크를 먹어도 되는지, 빵 대신 옥수수 머핀을 가끔 먹어도 되는지 등을 끊임없이 물었다. 대답은 항상 "안 됩니다, 안 돼요, 안 되지요"였다. 끼니를 건너뛰어도 안 되고, 두 배로 늘려도 안 되고, 다른 음식으로 바꾸어도 안 되고, 단것은 일체 금지고, 술은 아예 기억에서 지워야 하고, 주어진 식단 계획을 따르지 않으려면 그만두라는 말까지 들었다. 진은 일주일에 정확히 1.16킬로그램이 빠질 것이라는 안내를 받았다(오늘날 대부분의 상업적 다이어트 서비스 업체들은 고객에게 구체적인 감량 숫자를 언급하길 꺼린다. 매주 0.5에서 1킬로그램 정도가 현실적이고 건강한 감량 수준이라고 말하는 정도에 그칠 뿐이다). 진은 첫 주에 0.91킬로그램을 감량했다. 이 성적표로는 진의 성에 차지 않았던 것 같다. "나는 나머지 0.25킬로그램 감량까지 필요했거든요." 진이 우스개로 말했다. 그리고 가끔 일탈도 했다. 욕실 간식 바구니에는 여전히 멜로마스가 있었고, 빈 상자는 남편과 아이들이 집을 비울 때 몰래 내다 버렸다. 하지만 다이어트 프로그램은 꾸준히 했다. 하루 할당량인 우유 두 잔을 먹기 위해 진은 얼음을 잔뜩 넣고 바닐라 추출물을 살짝 곁들여 칵테일 음료를 만들기도 했다. 그리고 몰트 밀크셰이크라고 상상하며 숟가락으로 떠먹었다. 물론 맛은 전혀 딴판이었다. 이 모든 행위는 그저 한때 자신이 사랑했고 맛있다고 여겼던 모든 음식에 대해 '노'라고 말한다는 단 한 가지 의미밖에 없다. 10주 후, 진은 9킬로그램을 뺐다.

진이 했던 다이어트도 삶의 방식이었을까? 우리 문화는 그때나 지금이나 다이어트하는 사람을 좋게 본다. 그 다이어트가 의미하는 라이프스타일이 제아무리 엄격해도 상관없다. 진은 존 F. 케네디 대통령의 임기 첫해에 비만 클리닉에 등록했다. 젊음이나 활력, 체력 같은 말이 퍼스트패밀리만큼이나 신선하게 들리던 시절이었다. 퍼스트레이디였던 재클린 케네디는 1950년대 스타일의 풀스커트 대신 직선으로 떨어지는 맞춤 원피스나 몸에 붙는 슈트를 즐겨 입었다. 이런 차림새가 갑자기 고상하게 부각되면서 평범한 여성들도 영부인을 따라 하고 싶어 했다. 하지만 코르셋이나 몸을 조이는 속옷들이 이미 퇴출당한 뒤였기 때문에 이런 새로운 실루엣을 얻으려면 다른 방법을 써야만 했다.

진은 체중이 10킬로그램씩 줄어들 때마다 다이어트의 한계에 도달한 기분이 들었다. 하지만 같은 프로그램을 하는 사람들끼리 서로 이야기를 나눌 분위기가 아니어서 자신과 비슷한 고민을 하는 사람이 있는지 알 도리가 없었다. 진은 비쩍 마른 미스 존스와 공감력 부족한 그녀의 태도를 견디며 클리닉에 나오는 것이 슬슬 무의미하다는 생각이 들기 시작했다. "비만인의 심정이 실제로 어떤지 전혀 모르는 사람을 내가 어떻게 따를 수 있었겠어요? 그녀는 밤중에 일어나 사흘 묵은 빵 사이에 식은 돼지고기를 끼워 먹어본 적이 없어요. 아들 청바지 주머니에서 나온 젤리빈을 보고 크레용 자국이 있든 말든, 실밥이 붙었든 말든 입으로 가져가본 적도 없겠죠."

서로 이야기를 주고받는 것이야말로 영원한 외향인 진이 갈망했던 모든 것이었다. 하지 말아야 할 일을 했다고 고백하고, 과자 때문에 죄책감을 느낀다고 솔직히 인정하고, 500그램이라도 감량에 성공했다면 축하해주고, 이렇게 자신의 솔직한 이야기를 공유함으로써 사랑하는 남편과 아이들에게 느끼는 부담감과 다이어트 사이에서 무너지지 않으려고 애쓰는 사람이 비단 나 하나뿐이 아님을 확인하는 것, 진은 그것을 원했다.

진은 다이어트 동료들이 어디 있는지는 알았지만(그 비만 클리닉에, 자신의 주변에 있었다) 누구하고도 이야기할 수 없었

디스 이즈 빅

다. 예전에 아이를 잃은 슬픔을 이겨낼 때도 같은 아픔을 겪은 여성과의 만남이 가장 도움이 되었었다는 것을 진은 기억했다.

제2차 세계대전 동안 정신건강 치료사의 숫자는 필요한 수요를 따라가지 못했다. 집단치료는 트라우마를 겪은 병사들을 돕기 위한 것일 뿐 다이어트인을 도우려는 용도는 아니었다. 하지만 1952년 미국 의학협회 연례 콘퍼런스는 '체중 조절-집단치료 실험'이라는 주제로 하나의 세션을 마련했다. 비만인의 입장에서 썩 기분 좋은 접근은 아니었던 것 같다. 〈타임〉은 이 세션을 다음과 같이 보도했다. "지난주 시카고에서 개최된 미국 의학협회 연례 콘퍼런스에서 미국의 비만인들은 그 어느 때보다 뜨거운 관심을 받았다. 그러나 결코 반가운 관심은 아니었다. 더 이상 비만인은 행복한 사람, 어울리기 유쾌한 사람으로 간주되지 않았다. 의사들은 비만을 가장 시급한 공중보건 문제로 분류하며 비만에 단호한 입장을 보였다. 필라델피아의 에드워드 L. 보츠 박사는 이렇게 말했다. '자신의 지방 속에서 뒹구는 사람들을 치료하는 일에 더 이상 안일한 태도를 보여서는 안 됩니다.'"

'익명의 과식인들Overeaters Anonymous', 즉 OA에서는 서로 이야기를 나누는 것을 적극 장려했다. 1960년 로잰 S.라는 카피라이터가 시작한 모임으로 생긴 지 얼마 안 되었기에 진도 몰랐을 것이다(익명의 탐식가들, 익명의 비만인들, 익명의 대식가들도 있었다). OA는 1940년에 시작된 '익명의 알코올중독자들' 모임의 12단계 회복 프로그램을 응용했다. "비만은 대체로 강박적 과식과 동일시되는 증상"이라고 OA 안내책자는 소개했다. "더불어 우리는 비만인이 어떻게 편견과 무시의 대상이 되어왔는지, 경제적 이윤을 위해 착취되어왔는지 안다. 도처에 사기꾼과 속임수가 넘쳐난다. 비만인의 고통은 수백만 달러를 벌어들인다. 이 병은 현재 미국에 가장 만연한 보건 문제일 것이다." 그리고 가장 중요한 질문이 등장한다. "여러분이 회복하려면 무엇이 필요한가?" 대답은 이러했다. "우리는 음식 앞에 무력했음을 정직하게 시인한다. (……) 강박적 과식은 진행성 질환이다."

최초의 전국 단위 다이어트 모임이자 일종의 웨이트워처스의 전신이라 할 수 있는 사례를 꼽으라면 '현명하게 감량해요 Take Off Pounds Sensibly', 곧 TOPS일 것이다. 이것은 1948년에 에스터 맨즈가 밀워키에서 시작한 모임이었다. 진과 대단히 유사하게 에스터 맨즈도 스스로 음식에 중독됐다고 생각한 아내이자 엄마였다. TOPS에서 목표 체중에 도달하고 그 상태를 3개월 동안 유지하면 '현명하게 유지해요 Keep Off Pounds Sensibly', 곧 KOPS 회원이 되었다. 하지만 KOPS에서 감량 체중을 지키는 과정은 다소 굴욕적일 수 있다. 모임에는 강사가 있고 나눔을 위한 공개토론 시간이 있다. 여기까지는 크게 특별해 보이지 않는다. 그러나 KOPS에서는 체중 검사가 공개적이다. 체중이 늘어나면 그 주의 다른 패배자 loser(체중이 늘었다는 면에서는 '승리자 gainer'였다)들과 나란히 서서 턱받침을 두르고 '돼지우리'라고 불리는 구조물 안에 들어가야 한다. 그 안에서 예일대 남성 아카펠라 그룹 위펜푸프의 노래를 다음처럼 개사해 부른다. "우리는 오동통

아기돼지 너무 많이 먹어 뚱, 뚱, 뚱/우리는 포동포동 아기돼지 참지 못해 먹고, 먹고, 또 먹지." 이런 돼지우리 감옥과 패배의 노래 정도로 별다른 굴욕감을 안 느낀다면, 벌칙으로 아기돼지 은행에 벌금을 내는 방법도 있다. 그리고 그 주에 체중이 가장 많이 는 사람은 집 앞마당에 세워야 하는 푯말을 받았다. "나는 TOPS 클럽의 돼지입니다." 이런 강력한 굴욕에도 불구하고(아니, 어쩌면 그것 때문에) TOPS의 인기는 계속 치솟아 창립 15주년이 되자 6만 명의 회원이 '내향인들', '보이지 않는 미녀들', '뚱뚱함에 질렸어' 같은 이름의 지부를 중심으로 모여들었다. 현재도 TOPS 지부들은 공개 체중 검사와 아기돼지 노래만 없앤 채조금 현대화된 모습으로 곳곳에 존재한다. 현재 TOPS 웹사이트에는 이렇게 쓰여 있다. "주간 모임은 사람들이 서로를 격려하고 판단하지 않는 지원적이고 교육적인 환경을 제공합니다."

TOPS는 짓궂고 장난스러웠으며, 회원들 사이에 일종의 집단의식이 있었다. 이것은 비만인이 친구가 없다는 뜻이 아니라는 사실, 다이어트는 반드시 익명으로 할 필요가 없다는 사실을 보여준다. TOPS는 비만인은 기본적으로 외롭고 음식을 통해서만 위로를 얻는다는 선입견을 덜어주었다. TOPS의 접근과는 정반대 편에 있는 OA는 상대적으로 금욕적인 길을 택했고 절제를 과식의 해결책으로 삼았다. 양쪽 모두 집단의 힘에 기반한 접근, 고백의 중요성 그리고 자신과 모임 내에서의 감시에 의존했다. 그룹은 사회적으로 따돌림받는 비만인에게는 친구 역할을 할 수 있을 것이다. 다만 TOPS에는 경쟁과 수치심,

OA에는 고백과 익명성이 있었다. 진은 무언가 다른 것을 원했다. "그룹 중에 단 한 사람만 솔직해지면 돼요. 그다음부터는 천천히, 아주 천천히, 다른 사람들도 모두 진실을 말하기 시작해요."

1962년 10월 30일, 비만 클리닉을 다니기 시작한 지 약 1년 만에 진은 32.6킬로그램을 감량하고 목표 체중 64.4킬로그램을 달성했다. 정확히 클리닉의 미스 존스가 말한 그 체중이다. 1년간 진은 엄청나게 노력했다. "여러분, 기적을 원하시잖아요, 그렇죠? 저도 알아요. 우리는 모두 기적을 원해요. 하지만 불행하게도 그런 일은 일어나지 않는답니다." 진이 말했다. "불평하는 말을 저는 끊임없이 들었지요. '너무 오래 걸려요.' '나는 못 기다리겠어요.' 그럴 때마다 저는 이렇게 말해요. 시간은 어떤 식으로든 흘러간다고요. 이렇게든 저렇게든 흘러갑니다. 사람은 누구나 꿈을 가질 필요가 있거든요. 이 경우엔 날씬해지는 게 꿈이 되겠죠. 가끔은 너무 먼 곳에 초점을 두지 않는 편이 나을 때도 있어요. 그 길에서 당신이 볼 수 있는 건 아마 오르막길일 겁니다." 진은 자신의 옛 모습을 떠올리는 용도로 쓸 옷 한 벌만 남기고 나머지는 전부 주변 사람들에게 나눠주었다. 초콜릿 마시멜로 쿠키는 이제 입에도 대지 않겠노라고 결심했다. 어쩌다 감자를 먹거나 빵이나 디저트를 한 입 더 먹는 날도 있겠지만, 멜로마스만큼은 절대 안 된다. 전에 입던 44사이즈 원피스도 마찬가지다.

"나는 군살^{flab}에서 'l'을 빼고 아주 멋있어졌어요."^{fab은 아주 멋지다는 뜻} 진은 사람들에게 이렇게 말하는 것을 좋아했다. 진은 이 변신을 자축하기 위해서 재클린 케네디 스타일의 시프트드레스와 몸에 붙는 검은색, 크림색 슈트를 샀다. 진은 지금의 6사이즈에 해당하는 12사이즈를 입었다. 매릴린 먼로와 비슷한 사이즈다. 그녀는 단순히 멋진 옷을 입고 싶어 하는 수준을 넘어 몹시 갈망했다. 그리고 충분히 소화할 수 있었기 때문에 이제는 어떤 옷이든 입을 수 있었다. "살을 뺐더니 젊음의 샘을 발견한 주부가 된 것 같았어요. 사람들에게 그걸 나눠주고 싶었죠." 그녀는 자신의 새로운 모습을 나타내기 위해 또 한 가지 변화를 시도했다. 바로 금발 염색이었다(당시로서는 이것이 특이한 판타지가 아니었다. 이 무렵 광고에 등장한 한 여성은 이렇게 말했다. "한 번뿐인 인생이라면, 저는 금발로 할래요."). 진은 백금발로 염색하기로 했고, 이 머리색을 평생 유지했다. 그녀는 백금발을 유지하는 것과 살을 빼는 것을 어떻게든 연결시키려 했다. "체중 유지를 위해서 노력하는 것은 머리를 염색하는 것 정도의 번거로움이라고 할까요. 후속 관리를 계속해야 한다는 사실 때문에 질리진 않습니다. 저는 결과를 좋아하는 사람이라 그냥 합니다." 진의 자기 창조는 1949년 출간된 시몬 드 보부아르의 《제2의 성》을 떠올리게 한다. 보부아르의 이 선구적인 책에서 가장 많이 인용된 구절은 이것이다. "여성은 태어나는 것이 아니라 만들어지는 것이다."

진은 뚱뚱했던 예전 사진을 들고 다니면서 그때는 이랬

지만 지금은 이렇다는 식의 성공담을 나누기를 좋아했다. 그녀는 항상 리더였다. 고등학교 시절 부반장을 했을 때부터 훗날 발달장애 아동을 위한 지역사회 모임에서 대표를 맡을 때까지 진은 어디서든 사람을 이끌었다. "어떤 조직에 들어가든 저는 결국 리더가 되더라고요." 진은 사람들에게 들려줄 조언과 요령을 많이 알고 있었고 기꺼이 나누고 싶어 했다. 자신이 지금 날씬해졌다고는 해도 체중 관리는 평생 끝이 없는 과제이자 싸움이라고 여겼던 탓도 있을 것이다. 진에게는 표준이란 것이 없었다. "내가 출발한 곳이 어디인지 절대 잊어버리지 않기를 기도합니다. 나란 사람이 항상 날씬했고, 성공했고, 이룰 수 없는 꿈을 이뤘다고 생각하는 날이 결코 오지 않기를 기도합니다. 비만을 겪었던 사람은 자기가 완벽하게 안전하다고 느낄 수가 없어요. 우리는 아직 자신이 완치되지 않았다는 것을 압니다. 진행이 멈춘 것뿐이지요." 얼마 뒤부터 진은 일면식도 없는 사람들에게서 어떻게 감량에 성공했는지, 자신의 감량을 도와줄 수 있는지 등을 묻는 전화를 받기 시작했다.

디스 이즈 빅

CHAPTER 6

나는 한번 무너지면
심하게 무너진다

2017년 9월

먹고 싶은 음식을 원하는 양만큼 자주 못 먹게 된 다음부터 나는 음식 일기에 그리운 음식들의 이름을 적어 내려갔다. 모범적인 웨이트워처스 회원이라면 좋아하는 음식을 절제된 양만큼 먹는 다이어트가 가능하겠지만, 내가 원했던 것은 칼로리의 압박 없이 오로지 먹는 일에만 나 자신을 불사르는 그 느낌이었다. 그래서 먹지는 않고 먹고 싶은 음식을 적어두기만 했다. 쓰는 행위만으로 데어리퀸의 오레오 블리자드 아이스크림, 인앤아웃의 애니멀 스타일 버거, 몰트 식초를 뿌린 피시앤칩스를 대신할 수 있는 척했다. 프렌치프라이가 너무 먹고 싶었다. 파리에서 먹었던, 오리 기름에 튀겨 스테이크에 곁들여 내는 그런 최고급 프렌치프라이는 말할 것도 없고 그냥 저녁 식탁에 올라오는 냉동 감자튀김이나 미지근하게 식은 테이터토츠^{감자를} _{으깨 한입 크기로 뭉쳐 튀긴 것}조차 간절했다. 휘핑크림을 풍성하게 올린

디스 이즈 빅

초콜릿 밀크셰이크. 큼직한 잔에 화이트와인을 채우고 신선한 레몬즙을 뿌려 이왕이면 밖에서 즐기는 프리토미스토^{이탈리아식} ^{모듬튀김}. 푸짐한 양으로 초밥 주문하기. 친구들과 함께 먹는 치즈 플레이트. 둥글고 큼직한 사워도 빵 한 덩이와 가염 버터. 피클과 루트비어를 곁들인 칠면조 루벤 샌드위치. 로스앤젤레스에서 충동구매한 9달러짜리 라즈베리 카다멈 잼을 발라 먹는 따끈따끈한 블루베리 머핀. 레몬 리코타 팬케이크. 과카몰레를 수북이 올린 토르티야 칩과 마가리타. 나를 더 괴롭게 만든 것은 정크푸드 뉴스를 꾸준히 올리는 인스타그램 계정을 현재 세 개나 팔로우하고 있는 현실이었다. 레이즈에서 칠리콘퀘소 맛이나 뉴잉글랜드 랍스터롤 맛 감자칩이 출시되었다는 사실을 아는 것만으로 식욕이 충족된다고 믿고 싶었는지 모르겠다.

웨이트워처스를 시작한 지 석 달째에 접어들었다. 다이어트를 하고 있다는 사실 때문에 나 자신이 좀 괜찮은 사람처럼 느껴졌고 약간 날씬해진 기분도 들었다. 맨해튼 바워리에 필라테스 수업을 받으러 가기 전까지는. 나는 그 스튜디오가 마음에 들었다. 내가 꿈꾸는 하얗고 바람이 잘 통할 듯한 다락방처럼 생긴 데다가 수업이 끝난 후 회원들이 기분 전환을 할 수 있도록 화장실에 고급 데오도란트를 비치해두었다. 게다가 건너편에는 홀푸드 매장이 있었고, 한 블록만 걸으면 프렌치 레스토랑도 하나 있었다. 나는 수업 시간마다 끝나면 무얼 먹으러 갈까를 생각하며 가끔씩 멍해지곤 했다.

수업 중에 나는 교실 한편에 늘어선 거울로 내 모습을

언뜻 보았다. 리포머 위에서 스포츠 브라와 레깅스 차림으로 롤다운 동작(윗몸일으키기를 반대로 한다고 생각하면 된다)을 하던 중이었다. 순간 보았다, 나의 스포츠 브라가 끝나는 지점과 레깅스의 허리가 시작되는 지점 사이에서 출렁이는 나의 뱃살을. 충격이었다. 어떻게 뱃살이 저렇게 많을 수 있지? 이런 순간이 바로 웨이트워처스의 질문, "당신의 이유는 무엇입니까?"에 대한 답이 될 수 있는 것일까? 웨이트워처스를 사랑하는 사람이라면 이런 경험을 통해 동기부여를 받으라고 했겠지만 나는 우울해지고 말았다. 그 이후로 하루 종일 그 모습이 플래시백처럼 떠올랐다(나는 항상 이런 식이다. 지금의 몸으로 그냥저냥 지내다가 내가 실제로 어떻게 보이는지 현실을 맞닥뜨리면 엄청난 충격을 받고 다이어트 따위는 까마득히 불가능하게 느껴져서 다 포기하고 싶어진다).

지난주에는 베라와 영화를 보러 갔다. 베라가 먹던 트윅스 초콜릿바나 버터 팝콘에는 손도 대지 않았다. 적당히 조금 먹는 것이 진정한 타협이겠지만, 나는 아직 그 경지에 도달하지 못했다. 대신에 나는 로맨틱코미디 영화 한 편을 보는 내내 집에 갈 때 피자 한 조각을 살 것인가 말 것인가를 고민했다. 친구만 옆에 없었다면 영화가 끝나기 전에 일어나 밖으로 나가 뭘 사 먹어야겠다는 생각까지 했을지 모른다. 음식 생각은 나를 너무 산만하게 만들었다. 홀리 헌터의 훌륭한 연기를 두고 극장을 떠나는 것을 곰곰이 생각할 정도였다. 결국 나는 피자 한 조각을 샀다. 하지만 뭐든 막상 손에 넣으면 기대에 훨씬 못

미치는 법이다. 엄마가 종종 언급하던 음식에 관한 슬픈 아포리즘이 떠올랐다. "입에는 순간이고 엉덩이엔 평생이지." 코믹 만화 〈캐시〉에도 이런 상황이 자주 등장한다.

나는 한번 무너지면 심하게 무너진다. 며칠 뒤 생일 파티 두 곳을 들렀다가 새벽 2시에 귀가했다. 새벽 5시 반에 저절로 눈이 떠지는 나 같은 사람에게는 이례적으로 늦은 시간이다. 그날 나는 화이트피자를 한 판 주문했다. 한밤중에 배달음식을 주문할 수 있다는 사실이 자못 신기했던 이유도 일부 있었다. 주문을 끝내자마자 소파에서 곯아떨어졌다가 초인종 소리에 눈을 떴다. 비몽사몽 상태에서 피자를 받아 절반쯤 먹고, 침실로 물러났다가, 나머지 절반은 아침으로 먹었다. 나는 피자 한 판을 허겁지겁, 무슨 맛인지 느껴볼 새도 없이 삼켰다(나는 모든 음식을 빨리 먹는다. 식사 자리에서 서로 다른 친구에게 내가 1인분 정량보다 더 많이 먹는다는 핀잔을 몇 번 들었다. 그것보다 더 모욕적인 말은 없을 것 같다). 새벽 3시 피자 사건 후 일주일도 지나지 않아 나는 다시 맥도날드의 치킨스트립 여섯 조각과 맥플러리 하나, 치킨볶음면 반 상자, 군만두, 돼지갈비 석 대를 세 시간에 걸쳐 먹었다.

로잘리 코프먼의 《당신도 할 수 있어요!》Yes You Can!》(웨이트워처스에서 22년간 리더로 활약한 코프먼의 조언을 묶어 1999년에 출간된 두꺼운 책)에 나왔던 일화가 떠오른다. 한 남성이 코프먼에게 이렇게 말했다. "나 자신이 한심해 미치겠습니다! 하룻밤에 초콜릿바 8개를 먹었어요!" 코프먼은 이렇게 대답했다. "개수를 세셨단 말로 들리네요." 웨이트워처스 리더는 도대체 어떤 사람들인가? 그들의 유머 감각은 어디서 오는 걸까? 그들만 아니라면 나는 내 범행 증거를 모든 사람에게, 심지어 나 자신에게도 숨기고 싶었다. 아마도 폭주(나는 이 말이 끔찍하게 싫다. 그래서 내 TV 시청 습관을 묘사할 때라도 이 단어는 쓰지 않을 것이다)라는 단어가 적절할 것이다. **과식**도 맞는 말이다. 그렇지만 나는 내 행동을 끊었던 나쁜 버릇에 다시 손을 대는 것에 가깝다고 생각했다. 이런 일탈은 곱씹을수록 고통스럽다.

가끔 나는 그룹 리더가 내 웨이트워처스 앱에 들어와 내 포인트를 확인하고는 가끔씩 내가 얼마나 엉망진창으로 최악이 되는지를 확인하는 장면이 강박적으로 떠오른다. 그래서인지 나는 직접 포인트를 계산해볼 엄두도 못 냈다. 대신 음식 기록용 앱에 "**이 부분은 말하고 싶지 않아요**"라고 썼다. 비밀 요원들이 나를 심문하겠다고 금방이라도 집에 들이닥칠 것 같았다. 아니, 그저 혼잣말이었을지 모른다. 혹시 그곳이 내 정서적 트리거과거 경험을 상기시켜 재경험을 유발하거나 특별한 행동 패턴을 일으키는 것을 뜻하는 심리학 용어일지도 모른다. 아니면, 괜찮은 사람 역할이 불현듯 지겨워져서 내가 가장 잘 아는 방식의 일탈을 해보고 싶었던 것일지도 모른다.

나는 먹는 것이 너무 좋다. 하지만 내가 먹는 것을 날씬한 사람들보다 더 많이 또는 다르게 좋아하는 것일까? 나는 나 자신을 수도 없이 속인다. 한때 나는 맥도날드는 공항에서만 들른다는 규칙을 세웠다. 하지만 출장이 잦아지면서 맥도날드에 가는 일이 너무 많아지자 죄책감이 들어 규칙을 이렇게 수정했다. '나는 북미 대륙을 떠나는 비행기를 기다릴 때만 공항에 간다.'

이렇게 음식 사랑이 넘치다 보니 식사 중간에 수저를 내려놓거나 샐러드와 닭가슴살로 지탱하는 삶으로 투신하는 일이 내게는 힘들었을 것이다. 나의 식습관을 과연 **강박적**이라고 해야 할지도 의문이다. 문제가 있는 것은 분명하다. 하지만 무엇을 먹느냐가 문제인지, 어떻게 먹느냐가 문제인지 모르겠다. 그리고 대응기제 면에서 볼 때 감정적 섭식이 그토록 나쁜 것일까? 나는 나의 허기와 너무도 단절되어 있어서 내가 언제 배가 고픈지, 무얼 먹고 싶은지에 대해 이야기하는 것이 불가능했다.

내게 음식은 항상 '규칙 깨기'와 동의어였다. 처음에는 부모님의 규칙이었고 지금은 나 자신이 만든 규칙이다. 나는 음식을 도덕적 가치나 질서와 연결 지어 생각한다. 음식은 그걸 먹는 순간의 내가 좋은 사람이고 싶은지 나쁜 사람이고 싶은지와 연결된다. 먹는 일은 내게 철저히 위반의 문제다. 그것은 나 자신에 대한 반항이다. 어느 날 팟캐스트에서 심리학자 에스터 페렐이 불륜을 주제로 강의하는 것을 듣다가 이런 원리를 정확히 이해했다. "자신이 만든 규칙을 깨면 강렬한 해방감을 맛보죠. 내가 내 인생의 주도권을 되찾았다는 느낌을 처음으로 갖게 됩니다. (……) 틀에 갇히지 않는 느낌이요. 아무도 가지고 있지 않은 틀이라 해도, 나 혼자만의 틀이라고 해도요."

웨이트워처스 모임을 2주 연속으로 빠졌다. 살이 얼마나 쪘는지 알고 싶지 않았다. 폭주 혹은 어떤 이름으로도 부르고 싶지 않은 그 사건을 만회하기 위해 나는 엄청난 양의 샐러드를 먹었다. 다음 번 모임에 가서 체중 검사를 했더니 136그램이 빠져 있었다. 그 주 주제는 '모임을 중요시하세요'였다. 웨이트워처스가 보고한 바에 의하면 모임에 정기적으로 참석하는 사람은 그렇지 않은 사람에 비해 6개월간 체중 5퍼센트 감량에 성공할 확률이 11.2배, 10퍼센트 감량에 성공할 확률이 15.5배가 높다고 한다. 유인물에는 마케팅 업계 사람들이 소위 '고충점pain point'이라고 부르는 일상의 문제(쉽게 말해 모임을 결석하게 만드는 이유)를 해결하는 방법들이 제시되어 있다. "갑자기 보모가 못 온다고 연락이 왔어요"는 "이틀이나 사흘 전에 미리 확인하고 대책을 세우세요"와 짝을 이뤘다. "살이 찐 것 같아요"라는 투정에는 "모임에 나와 정확히 확인하세요. 그리고 새로운 계획을 세우세요!"라는 답변이 달렸다. 웨이트워처스는 특유의 아주 긍정적인 사회적 네트워크를 갖고 있다. 그들의 열정적인 분위기는 내 수준에 감당하기 약간 버거울 정도다. 하지만 역시 현장 모임에 나가는 일은 책임감의 문제다. 그리고 사람들과의 직접적인 상호작용 속에 발을 들이미는 문제이기도 하다.

나아가 여기에는 굴욕감의 문제도 걸려 있다. 누구도 내 체중을 볼 수 없지만, 내가 체중 검사를 받고 체중이 기록된다는 사실을 안다는 것 자체가 동기부여 요소다. 나부터도 체중 검사 전날 저녁에는 가볍게 먹고 친구들과의 식사 약속을 되도록 피했다. 나는 혹시 내가 강박에 사로잡혀 끼니를 건너뛰고 다시 섭식장애 증상이 나타나지 않을지 걱정됐다. 아니면 그보다는 덜 위험하지만 마찬가지로 끔찍한 걱정거리도 있었다. 다이어트가 내 삶을 온통 장악해버리는 것이다. 그래서 나라는 인격체가 사라지고 영화 〈스텝포드 와이프〉에서처럼 다이어트에 맹종하는 로봇 같은 존재가 되어버리지 않을까 두려웠다. 살을 빼면서 나라는 자아까지 빼버리고 싶지는 않았다.

미리엄은 '고되게 느껴질 수 있는 여정에서 작은 행복을 발견하는 것'의 중요성을 이야기했다. 무엇보다 마음가짐이 중요하며, 긍정적인 관점을 잃지 않아야 체중 감량이라는 거친 싸움을 해나가는 데 도움이 된다는 메시지였다. 우리는 웰빙에 대한 건강한 개념을 형성해야 한다고 생각하지만, 동시에 비만을 천대하는 문화 속에 살고 있다. 이런 무수한 낙인은 웰빙이라는 개념에도 영향을 미쳤다. 나는 과거의 잘못을 바로잡기 위해 혹은 방향을 수정하기 위해 애쓰고 있었다. 내 인생의 후반기를 더 잘 살아보려고 노력하고 있었다. 그리고 이런 선택을 부모님 혹은 내 성장 과정에 드리운 영향력 때문이 아니라 순전히 나 자신을 위해 하고 싶었다.

가끔 나의 내면 자체가 홀리 헌터가 나오는 영화를 보며 피자를 먹을까 말까 고민하던 그날 풍경의 반복처럼 느껴지기도 한다. 며칠 전 나는 버거가 생각났고, 한 시간 동안 그 생각을 했고, 그러고서도 여전히 생각했고, 결국에는 버거를 주문하기로 결심했다. 하지만 이미 단골 버거집이 문을 닫은 후였다.

이 해프닝은 시리얼을 먹는 것으로 마무리됐다. 버거를 먹지 못해 아쉬운 동시에 먹지 않아 다행스러웠다. 버거를 먹을지 말지 고민하던 그 순간 나는 얼마 전에 받은 웨이트워처스 유인물에 소개된 후추 새우볶음이나 멕시칸 스크램블드에그 샌드위치 같은 것을 만들어볼 생각도, 웨이트워처스의 온라인 네트워크에서 레시피에 관한 아이디어를 얻어야겠다는 생각도 전혀 하지 못했다. 엄마가 통화 중에 말하기를, 최근에 7킬로그램 감량을 목표로 다이어트를 시작했는데 탄수화물을 섭취하면 안 돼서 라멘에서 면발을 빼고 먹어야 할 정도라고 했다. "내가 먹는 걸 얼마나 좋아하는데, 너무 불공평해." 엄마는 전화기 너머에서 한숨을 푹 쉬었다. 그 소리가 어찌나 큰지 4,000킬로미터 떨어진, 세 시간의 시차가 나는 이곳까지 고스란히 전달될 정도였다. 음식이 내 머릿속을 이토록 많이 차지하고 있다는 사실이 부끄러웠다. 하지만 그 사실을 인정하는 것 말고 달리 앞으로 나아갈 방법이 있을까?

오늘 웨이트워처스 모임은 다양한 행복을 반복해서 경험하는 것을 강조하는 듯했다. 사람들은 흔히 자신이 행복을 추구한다고 말한다. 그렇지만 내가 추구하는 것이 행복인지는 갸우뚱하다. 이미 나는 다양한 방식으로 주변에서 행복을 느끼고 있기 때문이다. 나에게 어떤 초능력 같은 것이 있다면 아마 그것은 좋아하는 것을 찾아내 그걸 더 많이 하는 능력일 것이다. 나는 한 달에 한 번 마사지를 받는다. 집 근처 시립 수영장이 문을 여는 여름밤이면 수영을 한다. 공포영화도 보러 다닌

다. 오로지 체중 감량만이 내게 없던 행복을 가져다줄 수 있다고는 생각지 않는다. 나의 바람은 부정적인 것을 없애고 평화를 찾는 것이다. 그리고 이것은 종류가 다른 목표다.

나는 이 모임에 정을 붙여보려고 열심히 노력했다. 그래봐야 무언가를 적고, 고개를 끄덕이고, 빙그레 웃는 정도가 고작이었지만 내겐 그것이 최선이었다. 나는 진처럼 외향적이지 않다. 사람들이 자기감정을 이야기할 때 맞장구치는 일이 나에겐 고역이다. 따로 마음을 터놓을 친구들이나 심리치료사가 있기 때문인지도 모르겠다. 힘들게 노력하는 자기 모습을 여러 사람에게 보이는 것이 (나처럼 드러내놓고 많은 이야기를 하지 않는다 해도) 웨이트워처스 모임의 아주 큰 부분을 차지한다. 이것은 내가 주위 사람들과 연결되어 있다는 인식을 갖는 데 도움이 된다. 나는 동료 웨이트워처스 회원들과 같은 문제로 고민했지만, 우리의 공통점은 그게 다였다. 나는 아는 사람들과 이야기하는 편이 더 쉽다. 하지만 이것은 내가 스스로에게 한 거짓말이었다. 실제로 나는 거의 아무에게도 나를 개방하지 않은 채 머릿속으로만 혼자 뱅글뱅글 돌 뿐이었다.

그러나 반대로 이번에는, 사람들의 감정보다 체중 감량과 관계된 사실을 다루는 모임이 계속되자 지루함에 빠졌다. 웨이트워처스에 1년을 투자하겠다는 나의 결심은 다이어트에 대한 깊은 양가감정과 맞닥뜨렸다. 나는 지금까지 극도의 좌절만을 계속 경험해왔다. 그래서 체중을 감량하려는 이번 노력 역시 전과 다를 바 없으리라는 나 자신의 뿌리 깊은 냉소주의를 이겨내기가 쉽지 않았다. 그러나 그동안 내가 다이어트 계획을 꾸준히 실천한 경험이 전무했기 때문에 체중이 이 정도가 되었다는 사실도 알게 되었다. 웨이트워처스는 적어도 내가 스스로를 통제하고 있다고 느끼게 해주었다.

　　모임에서 어느덧 눈에 들어오기 시작한 정기 참석자들을 차례로 둘러보았다. 완경기를 앞둔 패트리스는 감량 목표를 7킬로그램이나 초과 달성한 상태를 지난 넉 달간 이어왔다. 혈압이 높고 금방 숨이 차오르는 경찰관 로이스는 이미 18킬로그램을 감량했고 아직 27킬로그램을 더 빼야 한다. 로즈마리는 군인이 되고 싶은 간호사다. 정통파 유대인인 아이 엄마 세이디는 36킬로그램 감량을 위해 노력 중이다. 나는 그들이 나를, 그러니까 말 한 마디 없이 웃기만 하고, 자주 눈이 마주치고, 항상 운동복만 입고 오는 한 여자를 알아보기 시작했을지 궁금했다. 나는 그들이 이 모임 바깥에서 어떤 삶을 살고 있을지 몹시 궁금해졌다. 저 사람들도 나처럼 극장에 갔을 때 처음에는 달콤한 군것질거리를 건너뛰지만 결국은 영화 보는 내내 그 유혹에 시달리는지, 어릴 때부터 뚱뚱했는지, 아내나 남편이 여기 가입하라고 등을 떠밀었는지 등을 물어보고 싶었다. 모두에게 나를 개방하고픈 마음과 그냥 관찰만 하고픈 마음, 어쩌다 이곳에 오게 되었는지 등에 대해 사적인 질문을 하고픈 욕구와 그들의 프라이버시를 존중해주고픈 마음 사이에서 갈팡질팡했다. 체중은 내 인생에서 가장 어려운 문제라 할 수 있었다. 비록 온몸이 '뚱뚱하다'고 말하고 있을지언정 그에 대해 이야기하는 것은 끔찍이 싫다. 그들에게 비만에 대해 질문하는 것도 싫다. 하지만 지금 비만에 대해 이야기하지 않는다면 도대체 언제 내가 그 이야기를 할 수 있을까?

나의 체중 변화를 추적해보면 내가 살아온 인생 궤적이 그대로 드러난다. 식습관을 추적해도 마찬가지일 것이다. 음식이 가진 위력과 선을 넘었을 때의 쾌락을 처음 알게 된 것은 대학 때였다. 그때 살던 아파트에서 반 블록쯤 떨어진 곳에 '피자 타임'이라는 피자집이 있었다. 나는 그곳에서 햄과 버섯이 든 미디엄 피자를 배달시켜 먹는 나만의 의식을 만들고 '피자 타임'이라 이름 붙였다. 그 피자는 절대 친구들과 함께 테이블에 앉아 먹지 않았다. 한 판 전체가 내 것이었고, 일부러, 행복하게, 혼자서, TV 앞 거실 바닥에 앉아서 먹었다. '캡틴스 플래터'라는 음식을 파는 나만의 단골 식당도 있었다. 여러 종류의 해산물(냉동 새우, 냉동 생선, 냉동 조개 등)을 튀기고 프렌치프라이, 코울슬로 그리고 버터를 듬뿍 바른 토스트를 곁들여 낸 메뉴였다. 지금 생각해보면 그때 나는 이런 내 습관을 누구에게도 이야기하지 않았다. 음식을 몰래 먹는 일은 부모님과 분리된 나만의 정체성을 나타내는 한 가지 방식이 되었다. 드디어 두 분이 코앞에서 식습관을 통제할 수 없게 되었고(지금도 내 주변에 있다면 여전히 그렇게 했을 것이다), 나는 안 된다는 잔소리를 평생 동안 들어온 행동을 거리낌 없이 해보며 소위 '엔도르핀 러시'를 경험했다. 이런 짜릿함과 갑작스러운 엔도르핀 증가는 거식

증의 우아한 거부와는 다르게 강박적이면서도 살짝 중독성이 있었다. 체중 증가는 어떤 부작용이자 내가 부모님의 뒤통수를 칠 수 있는 또 하나의 방식이었다. 혹은 내 몸에 대한 통제권을 되찾는, 아니 처음으로 주장해보는(애초에 내가 그런 권리를 가져본 적이 있던가?) 방편이었다. 학교 카페에서 파는 사람 머리통만 한 허브빵과 알래스칸 앰버 맥주로 연명하는 생활은 지나친 감시와의 즐거운 결별이었다. 그러나 2학년 말 즈음 내 몸무게는 77킬로그램이 됐다. 물론 지금 체중이 77킬로그램이라면 길거리를 막고 축하 파티를 열 것이다.

대학 때 교수님 한 분은 시인이었다. 체중이 230킬로그램 가까이 나갔고 기면증까지 있었다. 그분은 계단을 오르는 것조차 힘들어해서 그 강의는 출입이 좀 더 용이한 별도의 건물에서 진행되었다. 나는 교수님의 시도 싫었고, 다른 사람이 말을 하는 동안에 갑자기 곯아떨어져 드르렁드르렁 코를 고는 모습도 싫었다. 직업적인 면에서 불성실하다는 느낌까지 받았다. 하지만 무엇보다 나는 그녀가 뚱뚱해서 싫었다. 한번은 구내매점 앞에서 교수님과 나란히 줄을 서 있었다. 내가 라이트 크림치즈 베이글을 주문하자 교수님이 말했다. "학생은 라이트 크림치즈 안 먹어도 될 텐데." 내가 실제로 대답을 했는지 안 했는지는 모르겠지만 속으로 했던 말은 기억한다. '아뇨, 먹을 거예요. 안 그러면 교수님처럼 뚱뚱해지잖아요.'

그즈음 처음으로 진지하게 연애를 했다. 난생처음 사랑에 빠지면서 내 몸을 치유하는 경험을 했다고 말할 수 있었으

디스 이즈 빅

면 좋겠다. 하지만 남자친구는 키 180센티미터에 몸무게 61킬로그램에 불과했다. 나는 남자친구보다 말라 보일 만큼 살이 빠지기를 남몰래 바랐다. 우리가 함께한 7년 동안 그런 일은 당연히 일어나지 않았다. 오히려 몸무게의 격차는 더 벌어졌다. 그는 터무니없이 균형 잡힌 식습관을 가진 집안 출신이었다. 그의 가족은 끼니마다 샐러드를 먹었지만 일주일에 몇 번씩 아이스크림과 도넛을 사 먹으러 우르르 몰려 나가기도 했다.

그와 나는 1년간 파리에서 살았다. 학생 비자에 따라 나오는 체류증 문제로 파리 외곽의 한 병원을 방문할 일이 있었다. 간단한 건강검진을 하고, 의사의 큰 책상 반대편에 앉아 그가 서류에 사인해주기를 기다리고 있었다. "항상 이렇게 비만이었어요?" 그가 프랑스어로 물었다. "기름진 음식을 많이 먹나요?" 나는 몸무게 때문에 창피를 당하면 얼어붙는다. 머리가 하얘지고 일종의 유체이탈 상태가 된다. 벌써 20년도 전에 겪은 일이지만, 나는 여전히 그 의사에게 해줄 통쾌한 반박을 떠올리지 못했다. 어쨌든 그때 나는 아니라고, 특별히 기름진 음식을 먹는 것 같지는 않다고 말하면서 어깨를 으쓱했다. 프랑스에서는 어깨를 으쓱하면 많은 것을 피해 갈 수 있다. 그가 서류에 서명했다. 결국 그해 나는 샤토 드 뱅센의 호수 주변을 일주일에 세 차례 달리며 15킬로그램쯤을 뺐다. 저울이 없어서 정확한 숫자는 모르겠지만 아무튼 프랑스 옷이 문제없이 몸에 맞았다.

나는 머리부터 발끝까지 엄마 신용카드로 아네스 베에서 산 검은 옷을 걸치고 집으로 돌아왔다. 샌프란시스코 공항으로 마중 나온 엄마가 나를 포옹하면서 내가 얼마나 날씬해졌는지 모르겠다고 말했다. 그 몸은 오래가지 않았다. 대학 졸업 후 1년 동안 주로 부리토만 먹다 보니 체중은 드디어 90킬로그램을 넘어섰고, 그렇게 공식적인 비만인이 됐다. 그 무렵에는 이런 일도 있었다. 벨 앤 서배스천의 전석 매진 콘서트에 갔을 때였다. 콘서트장에 도착한 나는 친구를 찾으려고 사람들 사이를 헤치며 앞으로 나아갔다. 벨 앤 서배스천. 얼마나 점잖은 밴드인가. 그러니 온화하고 다정한 사람들만 모인 곳이겠지? 천만에. 뒤에 선 남자 둘이 내 몸을 라인배커미식축구에서 공격수를 차단하는 포지션에 비교하며 와자하니 떠들어대는 소리가 들렸다. 스포츠에 무지했던 나는 집에 와서 그 단어를 찾아봐야 했지만 말투만 들어도 칭찬이 아니라는 것쯤은 알 수 있었다.

그 이후로 나는 살이 쪘다가 다시 빠지기를 반복하는 패턴에 빠졌다. 한 번씩 빠질 때마다 최저 몸무게가 조금씩 올라갔고, 한 번씩 찔 때마다 최고 몸무게도 조금씩 올라갔다. 30대 중반에 들어서면서 어느덧 다이어트는 나의 가장 큰 비밀이 되었다. 대학 시절 조교와 몰래 하는 연애처럼 짜릿한 비밀이라면 좋았을 테지만 굳이 비유하자면 이것은 인중을 왁싱하는 것에 더 가까운 비밀이었다. 아예 언급 자체를 하고 싶지 않았다. 남들 눈에 내가 처음부터 다이어트 걱정 따위는 안 하는 사람으로 비쳤으면 했다. 살이 빠지기 시작하면 몸이 가볍게 느껴졌다. 잠이 잘 왔다. 기분도 좋았다. 하지만 이상하게도 누군가를 기만하는 느낌, 고립된 느낌도 들었다. 편집증이 생기기 시작

디스 이즈 빅

했다. 사람들이 으레 하는 "예뻐졌네" 같은 칭찬도 그들이 예전 내 모습을 실제로 어떻게 보고 있었는지를 알려주는 단서처럼 들렸다. 개인 트레이너가 휴가에서 돌아온 나를 보고 자신에 대한 희망을 몽땅 내던지고 온 거 아니냐고 말했다. 이토록 많은 사람이 자신들이 쥔 진실로 기꺼이 상대방을 모욕한다는 게 정말이지 기이하다. 인생을 살면서 내가 제아무리 많은 것을 성취한다 한들 외모에 대한 언급은 여전히 내 곁을 떠나지 않는다. 결국 나는 하루 이틀 혹은 휴가 기간 내내 체중에 대한 경계를 늦췄고, 불현듯 블라우스가 다시 꽉 끼기 시작했다. 아무도 눈치채지 못하기를 바랐지만 그걸 숨기기란 불가능했다.

서른다섯으로 넘어가던 그해, 나는 브루클린에 살고 있었고, 실연을 겪는 중이었으며, 생애 처음 임상 우울증 진단을 받았다. 음식은 내가 찾을 수 있는 가장 믿음직한 위로였다. 아침으로 먹은 쿠키는 다이어트 콜라로 소화시켰고, 플라스틱 접시 네 개 세트에 음식을 담아 주는 식당에서 배달을 시켜 먹었다. 음식 자체가 좋았던 건지, 견뎌낼 힘을 얻으려고 음식을 찾았던 건지는 모르겠다. 칵테일 처방 ^{여러 약을 복합적으로 처방하는 행태}으로 받은 약들(렉사프로, 아빌리파이, 프리스티크, 라믹탈, 웰부트린)은 어두운 터널을 빠져나오게끔 도와줬지만 체중은 더 늘려 놓았다. 나는 드디어 110킬로그램을 넘어섰고, 인생 최고의 몸무게를 찍었다.

체중계에서 처음으로 그렇게 큰 숫자를 보던 날, 맨 처음 본능적으로 든 생각은 '죽어야 한다'였다. 자살이 아니라, 그대로 사라지든지 먼지가 되어 증발해버리든지 해야 한다고 생각했다. 실패라는 말로는 부족하다. 뚱뚱해지도록 나를 방치하는 것이 해방처럼 느껴진 적은 단 한 번도 없었다. 사회운동가들은 비만이 누구에게 용서를 구할 문제가 아니라고 말하지만 나는 평생 비만 때문에 송구스러웠다. 내가 평등과 정의를 누릴 자격이 있다고는 믿는다. 하지만 그렇게 해달라고 요구하는 싸움이 살을 빼서 그것을 얻어내려는 싸움보다 조금이라도 쉬운지는 모르겠다. 나는 우리 모두가 존재할 가치가 있다고 믿는다. 만약 성공적인 다이어트가 내 몸 자체를 받아들이며 사는 것을 요구한다면, 나는 내 몸으로 사는 것에 항상 능숙한 사람은 아니라고 고백하지 않을 수 없다.

어떤 몸무게로도 나는 편안하게 살지 못했다. 지난 5년 간 여섯 종류의 식단 배송 프로그램을 신청했고, 그때마다 스스로를 속였다. 어떤 식단은 채소가 너무 많아 변이 짙은 녹색으로 변하기도 했다. 서른다섯 때는 의학 자문을 거쳐 나온 액상 다이어트 제품을 시도했다. 하지만 다이어트 식단 브랜드 슬림패스트의 지시대로 하루 두 끼를 셰이크로 마시고 한 끼만 적당량 먹는 식습관을 누구나 쉽게 유지할 수 있다면 이 세상에 비만인은 존재하지 않을 것이다. 서른여덟에는 다른 종류의 액체 다이어트를 꽤 열심히 시도했다. 공교롭게 그때는 다이어트를 그만두는 법을 가르치는 콘퍼런스를 취재 중이었기 때문에, 점심시간마다 화장실 칸에 웅크리고 앉아 고단백 셰이크를 마셔야 했다. 마치 코카인 같은 금지약물을 하는 기분이었다.

디스 이즈 빅

컴퓨터에서 음식 배달 사이트 심리스에 접속이 안 되도록 프로그래밍하는 법도 배웠지만, 결국 휴대전화를 사용하고 말았다. 두 액체 다이어트 사이에 채식과 단백질 위주의 식단을 고안한 의사도 한 명 만났다(몇 가지 예외조항도 있었다. 그녀는 나더러 아침마다 소화 촉진을 위해 파파야 50그램을 먹고 밤에는 우유에 설탕을 타서 마시라고 했다. 내가 설탕 대신 꿀을 넣으면 안 되냐고 물었더니 그녀는 기겁했다. "절대 안 돼요."). 매달 한 번씩 의사 앞에서 체중을 재고 나면 그녀는 루마니아어 억양이 강하게 느껴지는 말투로 이렇게 말하곤 했다. "모델 같아질 거예요."

　　　서른아홉에는 브루클린 멀찍이 어느 동네에 애더럴ADHD 치료제로 널리 쓰이는 각성제로 식욕을 떨어뜨리는 효과가 있다. 한국에서는 금지약물이다을 아무에게나 쉽게 처방해주는 의사가 있다고 친구가 귀띔해주었다. 덜컥 예약을 했지만 뒤늦게 겁이 나서 약속시간 몇 분 전에 취소했다. 같은 해에 친구 몇몇이 항우울제 웰부트린을 먹고 살을 뺐기 때문에 나도 웰부트린에 도전했다(나는 체중 변화가 없었다. 나중에 웰부트린 제조사 글랙소스미스클라인은 30억 달러의 벌금을 부과받았다. 미국 법무부 표현을 그대로 쓰자면 "일부 처방약에 대한 불법 홍보 때문에 발생한" 민형사상의 책임 때문이었다). 내가 추구하는 것은 어떤 목표 체중이 아니다(이 목표는 때에 따라 60킬로그램도 되고 70, 80 혹은 90킬로그램도 된다). 나는 퀸스의 한국식 스파에 갔을 때 직원들이 내게 묻지도 않고 XL 사이즈 가운을 주지 않을 정도로만 살을 빼고 싶을 뿐이다. 이 가운은 다른 사이즈들과 색이 확연히 다르다. 그리고 이 계획에는 나의 부모님도 연관되어 있다. 그분들은 다이어트를 하기 위한 내 노력에 모든 비용은 아니더라도 대부분의 비용을 댔다. 나는 그것을 벌로 여겼던 것 같고, 그분들은 보상의 일종으로 생각했지 싶다. 우리 셋 다 내가 살을 빼고 다이어트를 졸업할 수 있다는 생각을 놓지 않았다. 하지만 누구도 다이어트는 졸업하지 못한다. 우리는 다들 체중에 대해 그런 심적 부담을 느낀다. 결국 내가 스스로에게 물어야 할 것은 '내가 하루하루 어떤 경험을 하고 싶은가'이다. 나는 어떤 종류의 삶을 나 자신에게 주고 싶은 걸까?

CHAPTER 7

그 여자는 비결이 뭐래?

1962년

진은 뉴욕시 보건부 프로그램의 결함이 금세 눈에 들어왔다. 물론 진 자신은 성과를 거두고 있었다. 하지만 원장 미스 존스가 내담자에게 정보를 전달하는 방식이 마음에 들지 않았다. 미스 존스는 내담자들이 수치심에 얽매여 각자가 안고 있는 음식에 관한 사연을 털어놓지 못한다는 사실을 믿지 않았다. 진은 프로그램에 관한 이런 사적인 의구심을 무시하지 않고 어떻게 하면 개선시킬 수 있을지를 직접 고민하기 시작했다. 동료 의식을 나누고 친목을 다지는 것이 다이어트나 체중 감량 자체보다 훨씬 더 중요할지도 몰랐다.

　체중 감량 프로그램을 시작하고 10주 차에 접어들자 진은 몸무게가 9킬로그램쯤 빠졌다고 지인들에게 털어놓았다. 다들 비결을 궁금해했다. 그래서 진은 다이어트와 씨름 중인 지인 6명을 수요일마다 집에 초대하기로 했다. 함께 마작을 하

디스 이즈 빅

면서 전날 진이 다이어트 클리닉에서 배운 내용을 알려주는 것이다. 진 자신도 아직 목표 체중에 도달하지 못했으므로, 진은 이렇게 하면 엄격한 다이어트 지침을 지키는 데 도움이 되고 지인들도 어느 정도 살이 빠질지 모른다고 생각했다.

첫 모임은 소소하게 시작되었다. 손님들은 자리를 잡고 게임을 하며 수다를 떨었다. "그 사람들 보니까, 다들 비밀이 있더라고요. 나처럼 남한테 말 못 하는 강박적인 습관 같은 거요." 진이 말했다. 하지만 그날 오후 사람들은 서로에게 마음을 열었다. 진은 순간적으로 수년 전 플로리다에서 자신처럼 아이를 잃은 여성을 만나 함께 대화하며 느꼈던 것과 동일한 해방감을 느꼈다. 진은 방을 죽 둘러보았다. 이 여성들 모두가 자신의 식습관과 인생 이야기를 태어나 처음으로 고백하고 있음을 깨달았다. 좋아하는 음식이나 자신만의 야식 습관을 남들이 어떻게 생각할까 싶어 조마조마하던 마음은 안도로 바뀌었다. 누군가가 다음 주에도 이렇게 만나자고 제안했다. 진은 이것을 정기 모임으로 만들면 어떻겠냐고 물었다.

이렇게 해서 전업주부 진은 체중 문제와 싸우는 여성들이 모여 각자의 삶을 진솔하게 나누는 공간을 탄생시켰다. 이는 동시에 진이 그토록 갈망하던 기회, 사람들의 관심과 조명을 받을 수 있는 기회이기도 했다. 지인 여섯에 불과한 청중 앞이었지만 진은 특유의 유머 감각과 카리스마, 매력을 유감없이 발산했다. 몇 년 뒤 진은 이 초창기 모임을 회상하며 조금도 겸손한 기색 없이 이렇게 말했다. "뭐랄까, 평생 교습 한번 안 받아본 사람이 피아노 앞에 앉아 협주곡을 쳤다고 할까요."

이 모임은 '진의 그룹'이라고 불렸다. 두 달 만에 인원은 6명에서 10명으로, 다시 40명으로 순식간에 불어났다. 그 과정은 이런 식이었다. 누군가가 전화를 걸어 묻는다. "사촌이 있는데 같이 가도 되나요?" "여동생을 데려가도 되죠?" 진의 대답은 항상 똑같았다. "그럼요, 당연하죠!" 진의 집에 있는 의자가 동이 나자 사람들이 자기 의자를 들고 왔다. 얼마 뒤 거실은 물론 현관까지 사람들로 가득 찼고, 아파트 단지에 있는 지하실로 장소를 옮겨야 했다. 진은 수요일과 토요일에 모임을 열었고 심지어 남자들도 나오기 시작했다.

진은 청중이 모두 보이는 위치에 서서 자신은 어떤 과학적, 영양학적 배경지식도 없으며 다만 살 빼는 데 성공한 퀸스의 전업주부에 불과하다는 말을 입버릇처럼 했다. 진은 비만 클리닉에서 배운 것을 사람들에게 가르쳤다. 단것과 기름진 음식을 피하고 영양소가 풍부한 음식으로 배를 불리고, 절대 끼니는 거르지 말라고 했다. 술과 기호식품도 일절 금지며, 간은 필수로 먹어야 했다. 진은 사람들이 한 주에 2, 3킬로그램씩 빼려고 노력하지 않았으면 했다. 운동은 진의 전문 영역도, 관심 영역도 아니었기 때문에 늘어진 피부나 칼로리를 태우는 방법에 대한 질문을 받으면, 피부는 천천히 감량하면 전혀 문제가 되지 않고 운동은 다이어트가 끝난 뒤 걱정해도 된다고 대답했다. 진에게 중요한 것은 새로운 식습관이었다. 사람들은 체중 검사를 위해 가장 가벼운 복장으로 갈아입었고 액세서리를 빼고 신발을 벗었다.

진은 지인들도 자신만큼 다이어트에 전념하기를 원했다. 자신의 추종자들이 휴일에 디저트를 안 먹기를 기대하는 것이 비현실적이라는 생각은 조금도 들지 않았다. "중요한 건, 자기 생일 파티를 이겨낼 수 있느냐입니다. 생일 초를 불어서 끈 다음 케이크를 잘라 손님들에게 나눠주세요. 그리고 본인은 캔털루프 멜론 반쪽을 드세요." 진이 말했다. "케이크 한 조각을 포기했지만 체중 변화는 없을 수 있어요. 하지만 여러분이 거둔 승리는 절대 작지 않아요. 그것이 전쟁에서 이기는 시작이 될 수 있죠. 내가 이런 말을 나 스스로도 믿으면서 한 건지는 모르겠지만, 아무튼 좋게 들렸어요. 생각해보니 그래요. 나는 그저, 알고 있었지만 이제껏 외면했던 진실에 대해서 말했던 것 같아요. 실제로 평생 동안 난 나 자신에 관한 진실을 회피해왔죠." 그녀는 '이겨내다', '승리' 같은 말을 사용했다. 진에게 체중을 감량하고 유지하는 일은 자신과의 전쟁과도 같았다. 그러나 모임은 즐거운 오아시스여야 했다. 진은 커피를 따르고 웃음을 북돋웠다. 모임이 끝날 무렵에는 이렇게 말했다. "여러분이 여길 나가서 커피와 멜론, 커피와 신선한 과일 한 컵, 커피와 우정을 택한다면 나는 여러분의 건승을 빌 거예요. 하지만 나가서 커피와 데니시 페이스트리를 택한다면, 여러분이 복통을 앓기를 열렬히 바랄 겁니다."

진은 온갖 방법으로 비만을 관찰했고, 그런 시선에 자비라곤 없었다. 본인이 뚱뚱했다가 살을 뺀 사람이기 때문에 엄격하게 굴 권리가 있다고 생각했다. "날씬한 사람은 포크를 내려 놓아요. 테이블에 포크를 놓은 채 음식을 씹어요. 천천히 씹습니다. 먹으면서 서로서로 돌아보기도 하고, 벽도 쳐다보고 그림도 보죠. 음악도 듣습니다. 의자에 등을 기대고 숨도 돌리고요. 몸속으로 음식을 밀어 넣는 데 집중하는 것 말고 뭔가 다른 일을 한단 말입니다." 진은 말했다. "과체중인 사람은 절대 포크를 내려놓지 않아요. 말할 때도 쥐고 있죠. 씹으면서도 쥐고 있고요. 나는 거기에 비밀이 있다는 걸 발견했어요. 여러분을 비만으로 만드는 도구를 내려놓으세요."

빵이 너무 좋은데 어떻게 하면 좋겠냐는 열 살 소녀의 편지를 받자 진은 그렇게 좋아하는 빵을 먹고 나서 어떤 기분이 드는지 생각해보자고 했다. "기뻤니? 그 기쁨이 얼마나 오래 갔니? 1분? 몇 초?" 진이 물었다. "날씬해졌을 때 느낄 기쁨을 생각해보렴. 그 기쁨은 훨씬 오래간단다. 그리고 다른 기쁨도 함께 데려오거든. 거울을 볼 때 네 모습이 맘에 드는 기쁨. 좋아하는 옷을 예쁘게 입는 기쁨. 남자애들이 널 보면서 웃는 걸 보는 기쁨. 심지어 너는 걔를 손톱만큼도 안 좋아하는데 말이야. 언제 어디서나 아주 다양한 방식으로 보통의 몸무게를 누릴 수 있어." 진은 비만인이 겪는 고통에 공감하는 바가 아주 많았다. 물론, 그들이 날씬해지기를 원한다는 전제에서 그러했다.

퀸스에 살을 뺀 여자가 있다는 소문이 돌았다. 뺀 살이 20킬로그램이라던가? 40킬로그램? 그건 중요하지 않았다. 어쨌든 진은 사람들을 모아놓고 다이어트를 어떻게 할지 가르치는 모임을 열 테니까. 그렇게 해서 진은 전문 체중계와 무게추를 직접 마련하여 자신의 스튜드베이커 자동차에 싣고 초청받은 모임마다 찾아가 강의를 하는 일종의 '순회 다이어트 구루'가 되었다. 금발로 염색한 이 날씬한 여인은 사람들이 다른 데 주의를 분산하지 않고 자신이 하는 말에만 집중하게 만들기 위해 과하지 않은 옷차림으로 청중 앞에 서곤 했다. 그녀는 자신이 말을 돌려 하는 사람이 아니라고 경고했다. 청중이 음식을 허비하거나 스스로를 허비하는 것처럼 보이면 왜 스스로를 그렇게 함부로 대하냐고 따져 물었다. 진은 까탈스러운 선생님처럼 사람들의 이름을 직접 호명하면서 어떤 음식이 자신의 가장 큰 약점인지 말해달라고 단도직입적으로 요청했다. 신문 칼럼니스트 짐 브래디는 진을 '피리 부는 사나이, 나이트클럽 연예인, 부흥회 설교자'에 비유했다.

1962년 말 진은 한 부부 모임에 와서 강의를 해달라는 초청을 받았다. 롱아일랜드에 사는 앨버트와 펠리스 리퍼트 부부의 집이 모임 장소였다. 리퍼트 부부는 1953년에 결혼하여 진의 아이들 또래인 키스와 랜디라는 두 아들을 두었다. 앨버트는 남성복 관련 바이어로 일했고, 부부 모두 사교성이 좋았다. 접대, 춤, 친구들과 어울리는 밤을 좋아하는 사람들이었다. 아이들에게는 올바른 가정교육과 예의범절을 강조하는 부모였지만, 저녁 식탁에서는 하루 일과를 시시콜콜하게 나누기도 했다. 부부는 체중 때문에 오랫동안 골머리를 앓았고 앨버트는 다이어트를 "두 개의 비치볼"본인과 다이어트의 관계를 가까워지다 부딪히는 즉시 반동으로 튕겨져 멀어지는 비치볼들에 빗댄 표현이라고 불렀다. 펠리스는 키가 훤칠하고 성격이 밝았다. 스무 살부터 새치가 나기 시작해 은발을 우아하게 길러왔다.

진은 도착해서 사람들에게 자기소개를 했다. 그리고 먹어야 하는 음식과 먹지 말아야 하는 음식, 각자의 프랑켄슈타인을 피하는 일이 얼마나 중요한지, 스스로 통제할 수 없는 음식에 대해 이야기했다. 모임이 마무리될 즈음 그들은 진에게 다음 주에 한 번 더 와달라고 했다. 그다음 금요일에 다시 모였을 때 펠리스는 1.8킬로그램, 앨버트는 3.2킬로그램이 빠져 있었다. 결국 진은 이 모임에 계속 오게 되었다. 프로그램이 효력을 발휘했다. 넉 달 만에 앨버트는 18킬로그램, 펠리스는 23킬로그램 가까이 감량했다.

리퍼트 부부는 진의 프로그램이 자신들에게 도움이 되었으니 더 많은 사람에게 다가갈 가능성이 있다고 생각했다. 그들은 진에게 체중 감량 모임을 본격적인 사업으로 키워보자고 제안했다. 모임을 체인점으로 만들어 사람들에게 주별 참석비를 받는 것이다. 앨버트는 자신이 기여할 수 있는 부분을 알았다. 그는 마케터였고 시간제 근무가 가능했으므로 아내 펠리스와 이 사업의 뒷일을 맡고, 진은 지금처럼 대외적으로 활약하는 쪽으로 가닥을 잡았다. 진과 마티는 매주 리퍼트 부부의 집에 방문했고 동업 관계가 형성되었다. 진이 대표와 회계를, 마티가 비서를 맡기로 했다.

이제 남은 것은 회사 이름을 짓는 일이었다. 앨버트는 절차를 공식화할 수 있도록 진에게 자신의 동생이자 변호사인 해리 리퍼트를 만나보라고 권했다. 그는 '진의 그룹'이라는 이름을 반대했다. "루즈 파운즈Lose Pounds, 체중 감량하기는 어때요?" 진이 물었다. 해리는 질색했다. "워치 유어 웨이트Watch Your Weight?" 체중을 감시하라 진은 계속 시도했다. 해리는 더 안 좋은 이름이라고 생각했다. "좋아요, 그럼 웨이트워처스 인터내셔널Weight Watchers International은요?" 진이 말했다. 아직 영업장소도 없었지만 진에게는 '인터내셔널'이라는 부분이 중요했다. 진은 포부가 컸다. 왜 야심을 품으면 안 되겠는가? "니데치 부인, 말도 안 돼요." 해리가 말했다. 하지만 결국 해리는 모든 서류에 서명하고 도장을 찍었다. 진은 끝끝내 자신의 고집을 관철했다. 1963년 5월 초, 웨이트워처스 인터내셔널이 공식 출범했다.

1963년은 중요한 해였다. 비틀마니아비틀스의 열광적인 팬의 해였고, 이지베이크 오븐전구의 열을 이용해 다양한 케이크믹스로 베이킹을 할 수 있게 만든 장난감 오븐과 다이어트 콜라 '탭'이 등장했다. 2월 초에는 줄리아 차일드의 요리 프로그램 〈더 프렌치 셰프〉가 첫 전파를 탔다. 그로부터 정확히 8일 뒤인 1963년 2월 19일, 베티 프리단의 《여성성의 신화》가 출간되었다. "이 문제는 발화되지 않은 채 미국 여성들의 마음속에 오랫동안 묻혀 있었다. 그것은 낯선 선동, 불만족스러운 느낌, 20세기 중반 미국 여성들의 간절한 바람이었다." 2차 페미니즘 물결노동 환경과 임금 수준을 비롯한 여러 사회적 불평등 현상에서 여성을 해방시키는 데에 집중한 1960~1980년대까지의 페미니즘의 고전은 주부의 가사노동에 대해 이렇게 말하며 서두를 열고 있었다.

프리단에 비해 진은 훨씬 더 전통적인 의미의 가정주부였다. 프리단은 학문적인 이력이 있었고, 그 점에서 본다면 줄리아 차일드도 프랑스 요리 대회에서 우승하기 전에 카피라이터로 활동했을 뿐 아니라 전략사무국제2차 세계대전 시기에 만들어진 미국 정보기관에서 일한 경력이 있었다. 또한 진은 분명히 더 낮은 중산층, 즉 주부들이 오롯이 집안일만 할 수 없었던 경제 계층이기도 했다. 그들은 가족의 생계에 보탬이 되기 위해 어떤 종류든 집 밖의 일을 해야 했다. 진은 집 안에 갇힌 삶의 불만족스러움이 어떤 것인지 잘 알았다. 그녀도 마티와 아이들을 위해 요리와 청소만 하는 삶은 결코 만족스럽지 않았다. 털사에서 여성들의 옷차림을 봐주든 뉴욕에서 달걀 방문판매를 하든, 진은 결국 밖으로 나가 일을 했다. 프리단의 글처럼, "교외에 거주하는 모든 가정주부가 혼자서 이 문제와 씨름했다. 침대를 정리하면서, 식료품점에서 장을 보면서, 가구에 커버를 씌우면서, 아이들과 땅콩버터 샌드위치를 먹으면서, 아이들을 보이스카우트와 걸스카우트에 데려다주면서 그리고 밤에는 남편 옆에 누워서 '이게 전부일까?'라는 질문을 자신에게 던지는 것조차 두려워했다."

줄리아 차일드, 베티 프리단 그리고 진 니데치는 같은 사회적 질문에 답하지 않았다. 그들이 모두 공공연히 여성운동에 참여한 것도 아니고 심지어 같은 정당에 투표하지 않았을지도 모른다. 하지만 어떤 면에서 그들은 함께 일하고 있었다. 그들은 스스로 의사를 표현할 수단이 필요했던 여성들의 문제에 답하려 했다. 차일드는 20세기 중반 미국에 '음식에 치료적으로 접근하는 방향'을 제시했고 프랑스 요리를 대안 삼아 버터를 듬뿍 쓰면서 요리하는 단순한 즐거움을 누려보라고 격려했다. 프리단은 1950년대 가정 중심 패러다임의 한계를 간파했고, 여성스러움이나 배우자와 아이들을 기쁘게 해주는 것이 결코 여성의 모든 것이 될 수 없으며 되어서도 안 된다고 지적했다. 겉으로 보기에 웨이트워처스는 다이어트 회사다. 다이어트는 프리단이 비판한 여성의 한계를 설정하는 일이고, 차일드가 반대했던 인공감미료와 버터 대체식품 그리고 억압의 문화를 장려한다. 하지만 그 핵심을 보면 웨이트워처스는 많은 여성이 함께 모이는 것의 힘을 알게 해주었고 여성에게 서로의 이야기를 듣고 지지하는 장소를 마련해주었다. 진의 아이디어는 여성들이 함께 모여 음식과 관련된 자신들의 문제를 이야기하는 것이었다. 그것은 그들의 현실에 대한 이야기이기도 했다.

웨이트워처스는 아직 사무실조차 없었다. 진은 모임을 열 장소를 찾고 싶었다. 이리저리 끝없이 전전하는 생활을 벗어나기 위해서였다. 진은 퀸스 리틀넥의 어느 극장 2층에 있는 작은 다락방 공간을 월세 75달러에 빌리기로 했다. 주별 모임 참가비는 영화 티켓 가격과 동일한 2달러로 정했다. 은행 계좌에 남은 돈은 1.56달러가 전부였다. 진은 돈이 필요했다. 진은 다이어트 클리닉의 프로그램이 왜 효과적이지 못한지를 알아채고 해결책을 강구하는 천재적인 능력을 갖고 있었다. 그녀는 사람들의 체중 감량을 돕는 대가로 비용을 청구하는 데 주저하지 않았다. 이렇게 진은 자신의 제국을 출범시킬 준비를 마쳤지만, 우선 마티가 있는 집으로 가야 했다. 남편의 서명 없이는 임대차 계약을 할 수 없었기 때문이다.

날씬함이란 개인에게 무얼 의미할까?

2017년 10월

〈보그〉에 실을 기사를 쓰느라 고가의 보디워크 치료사들을 많이 만나러 다니던 중이었다. 그들은 (엄청나게 아프고 멍들기 일쑤인) 림프 마사지로 부기를 빼는 실력 덕분에 모델이나 배우, 무용수 들을 팬클럽처럼 거느렸다. 나는 스크럽 적외선 마사지와 랩 림프 마사지를 받고 나서 모처럼 몸이 가뿐해진 기분을 만끽했다. 장염 때문에 연거푸 화장실을 들락거리고 난 것처럼 배가 홀쭉해졌다. 입고 온 하늘거리는 바지와 리넨 티셔츠로 갈아입고 로비를 가로질러 나가다가 대기실에 앉아 있는 누군가를 봤다. 모델이자 요리 경연 프로그램 〈톱 셰프〉의 사회자 파드마 락슈미였다. 나는 락슈미를 몇 초쯤 빤히 보았지만, 그녀가 거기 왜 있는지 궁금해할 필요는 없었다. 방금 전까지 한 시간쯤 나를 주무르던 브라질 여성이 나와서 그녀를 포옹했다. 락슈미는 내가 피부로 느끼는 날씨에 아무런 영향도 받지

　　　　　　　　　　　　디스 이즈 빅

않는 듯했다. 섭씨 27도의 습한 날씨인데도 스틸레토 부츠에 가죽 재킷을 입고 있었다. 순간 나는 현실로 돌아왔다. 다시 내가 뚱뚱하게 느껴졌다.

다이어트 또는 몸을 바꾸거나 가꾸려는 욕구는 비단 비만인만의 영역이 아니다. 직업상 내가 그렇게 자주 만나온 미남 미녀들도 몸매 유지에 극단적인 노력을 기울인다. 나는 날씬함 그 자체를 계급으로 보기 시작했다. 그 계급에 속한 사람에게는 체중을 유지하는 것이 라이프스타일이다. 세상에는 태어나면서부터 소속되는 계급이 있고, 소속되고 싶어서 노력해야 하는 계급이 있다. 어떤 계급 위치를 획득하기 위해 우리는 어느 선까지 노력하게 될까? 거기서 떨어지는 것을 우리는 어느 정도까지 두려워할까?

나도 운동을 많이 한다. 의무감 때문이 아니다. 언젠가부터 운동을 좋아하게 되었기 때문이다. 운동에 대한 열광 면에서 나는 늦깎이다. 사람이 단순히 움직이고 스트레칭을 하는 것만으로 기분이 얼마나 좋아질 수 있는가를 뒤늦게야 배웠다. 다이어트처럼 운동도 어릴 적 나에게는 벌이었다. 그렇지만 운동과 다시 화해할 수 있었다는 사실에 나 자신도 놀랐다. 일주일에 몇 차례씩 운동에 몰입할 수 있는 것처럼 다이어트에도 그렇게 몰입할 수 있었으면 좋겠다. 다이어트도 운동처럼 대할 수 있었으면 좋겠다. 어쩌면 나는 세상 그 어느 관계보다 음식과의 관계가 가장 곤혹스러운 사람일 것이다. 간혹 솔사이클 시간에 운 나쁘게 거울 바로 옆 자전거가 예약된 날만 제외하면,

운동은 언제나 내 몸과 좀 더 연결된 느낌, 내가 더 강해지고 더 유연해진 느낌을 준다. 좀 더 날씬해지고 근육이 살짝 생긴 듯한 느낌도 준다. 운동은 내가 머리로만 사는 삶을 떠나 몸 안에 단순하게 머무는 시간이다. 모든 사람이 다 같이 숨이 턱에 닿도록 땀범벅이 되어 달리는 순간이 좋다. 몸으로 하는 고된 노력에는 보편성이 있음을 다시 한번 절감하는 순간이다. 일요일 이른 아침 브루클린 솔사이클 교실에서 대개 나는 가장 뚱뚱한 사람 축에 든다. 하지만 이 많은 사람이 일요일 아침 8시에 일어나 운동하는 걸 마냥 좋아해서 솔클래스 수업이 꽉꽉 차는 것은 아니라는 사실을 나도 깨달았다. 그들도 건강해진 기분을 느끼고 근사한 외모를 가꾸기 위해 나와 똑같은 싸움을 해나가고 있었다. 심지어 진은 날씬해지고 나서도 체중 유지에 필요한 노력에 대해 계속 이야기했다. 세상일은 겉으로 보이는 것만큼 그렇게 쉽지만은 않다.

비만 때문에 조롱받는 축구선수에 대한 기사를 읽었다. 그는 키가 183센티미터이고, 체중은 최고 120킬로그램까지 나갔다가 이후 10킬로그램 가까이 감량했다. 지금 내 몸무게는 그보다 더 나간다. 그가 부럽다. 사실상 모든 사람이 부럽다. 나는 끊임없이 나 자신을 친구들과, 요가 교실의 다른 여자들과, 인스타그램의 플러스사이즈 모델들과 비교한다. 반려견을 부러워할 때도 있다. 어느 날 밤 조안을 데리고 산책하러 나갔을 때였다. 누군가 이렇게 외치는 소리가 들렸다. "어머, 통통해라!" 순간, 길거리에서 누가 큰 소리로 내 몸에 대해 떠들고 있다는 생각이 번뜩 들며 파도가 밀려들듯 당혹감이 코 밑까지 차올랐다. 전에도 자주 겪었던 일이다(몇 년 전 파리로 휴가를 갔을 때 뚱뚱하다는 소리를 서로 다른 사람에게 각각 두 번이나 들었다. 두 번 다 오버사이즈 모터사이클 재킷에 스키니진 차림으로 길을 걷는 중이었다. 나를 "뚱뚱한 여자"라고 불렀다). 하지만 곧 10대 소녀 둘이 조안을 어르려 달려오는 모습이 보였다. 조안이 통통해서 예뻐 보였던 모양이다. 그런데 나는 더 최악이게도, 그 애들의 생각을 바로잡아 주고픈 충동을 느꼈다. 조안은 절대 살이 찐 것이 아니라 피부가 많이 늘어졌을 뿐이라고 말하고 싶었다. 입 밖으로 그 말이 튀어나오기 전에 멈출 수 있어서 다행이었다. 누구나 강아지는 보이는 그대로 받아들인다. 나도 나 자신에게 그럴 수 있었으면 좋겠다.

내가 곧잘 하는 게임이 있다. 내가 여기서 제일 뚱뚱한지 아닌지를 알아보려고 주변 공간을 다 둘러보는 것이다. 아마 많은 여성이 이와 비슷한 유의 잔인한 의식을 치르고 있지 않을까 싶다. 내 예상은 거의 적중했다. 지난겨울에는 마이애미의 어느 초대 전용 요가 피정 프로그램에 참여했다. 브라질 모델 두 명, 인기 TV 쇼에 나오는 여배우, 소셜미디어 스타, 라이프스타일 구루, 패션 디자이너 두 명, 유명 패션 사진가 등이 함께했다. 그리고 그들의 남자친구들도 동행했는데 거의 다 윗머리를 뒤로 묶는 맨 번 헤어스타일을 하고 있었다. 첫날 옥상 요가 교실에 참가한 뒤 내 몸무게가 그곳에 있는 모든 여자 그리고 일부 남자보다 최소 30킬로그램은 더 나가겠다는 생각이 들었다.

나는 직업상 전형적인 여성의 역할을 아주 그럴듯하게 수행한다. 잡지 편집자들에게서 배우 제니퍼 허드슨과 크리시 메츠, 작가 록산 게이 같은 유명인들이 살을 빼기 위해 어떤 노력을 했는지 허심탄회하게 인터뷰하고 기사를 써달라는 청탁을 받기도 한다. 유명세를 치르는 여성에게 현재 체중이 얼마나 나가느냐, 혹시 임신했냐는 오해를 받아본 적이 있느냐 같은 질문을 던지는 것이 내게는 가능하다. 나 자신이 몸소 버둥거렸던 경험을 말할 수 있기 때문이다. 어쩌면 굳이 내 입으로 말할 필요도 없다. 내 몸을 보면 직접 읽을 수 있다. 날씬한 여성이 그런 질문을 던져야 한다면 훨씬 힘들 것이다.

나는 글을 쓰기 위해 수많은 모델을 만나 함께 식사를 했고, 그들은 거의 언제나 나에게 케토 다이어트, 팔레오 다이어트, 글루텐프리 다이어트를 하고 있거나 **건강을 위해** 설탕을 끊었다고 말했다(그들은 대부분 '가장 중요한 것은 균형 잡기'라고 말하지만 나는 그 말을 믿지 않는다. 단 한 명 예외가 있었다. 인터뷰하는 동안 피자 한 판을 다 먹은 크리스티 브링클리였는데, 1인용 크기이긴 했지만 나는 충분히 감동받았다). 나는 이런 여성들이 내 몸을 보고 어떻게 생각할지 항상 궁금하다. 실컷 먹어도 되는 권한을 스스로에게 허락한 셈이니 나를 부러워할까, 아니면 나처럼 되느니 차라리 죽는 게 낫다고 여길까. 이따금 내 몸무게가 나 같은 직업에는 자산이라는 생각도 든다. 가장 아름답고 가장 유명한 여성일수록 상대가 자신에게 위협으로 느껴지지 않아야 긴장을 풀고 마음을 열기 쉬운 법이다. 그들에게 굉장한 연민을 느끼며 돌아서는 일도 많았다. 그들이 내 앞에서 내면의 위태위태함을 내비치며 퀴노아 샐러드를 집어드는 것을 보아왔다. 음식과 체중은 그들의 삶에서도 천문학적인 무게를 차지한다는 사실을 나는 직접 겪어봐서 잘 안다. 배우 조시아 마멧은 아침식사 인터뷰 자리에서(나는 훈제연어 베이글 샌드위치를, 그녀는 아몬드 우유로 만든 라테 한 잔을 먹었다) 내게 이렇게 말했다. "머릿속에서 속삭이는 그 소리가 쉬지 않고 롤러코스터를 타죠. 그리고 절대 사라지지 않아요."

스물여섯 살 때, 내가 쓴 특집 기사가 처음으로 고급 패션잡지에 실렸다. 그 이름도 유명한 애나 윈터영화 〈악마는 프라다를 입는다〉의 주인공 미란다 프리슬리의 실제 모델의 후배였던 편집장이 투고자 섹션에 싣겠다며 나를 인터뷰하겠다고 했을 때, 내 기쁨이 어느 정도였을지 상상해보기 바란다. 사진도 필요하다기에 나는 내 나름대로 똑똑하고, 스타일리시하고, 약간 날카로워 보인다고 여기는 사진을 추려서 보냈다. 하지만 그 자리에서 몽땅 퇴짜 맞고 말았다. 편집장의 거절은 아랫사람을 통해 정중하고 형식적으로 전달되었다. 하지만 진짜 메시지가 무엇인지 나는 알았다. 내가 패션잡지의 한 페이지를 장식하기에는 너무 뚱뚱하다는 소리였다. 결국 열여섯 살 때의 사진을 쓰기로 했다. 그 사진 속의 나는 나긋나긋하지만 식욕이 없어 보였다. 잡지가 나오자, 10대 시절의 나를 모르는 전직 모델 친구가 남편과 함께 그 사진을 보더니 "더 풍만하다는 면에서" 지금이 나아 보인다고 했다. 나는 그 말에 전혀 화가 나지 않았고, 도리어 들어도 마땅한 말을 들었다고 느꼈다.

친한 친구 제니퍼와 롱아일랜드의 동쪽 끝 몬탁에서 주말을 보냈다. 우리는 대학 시절부터 알고 지냈고, 1년 차이를 두고 둘 다 뉴욕으로 왔다. 제니퍼는 내가 체중 문제를 털어놓을 수 있는 유일한 친구다. 같은 고민을 하기 때문이다. 대학교 1학년 첫 학기 때 우리는 핼러윈 사탕 캔디콘을 사서 봉지를 뜯자마자 곧장 기숙사 창문 밖으로 대부분 쏟아버렸다. 눈에서 멀어져야 마음에서도 멀어진다고, 눈에 띄면 먹고 싶은 유혹을 이길 수 없을 것 같아서였다. 결국 경비원이 와서 제니퍼의 방문을 두드렸고, 왜 창문 아래에 사탕이 수북이 쌓여 있냐고 물었다. 그렇다, 분명히 경비원이 와서 항의를 했다. 내 눈에만 보이지 않는다고 세상에서 사라지는 것은 아니지 않은가.

제니퍼는 나보다 항상 몸무게가 조금 덜 나갔다. 아마 12사이즈 정도를 입었던 것 같다. 제니퍼는 세탁기와 건조기가 딸린 아파트를 소유하고 있었다. 하지만 나는 그것보다 제니퍼의 사이즈가 훨씬 더 부러웠다. 발레복을 취급하는 제니퍼의 생업은 유명 연예인을 인터뷰하는 내 직업처럼 자기 몸에 대한 절망감을 부추긴다. 아니면, 내가 제니퍼에게 내 체중 고민을 털어놓을 수 있는 것은 어쩌면 그녀가 나의 20년 지기인 데다 내 몸무게가 최저 68킬로그램에서 최고 110킬로그램까지 오르락내리락 하는 모든 순간을 지켜봤기 때문일 것이다. 최근 제니퍼가 1997년 시애틀의 한 골목에서 나와 함께 찍었던 사진을 우

디스 이즈 빅

연히 발견했다. 나는 사진 속 내 모습을 보면서 지금이랑 똑같다고 생각했다. 하지만 그것은 사실이 아니다. 1997년에는 적어도 지금보다 30킬로그램은 가벼웠고, 그때도 내가 너무 뚱뚱하다고 여겼던 것을 생생히 기억한다. 지금 나는 그 사진을 보며 그때의 내 몸이 정상이고 심지어 귀엽다는 생각까지 한다. 그때 내가 자기혐오를 멈추는 법을 알았더라면, 그 체중을 그대로 유지하려고 노력했거나 나 자신을 패배자라고 몰아치지 않았더라면 얼마나 좋았을까. 그때의 내가 패배자라면, 지금 나는 무엇이란 말일까? 내 외모를 혐오하느라 나는 얼마나 많은 시간을 허비한 것일까.

제니퍼는 집에서 웨이트워처스를 했고, 나는 아마 그 사실을 아는 유일한 사람일 것이다. 아니, 적어도 제니퍼가 만났다 말았다 하는, 사이키델릭 록밴드 드러머이자 웹디자이너인 남자친구에게 그 이야기를 하지 않은 것은 확실하다. 그는 전에 내게 제니퍼의 굵은 허벅지를 사랑한다고 말했다. 그 말을 듣는 순간 그에게 정나미가 뚝 떨어졌다. "난 절대 모임에 안 나갈 거야. 내기해도 좋아." 제니퍼가 말했다. 나는 제니퍼가 체중을 얼마나 감량했는지, 얼마만큼 감량하고 싶어 하는지도 몰랐다. 아마 지금까지 5킬로그램쯤 뺐고, 앞으로 10킬로그램은 더 빼고 싶지 않을까 추측할 뿐이다. 제니퍼는 지금까지 살면서 40킬로그램은 뺐다고 농담처럼 말했지만, 그 말이 진짜인지 따져 묻는 것은 지나친 침해이자 제니퍼를 지지하는 말이 아니라고 생각해왔다. 그것은 우리 우정에서 넘지 말아야 할 선이다.

나는 너무 오래 혼자서만 다이어트를 해 버릇해서 제니퍼가 같은 웨이트워처스 회원임에도 내 다이어트와 몸에 대해 솔직히 털어놓기가 힘들었다. 내 몸에 관해 마음을 열고 이야기할 수 있는 유일한 친구에게조차 여전히 담을 쌓고 있다는 사실이 조금 서글펐다. 다이어트가 언제나 그토록 고문처럼 느껴진 이유는, 그것에 대해 털어놓고 말할 상대가 이 세상에 전혀 없다는 느낌 때문이지 싶다. 체중은 우리의 핵심 관계에까지 침범해 들어올 수 있다.

몬탁에서 우리는 건강하게 잘 먹었다. 채소와 과일을 곁들인 오믈렛을 먹고, 저녁으로는 가리비, 파스타, 샐러드를 먹었다. 포인트를 계산하느라 먹은 음식마다 버터와 기름이 작은 술로 몇 술이나 들어 있을지 따져보면서 함께 웃었다. 미니바에 있던 사탕에는 일절 손대지 않았다.

요즘 내 초미의 관심사는 좋은 선택을 하기 위해 내가 얼마만큼의 노력을 기울여야 하는가이다. 나는 먹는 것으로 보상받고 싶은 생각이 계속 드는 사람이다. 아이스크림 선디가 그런 보상이 아니라면, 무엇이 보상이 될까? 페스토 파스타 한 사발을 더 이상 안 먹기로 한다면, 나는 어떤 보상을 받을 수 있을지 모른다. 내가 원하는 것은 새로운 종류의 나쁨, 즉 음식과 관계없이 나 자신에게 반항하고 음식과 도덕성을 분리시키는 방식이다. 웨이트워처스에서는 묽게 한 페스토를 애호박으로 만든 면에 끼얹어 낮은 포인트 버전(웨이트워처스에 등록한 첫날 받은 '더 잘 먹기'라는 소책자의 표지에 소개된 요리)으로 만들어

디스 이즈 빅

먹으라고 할 것이다. 하지만 그런 건강한 타협은 어쩐지 내게 좀 모자란, 석연찮은 구석을 남긴다. 나의 내면 어딘가에는 새카만 망각을 원하는 쾌락 중추가 아직 있는 듯싶다. 예전에 엄격한 다이어트를 했을 때는 쇼핑으로 먹는 것을 대신했다. 한 가지 나쁜 버릇을 다른 나쁜 버릇으로 대체하는 것은 쇼핑몰에서 두더지 잡기 게임을 하는 것과 비슷하다. 플라스틱 두더지가 구멍에서 튀어나오면 망치를 들고 인정사정없이 때려 다시 안으로 밀어 넣어야 한다.

모임에 나간 지 넉 달이 지났고, 체중 검사 결과 3.6킬로그램이 빠졌다. 별것 아니었지만, 한편으로는 별것이기도 했다. 그날 모임의 주제는 '낙인에 맞서세요'였다. 유인물은 '도움이 되지 않는 생각' 범주에 속한 항목들(예컨대 "좌석벨트 연장선을 요청했을 때 눈을 굴렸던 승무원을 비난하지 않는다")을 '현실 검증' 범주("만약 친구가 그런 생각을 했다면, 나는 친구에게 '넌 그런 취급을 받아도 되는 사람이 아니'라고 말했을 것이다")로 옮기고, 최종적으로 '다시 생각하기' 범주("승무원에게 베개나 담요를 갖다 달라고 말한다. 좌석벨트 연장선을 요청하면서 우울해질 필요가 없다")로 옮겨보라고 제안했다. 웨이트워처스가 체중에 결부되는 낙인에 주목한 것은 마음에 든다. 하지만 그 낙인을 개인과 개인 간의 문제로 보는 것 이상으로 나아가, 사회적 변화를 통해서만 제대로 해결될 수 있는 사안이라는 점까지 보게 되기를 바란다. 그렇지만 결국 웨이트워처스는 다이어트 서비스 업체다. 나는 그 사실을 스스로에게 많이 상기시켜야 했다.

웨이트워처스 모임은 뚱뚱한 사람들 한 무리가 모여 앉아 내가 얼마나 자신을 혐오하는지 그리고 어떤 불가능한 이상형을 놓고 얼마나 그렇게 되고 싶은지 한탄하는 곳이라는 선입견이 있었다. 하지만 나는 수십 명을 한자리에 불러 모아 불안과 아침 9시의 갈등 같은 주제에 대해 이야기할 수 있게 한 것은 웨이트워처스의 공이라고 말하지 않을 수 없었다.

"여기 오면 안심이 돼요. 체중 때문에 얻는 낙인을 어떻게 해결할 수 있는지 웨이트워처스가 방법을 알려주잖아요." 패트리스 판사가 말했다. "우리는 이런 낙인을 자진해서 지니고 다녀요. 그런 거 따윈 상관없다고 말하는 사람은 자기 자신을 아끼지 않는 거예요." 패트리스는 평소에도 다른 사람 말을 적극적으로 경청했기 때문에 나도 눈여겨보고 있었다. 그녀는 누가 무슨 이야기를 하든 고개를 끄덕이고, 웃고, 얼굴을 찌푸렸다. 패트리스가 법정에서도 똑같이 할지 궁금했다. 문득, 말도 안 되지만, 내가 배심원으로 호출되었다가 "나는 판사와 같은 다이어트 센터를 다니고 있어서 법정 출두를 고사하겠습니다"라고 말하는 상상을 잠시 해봤다.

로이스가 근무복으로 입는 방탄조끼 이야기를 꺼내며 자기 몸에 일어난 변화에 대해 말했다. "저는 조끼를 입어야 하는데, 그게 꼭 거들처럼 몸에 꽉 끼었거든요. 여성용 조끼는 보통 특별 제작이 되어 나오는데, 덩치 큰 사람들 건 따로 나오질 않아요. 그래서 아예 조끼를 못 입는 날이 많았죠. 그런데 지금 저는 30킬로그램이 빠졌어요. 아직 조끼를 입으면 좀 덥고,

땀도 차고, 약간 불편하지만 그래도 못 입을 정도는 아니에요."
박수 소리가 터져 나왔다. "사람들이 어디 아픈 거 아니냐고 계
속 물어봐요. 제가 너무 홀쭉해져서요." 그는 앞으로 20킬로그
램 정도는 더 빼고 싶다고 했다. "저는 하루 종일 먹거든요. 하
지만 과일과 채소만 우적우적 씹죠. 내가 살이 죽죽 빠지는 걸
보고 우리 경찰서에 근무하는 동료 둘이 여기 가입했어요. 그리
고 지금은 또 다른 동료와 둘이서 하루 종일 포인트 이야기만
합니다."

　　그 경찰관을 단순하고 현실적인 유형으로 단정했던 것
에 양심의 가책을 느꼈다. 내가 웨이트워처스에 흥미를 느끼는
큰 이유 하나는 각계각층 다양한 형편에 있는 사람들을 끌어모
으는 능력과 대중성이다. 오늘날 우리는 자신의 정치, 문화, 사
회경제적 거품 속에 갇힌 삶에 대해서만 너무 많이 이야기한다.
나도 결코 예외가 아니다. 나는 미국의 형사사법 체계에 비판
적인 가정에서 자랐다. 아버지는 형사 전문 변호사였다. 한 경
찰관이 들려준 자기 몸과 조끼에 대한 내밀한 감정의 이야기는
내게 새롭게 다가왔다. 내 친구들은 대개 창작 분야에 종사하
거나 동료 작가이고, 대체적으로 웨이트워처스 집단의 사람들
과는 종류가 다른 삶을 산다. 나는 내가 속한 좁은 반경, 그 안
에서 체중과 씨름하거나 그것에 대해 이야기하는 사람들밖에
는 모른다.

　　모임에서 만난 이 사람들에게 나는 어떤 믿음을 걸어보
고자 애쓰기보다는, 그들을 있는 그대로 받아들이고 우리가 인

간으로서 가지는 공통점을 보고 싶었다. 그럼에도, 각자의 씨름을 공유하는 것만으로는 그런 공통분모를 구축하는 데 역부족이었다. 혹시 진은 그 옛날에 자신처럼 살을 빼려고 애쓰던 퀸스의 다른 여성들과 더 폭넓은 공감대를 형성했을지 궁금해졌다. 나는 웨이트워처스 동료들과 몸무게라는 공통분모를 가지고 있기는 했지만, 그 공통분모로 내 흥미가 얼마나 지탱될지는 확신이 없었다. 웨이트워처스는 감각적인, 지적인 또는 문화적인 즐거움 면에서 많은 것을 제공하지 못했다. 물론 지금 내가 너무 무기력해져서 무슨 일을 하든 자극이 필요하다는 소리는 아니다. 단지, 다이어트란 이미 그 자체로 대단히 지겨운 것이라는 이야기다.

날씬함이란 개인에게 무얼 의미할까? 건강한 삶은 부의 상징이고, 다이어트는 자신에게 가용 수입이 얼마나 있는지를 과시하는 방식이다. 돈이 더 많은 사람은 좋은 식사를 할 자원과 자신의 습관에 많은 관심을 기울일 수 있는 사치를 소유한다. 신선한 과일과 채소, 통곡물, 지방이 적은 육류가 비싸서는 안 된다. 그런데도 비싸다. 우리가 체중 감량에 필요하다고 생각하는 최신 유행 보충제, 분말, 글루텐 대체제, 토종 식재료처럼 비싸다. 그래서, 나는 뚱뚱한 몸을 가지게 됨으로써 계급의 배신자가 된다. 내 출신 환경이 주는 혜택들을 보란 듯이 낭비하고 있기 때문이다. 나는 그에 관한 지식과 접근성을 모두 갖고 있건만, 아직까지 체중 감량에 성공하지 못했다.

디스 이즈 빅

내 몸에 대한 나의 판타지는 어떤 사이즈가 되건 사람들이 나를 뚱뚱하다고 보지 않는 것이다. 비만에 대한 사회적 지각이 사라지는 것이다. 하지만 이 말은 비만인이나 내 몸에 대한 나의 혐오가 사라진다는 의미가 아니라, 내가 허락한 신체 부위만 사회 안에서 인지되며 살고 싶다는 의미에 가깝다. 즉, 사회 안에서 편안함을 누릴 수 있느냐의 문제다. 사회의 가치는 결코 과소평가될 수 없다. 그럼에도 다시 말하지만, 얼마나 많은 사람이 세상이 비만인을 보는 방식을 부지불식간에 결정해버리는가? 비만인들은 세상이 그들을 보는 부정적인 방식에 더 민감해질 수밖에 없다. 우리 문화가 비만 비하를 많이 용인하기 때문이다. 그리고 비만은 눈에 띈다. 이 총체적 신체 감시의 시대에 사람이 뚱뚱하지도, 놀랄 만큼 깜짝 마르지도 않은 중간지대란 것이 과연 존재하기는 할까?

나는 건강과 날씬함이란 두 단어를 상호교환 가능한 것처럼 사용하지만, 사실 이런 시각도 한계가 있다. 비만이 내 건강에 선천적으로 나쁜지 무해한지, 다이어트를 그만둘 때 신체건강에 미치는 해로움보다 정신건강에 미치는 이로움이 더 큰지 등에 대해서는 결정적인 답변이 존재하지 않는 듯하다. 미국 국립보건원 산하 당뇨소화신장질병센터에 의하면, 미국 성인의 70퍼센트가 과체중이거나 나처럼 비만이다. 질병통제예방센터는 비만이 고혈압, 높은 LDL 콜레스테롤과 낮은 HDL 콜레스테롤 수치, 높은 중성지방 수치, 제2형 당뇨병, 수면무호흡증, 뇌졸중, 담낭 질환, 골관절염 그리고 자궁내막과 유방, 대장, 신장, 담낭, 간 등에 발생하는 암 등을 포함하여 온갖 방식으로 건강 문제와 직결된다고 말한다. 이게 다가 아니다. 임상 우울증, 신체기능 수행 시 통증과 어려움, 삶의 질 저하, 여러 사망 원인 등의 좀 더 광범위한 질환들까지 소환된다. 비만은 모든 사람에게 일률적으로 적용되는 위험 요인이 아니다. 어떤 사람에게는 체중 증가가 대단히 불리한 요소로 작용하지만 어떤 사람에게는 아니다. 또 같은 비만이라 할지라도 그 사람의 비만 조직이 어떤 종류인가의 문제가 남아 있다. 듣기에도 불쾌한 이름 '내장지방'은 피부 아래 깊숙이 위치하며 내장을 둘러싸고 내장 기능에 나쁜 영향을 미친다. 그리고 대개 복부를 둘러싼 상태로 발견된다. 나처럼 복부에 살이 쪄서 내장지방이 많은 체형은 하체 비만인 사람에 비해 건강에 더 불리하다고 알려져 있다.

국가적인 비만 위기는 미국이 점점 뚱뚱해지고 있다는 사실에만 기인하지 않는다. 과체중으로 간주되는 기준이 시간에 걸쳐 조금씩 달라졌다. BMI는 신장 대비 건강한 체중의 범위를 계산하는 데 쓰이며, 킬로그램 단위 체중을 미터 단위 신장의 제곱으로 나눠서 구한다. BMI가 25면 과체중이고, 30이 넘으면 비만이다. BMI 40이 넘는 사람은 고도비만으로 간주되는데, 미국에서 고도비만 진단을 받은 인구는 HIV, 파킨슨병, 알츠하이머, 유방암 진단을 받은 이들을 전부 합친 숫자보다 많다. 하지만 사람의 건강 여부를 결정하는 표준화된 범위가 있다는 생각 자체에 이미 결함이 있다. 가령, 보디빌더는 근육량이 대단히 많기 때문에 비교적 체중이 많이 나가고, 그래서 체지방이 적음에도 BMI가 높다. BMI 지수가 정상 범위에 포함된다 해도 건강하지 못한 방법으로 그 범위를 지키는 사람들도 분명히 많다. BMI는 큰 인구집단의 전체적인 추이를 보는 데는 대단히 효과적이다. 그리고 건강과 체중을 관련지어 보는 손쉬운 잣대 역할을 해왔다. 하지만 건강을 점검하는 데는 혈압, 콜레스테롤, 공복혈당, 염증 등 다른 수단도 있다.

1997년에 WHO가 내놓은 보고서는 비만의 급증을 유행병으로 지칭했다. 이것이 몰고 온 파장 하나가 1998년 미국 국립보건원이 과체중의 기준을 여성은 BMI 27, 남성은 BMI 28 이상이었던 것에서 남녀 공히 25 이상으로 바꾼 결정이었다. WHO 보고서를 쓴 필립 제임스는 "미국의 경우 BMI 25에서 사망률이 올라갔고 영국에서도 BMI 25에서 사망률이 올라갔다. 이 같은 사실은 BMI 25가 전 세계 어디서나 통용되는 합리적이고 실질적인 절단점이라는 가설에 부합한다. 그래서 우리는 비만에 대한 국제 정책을 바꾸었다"라고 언급했다. 이것은 실제적인 체중 변화 없이 하루아침에 정상에서 과체중으로, 그래서 건강하지 않은 사람으로 바뀌어버린 수백만 명에게 분명히 충격으로 다가왔을 것이다. 지난 15년간 가령 '혈당 수치가 정상보다는 높지만 아직 당뇨 진단을 받기에는 모자란 상태'를 가리키는 '당뇨병 전 단계' 같은 포괄적인 용어가 양산되었다. 하지만 이런 새로운 진단들이 불필요하다며 비판하는 의사들도 있다.

45퍼센트의 미국인이 항상 또는 가끔 자신의 체중에 대해 걱정한다. 이것은 1990년도에 같은 대답을 한 34퍼센트에 비해 유의미하게 증가한 수치다. 2008년의 한 연구는 3~6세 여자 아동 절반이 비만을 걱정하고 있다는 결과를 발표했다. 비만의 심리학적 효과를 정량화하기는 어렵겠지만, 적어도 의료 영역에서 체중과 관련된 편견이 위험할 수 있다는 사실은 우리도 안다. 뚱뚱한 사람이라면 체중과 전혀 무관한 문제, 가령 귀 염증 때문에 병원을 찾았다가 난데없이 체중 감량 강의를 듣고 돌아온 사연을 하나씩 가지고 있다. 어릴 적 내 부러진 발목을 치료해준 정형외과 의사는 본인도 뚱뚱하면서 나더러 "말라깽이 아가씨는 아니라서" 목발 짚고 다니기가 힘들겠다고 말했다. 유방촬영 진료의뢰서를 받으려고 만났던 의사는 내가 40킬로그램은 빼야 하며 코스트코에 파는 다이어트 차를 마셔보라는 조언까지 보탠 다음에야 서류를 발급해주었다. 여러 연구에 따르면, 의사들은 비만인에 대한 편견 때문에 비만 환자에게 태만하거나, 그들을 짜증스럽고 시간낭비인 대상이라고 여기는 경향이 조금 더 있다고 한다. 비만 환자에게는 올바른 진단검사를 의뢰하지 않고 시간을 상대적으로 적게 쓴다고 밝힌 연구도 있었다. 그 결과 많은 비만인이 불충분한 의료서비스를 받고 있으며, 그래서 역으로 그들은 아예 의사를 피한다.

　의사들이 과체중 환자에게 비만의 위험에 대해 알려주어야 할 때도 있을 것이다. 하지만 중요한 문제는 그들에게도 별 대단한 해결책은 없다는 것이다. 비만인 사람은 자신이 비만이라는 사실을 안다. 해결책은 적게 먹고 더 움직이는 것의 이런

디스 이즈 빅

저런 조합이라는 사실도 안다. 다만 그것이 말처럼 쉽지 않을 뿐이다.

살이 빠지면 생리학적 적응기전이 작동되어 신체가 태울 칼로리 총량이 줄어든다. 그래서 빠진 체중을 유지하려면 칼로리 섭취량을 자꾸 더 줄여야 한다. 게다가 뇌는 우리가 달거나 기름지거나 짠 음식을 갈망하고, 점점 포만감을 덜 느끼도록 만든다. 한마디로, 신체와 뇌가 손을 잡고 굶주림을 주적으로 삼아 우리가 결코 체중 감량을 못 하도록 철벽방어를 하는 것이다. 나의 몸은 겨울 대기근이 닥치면 훌륭히 제 역할을 해내겠지만, 애석하게도 나는 예술적 경지의 아이스크림과 베이글이 넘쳐나는 뉴욕에 산다. 다이어트는 너무 엄격하고, 지나치게 단기적이며, 우리의 목표는 금방 허물어져서 실패하기 일쑤다.

통계적으로 볼 때 다이어트는 특히 장기적 관점에서 효과가 없다. 2007년 로스앤젤레스 캘리포니아대학교의 연구진은 장기 다이어트법 31가지를 대상으로 한 메타분석 결과를 내놓았다. 이에 의하면 다이어트를 한 사람의 30~60퍼센트가량이 4~5년 사이 자신의 감량 체중보다 몸무게가 더 불었다.《거짓말하지 않는 몸 : 과학, 역사, 문화는 어떻게 체중 강박을 부추기며 우리는 그에 대해 무엇을 할 수 있는가Body of Truth: How Science, History, and Culture Drive Our Obsession with Weight—and What We Can Do About It》의 저자이자 시러큐스대학교 저널리즘 전공 교수 해리엇 브라운은 다이어트의 성공률을 그보다 훨씬 내려 잡았다. 브라운 박사는 자료 조사를 위해 직접 수백 명을 인터뷰하고 그 결과를 토대로 이렇게 말했다. "장기 효과를 보는 3~5퍼센트를 빼고는, 다이어트는 결코 당신을 더 날씬하거나 건강하게 만들지 않는다." 인터뷰한 사람 가운데 10킬로그램 이상을 감량하고 그대로 유지하는 사람은 극소수였다.

감량한 몸무게를 계속 유지하는 사람들에 대한 기사를 읽은 기억이 난다. 대단히 어려운 일이었기 때문에 그들은 〈뉴욕타임스 매거진〉에 긴 글이 실리는 영예를 안았다. 기사 중에 벤앤제리스 아이스크림을 많이 먹지 않으려고 양을 재는 여성을 묘사한 대목이 있었다. 평생 음식을 계량해 먹는 삶은 내게 지옥같이 들렸다. 그것은 내가 원하는 방식의 삶이 아니다. 하지만 나는 감량에 성공하는 순간 이미 날씬한 사람이 되었다고 생각하는 부류다. 그런 끈질긴 경계심이 나는 없다. 아니, 그것을 원하는지조차 모르겠다. 하지만 날씬한 사람으로 거듭나려면, 평생 칼로리 계산과 엄격한 운동 체제에 나를 바쳐야 한다는 사실을 운명으로 받아들이고 체념해야 할지 모르겠다. 나 같은 다이어트인도 체중 감량은 할 수 있었다. 바짝 긴장하여 10킬로그램, 그다음에는 20킬로그램, 그다음에는 40킬로그램, 이렇게 죽기 살기로 밀어붙이는 것이다. 하지만 감량된 상태를 지키는 것이 감량 자체보다 훨씬 더 큰 도전임을 나는 힘들게 배웠다. 이런 패턴은 건강에 해로울 수 있다. 미국 심장협회는 2019년에 발표한 어느 예비연구에서 요요 다이어트가 심장질환 위험을 증가시킬 수 있다고 보고했다.

날씬함을 건강의 지표로 여기며 전전긍긍하는 일은 줄

여야 한다. 온종일 비디오 게임만 하고 정크푸드를 먹는 마른 아이를 생각해보라. 더 나은 접근법은 각자의 행동 변화에 초점을 맞추는 쪽일 것이다. 신선 제품, 지방질 적은 육류, 통곡물, 직접 요리하기처럼 우리가 지겹도록 듣는 기본 사항뿐만 아니라 일관성에도 초점을 두어야 한다. 이것은 여성잡지에서 떠오르는 스타들이 열거하기 좋아하는 엄격하고 관리된 식사(아침 : 오트밀, 간식 : 아몬드 여섯 알, 점심 : 푸짐한 샐러드, 저녁 : 생선과 채소)를 하라는 말이 아니다. 먹는 음식들 속에서 영양상의 일관성과 균형을 지켜야 한다는 소리다. 하지만 문제는 이것을 나 자신에게 적용하려는 순간부터 시작된다.

CHAPTER 9

중요한 것은, 저도 여러분과 똑같다는 겁니다

1963년

1963년 5월 15일, 퀸스에서 열린 첫 번째 웨이트워처스 모임에 400명이 몰려들었다. 진은 충격을 받았다. 준비된 의자가 50개밖에 없어서 나머지 사람들은 돌려보냈다. 그들은 다이어트를 시작하기 전에 마지막 페이스트리를 즐기든지 하면서 다음 모임까지 기다려야 했다. 진은 긴장했다. 여간해선 느끼지 못했던 감정이었다. 하지만 모인 사람들을 둘러보니 자신이 모르는 사람이 태반이었다. 이 낯선 사람들이 1년 반 전의 자신처럼 풀 죽은 표정으로 앉아 있었다. 진 자신이 찾아 헤맸던 그 희망을 얻으려고 진을 쳐다보고 있었다. 웨이트워처스는 비만에 대한 집단적인 불안을 성공적으로 건드렸다. 과체중으로 간주되는 사람이 늘고 그에 따라 자신을 과체중으로 여기는 사람도 점점 늘어나는 추세였기 때문에 이 많은 사람 모두가 어떤 조치를 취하고 싶어 했다.

진은 방 한쪽 연단 위에 마련해둔 테이블에 앉아 모임을 시작했다. 어떤 식으로든 집단 전체를 통솔하게 되어 흐뭇해진 진은 자신의 경험담부터 말하기 시작했다. 사람들이 경청하자 진은 기뻤다. 진은 청중에게 옷 사이즈 때문에 경악해본 적이 있는지, 공중전화 부스 안에서 몸을 못 돌리거나 양문형 자동차에서 내리질 못해 낑낑댔던 적은 없는지 물었다. "여러분은 어디서 상처를 받나요? 그 이야기를 꼭 다른 사람과 나눌 필요는 없지만 저는 여러분이 혼자 있을 때, 그러면서 쿠키를 쳐다볼 때, 그 상처를 꼭 기억하길 바라요." 사람들을 둘러보며 진이 말했다. 가장 우선적인 질문은 과연 그들이 진정으로 체중 감량을 원하는가였다. 살아오는 동안 누군가가 그들에게 할 수 없을 거라고, 안 될 거라고 말했을 것이다. "나 스스로를 책임지는 느낌, 힘들게 싸워서 해냈다는 느낌, 나는 할 수 있다는 느낌"은 삶의 다른 영역으로도 퍼져간다고 진은 말했다. "저는 일에서, 사랑에서, 관계에서 그것을 계속 봐왔어요. 저는 그걸 존엄성이라고 부르죠."

사람들이 자기 이야기를 꺼내기 시작했다. 한 여성이 휴가를 다녀온 다음 체중이 늘었다고 했다. "웬일이에요, 호텔을 통째로 드셨어요?" 진이 물었다. 진실은 보통 고해성사처럼 등장했다. 초반에 어느 남자는 자신이 도넛 가게 앞에 차를 세우고 차 안에 앉아 12개들이 한 상자를 다 먹었다고 말했다. 그러자 한 여성이 벌떡 일어나 말했다. "그건 아무것도 아니에요. 나는 길거리 핫도그 가판대 앞에 멈춰 섰는데, 아저씨가 묻더라고요. '몇 개요?' 내 입에서 '네 개', 소리가 나왔어요. 나는 핫도 그를 네 개 먹고, 햄버거를 네 개 먹고, 프렌치프라이를 네 봉지 먹었어요." 아무도 이 이야기에 놀라지 않았고 웃지도 않았다. 진도 절대 한심하다고 말하지 않았다. 가끔 놀리듯 말하기는 했지만 진은 온 마음을 기울여 그들의 이야기를 듣고, 소화했다.

다음 모임에서는 각자 특별히 좋아하는 음식에 대해 이야기했다. 멜로마스를 향한 진의 사랑과 유사한 주제였다. 이 무렵은 달콤한 간식과 맛있는 스낵을 좋아하는 사람들에게 황금기였다. 토스터로 구워 먹는 팝타르트, 인스턴트 휘핑크림 쿨휩, 도리토스가 1960년대 중반 두 해에 걸쳐 공전의 히트를 쳤다. 그런데 그날 모임에서 한 여성은 특별히 떠오르는 애호품이 없다고 말했다. 그러자 다들 자연스레 다른 주제로 넘어갔다. 그러다 갑자기, 세션 중간에, 방 뒤쪽에서 울부짖는 절규가 들렸다. "펌퍼니클!"

아까 그 여성이었다. 그녀가 '펌퍼니클'을 한 음절씩 끊으며 고통스럽게 발음했다. "왜 그런지 알아요? 남편 때문이에요. 늦게 퇴근하면서 꼭 따끈따끈한 펌퍼니클을 사 온다고요." 진이 그녀를 위아래로 훑어보았다. 거친 호밀가루로 만든 빵인 펌퍼니클 자체가 범인 같아 보이지는 않았다. "맨 빵으로 드세요?" "아니요. 호두가 섞인 크림치즈를 발라 먹어요." "그렇군요." 진은 이유를 알 법했다. "평소 견과류만 드실 때도 있나요?" "네, 견과류 정말 좋아해요." "보관은 어디에 하시죠?" "오븐 안이요. 그래야 아이들이 못 찾거든요." 이 대목에서 진은 고개를 끄덕였다. 진상을 드디어 파악한 듯했다. "견과류네요." 진이 말했다. "견과류를 한 알만 먹는 사람이 있나요? 아예 안 먹어야죠."

진은 또 과자를 과일처럼 씻으라고 조언했는데 그러면 늘 누군가가 "하지만 그럼 맛이 이상해지잖아요"라고 항의했다. "그게 핵심이죠." 진은 그렇게 대꾸했다. 이것은 진이 직접 실행한 방법이기도 했다. 진이 자주 가는 식품점 점원들은 진이 코울슬로를 터키 샌드위치에 넣어 먹기 전에 씻어달라고 부탁한다는 사실을 기억하고 있어서 이제 진이 따로 말하지 않아도 됐다. 진은 사람들에게 집에 있는 감자칩이나 딸기 아이스크림 등을 한자리에 모아놓고 포장 용기에서 꺼낸 다음, 사정없이 으깨서 물컹대고 역한 냄새가 나는 곤죽으로 만들어보라고도 했다. 그리고 그 덩어리를 수도꼭지 아래에 두고 물을 틀어서 그것이 차차 풀어지고 마침내 완전히 사라질 때까지 지켜보라고 했다. "하수구로 흘려보내세요, 나한테 말고요." 진이 또랑또랑한 목소리로 말했다. "여러분의 집으로 문제의 그 음식이 어떻게 들어오나요? 공중에 둥둥 떠서 들어오나요? 여러분을 고문하고 싶어 하는 원수를 불러내는 요술 방망이라도 있나요?"

진은 자신이 금발 염색을 고수하게 된 사연을 비유로 자주 들었다. 진은 흑갈색 머리를 좋아했고 그 색에 무슨 문제가 있다고도 생각지 않았다. 다만 자신의 머리색으로는 흑갈색을 원히지 않았을 뿐이다. 자연스레 살이 쪘지만 살을 빼려고 열심히 노력해야 하는 사람이 되는 것과 비슷했다. "3주마다 미용실에서 세 시간을 보냅니다. 신체 사이즈 때문에 노력하는 것만큼이나 염색 머리를 유지하는 것도 만만찮게 불편해요. 여러분의 좋은, 건강한 허영심을 표현하세요!" 허영심은 진에게 끊임없는 경계심만큼 좋은 것이었다. "한 번의 잘못은 또 다른 잘못으로 이어져요. 빨간 신호등일 때 계속 건너다 보면 부주의한 사람이 됩니다. 한번 삐끗하고 싶은 유혹을 느낄 때, 그걸 다른 사람 면전에서 하세요. 거울을 보면서 내가 아는 내 모습과 되고 싶은 내 모습을 생각해보세요. 자신을 똑바로 보고, 과연 그것이 할 만한 가치가 있는 일인지 스스로에게 물어보세요."

진은 잘 매만진 머리, 하이힐, 방금 한 매니큐어와 페디큐어 차림으로 사람들 앞에 섰다. 직원들에게도 흠잡을 데 없는 보정 후 사진처럼 보일 것을, 눈부신 변화를 달성한 사람다운 모습을 보여줄 것을 주문했다. "우아하세요. 하지만 절대 우월하지는 마세요." 진은 말했다. "중요한 것은, 저도 여러분과 똑같다는 겁니다." 진이 그녀의 추종자들과 공감하는 능력은 거의 신비스러울 정도였다. 그녀는 단지 살이 빠진 뚱뚱한 주부였고, 그것에 대해 이야기하고 싶어 했다.

역사상 최초로 다이어트가 문화의 한 부분으로 깊숙이 침투해 들던 이 시대에 진이 유일한 다이어트 전문가였던 것은 아니다. 로버트 앳킨스 박사는 맨해튼 어퍼이스트사이드 출신의 젊고 매력적인 심장 전문의였다. 그도 진처럼 체중 감량에 성공했고, 앨프리드 W. 페닝턴 박사의 초저탄수화물 다이어트 법을 자기 식으로 변형시킨 방법을 세상에 내놓았다. 게다가 배포가 큰 것도 진과 유사했다.《앳킨스 박사의 다이어트 혁명Dr. Atkins' Diet Revolution》에서 그는 이렇게 썼다. "마틴 루서 킹은 꿈이 있었다. 나도 꿈이 있다. 나는 그 누구도 다이어트를 할 필요가 없어진 세상을 꿈꾼다."

진은 한동안 앳킨스 박사와 나란히 방송에도 몇 차례 출연했다. "그의 의견에 이의는 없어요. 나는 다른 사람의 다이어트법을 깎아내리지 않는답니다." 다만 진은 건전한 체중 감량 프로그램이라면 반드시 다음 세 가지 핵심 요소가 있어야 한다고 생각했다. 건강을 개선시키는 식이 계획, 남은 평생 동안 지속할 수 있는 어떤 것, 그리고 장소에 구애받지 않아야 할 것. 특히 진은 '어느 도시, 어느 집, 어느 식당'에서든 가능해야 한다고 덧붙였을 것이다. 동시에 웨이트워처스 회원들에게는 은밀한 미소를 띠우며 탄수화물은 걱정할 필요가 없다고 덧붙이지 않았을까 싶다.

네이선 프리티킨의 1974년도 저서《당장 더 오래 살기 Live Longer Now》는 초저지방·저단백질 다이어트법을 실천하는 웨스트코스트 보헤미안들에게 어마어마한 인기몰이를 했다. 애초에 이것은 프리티킨이 근무하는 샌타바버라 클리닉의 심장질환 환자들을 위한 치료법으로 개발되었고, 음식의 80퍼센트를 복합 탄수화물로 섭취하기를 권장했다. 프리티킨과 앳킨스는 미디어에 동반 출연해 다이어트로 설전을 벌였고, 서로에게 험한 말을 던졌다. 프리티킨은 앳킨스의 다이어트가 변비, 호흡곤란, 심장병, 암을 유발할 수 있다고 비판했고 앳킨스는 프리티킨을 고소하겠다고 위협했다.

해럴드 캐츠라는 인물도 있었다. 그가 만든 뉴트리시스템이라는 다이어트 프로그램은 오트밀 쿠키 같은 독자적인 식품을 제공하면서 '좋은' 탄수화물과 고섬유질, 고단백이라는 점을 내세웠다. 뉴트리시스템 사업으로 엄청난 수익을 올린 캐츠는 필라델피아 세븐티식서스 농구단을 인수했다. 1960년대 중반 비만증의 치료를 주로 다루는 비만학이라는 새로운 의학 분과가 생겼고, 1972년에는 회원 수 450명인 미국 비만의사협회(2015년 '비만의학회'로 명칭을 바꾸었다)가 발족했다.

진은 리틀넥에서 직접 세 개의 모임을 운영했다. 진에 대한 충성은 열렬했다. 로드아일랜드주 프로비던스에 사는 여성들은 매주 단체로 만나 이곳까지 함께 왔다. 정전인 날에는 촛불을 켜고 모임을 했다. 성공담이 제법 여기저기서 들려오기 시작했다. 한 여성은 학교에 아들을 데리러 가면서 더 이상 주눅 들지 않는다고 했다. 누군가는 드디어 다리를 꼴 수 있게 되었다고 기뻐했다.

플로린 마크는 멀리 디트로이트에서 진의 프로그램을 들으러 왔다. 키 150센티미터에, 몸무게는 75킬로그램 가까이 되는 여성이었다. 플로린은 친척 13명과 한 지붕 밑에서 가난하게 자랐으며, '뚱뚱한 플로린'이란 의미로 '팻 플로^{Fat Flo}'라고 불리다가 나중에는 줄여서 'FF'로 불렸다. 어린 플로린이 별

명 때문에 엄마에게 불평을 하면 그때마다 엄마는 플로린을 의자에 앉히고 케이크 한 조각을 주었다. 그러면 플로린도 기분이 좋아졌다. 그녀는 각성제, 갑상선 약, 아이스크림 다이어트 등을 시도했고, 20킬로그램쯤 감량했다 다시 찌기를 적어도 아홉 차례 반복했다. 그러던 중 진에 대한 소문을 들었다. 플로린은 20대 후반이었고 7년에 걸쳐 아이 다섯을 출산했다. 남편은 그녀에게 이제 일을 시작해보면 어떻겠냐고 했지만, 플로린은 자신이 너무 뚱뚱해서 어디에도 취직할 수 없으리라고 여겼다.

플로린은 잡지에서 진에 대한 기사를 읽고 전화번호를 찾아 바로 웨이트워처스에 전화해 니데치 부인을 바꿔달라고 했다. "저는 디트로이트에 사는데요, 살을 빼야 하거든요. 다이어트 프로그램을 보내주실 수 있나요?" 플로린이 물었다. "그건 불가능합니다. 직접 와서 들으셔야 해요." 진은 그렇게 말했지만 결국 승낙했다. 플로린은 웨이트워처스에 회비 10달러를 보내고 프로그램을 혼자 해보기로 했다. 하지만 방법이 너무 까다로워 짜증이 났다. 수박도 안 되고 마요네즈도 안 된다. 이런 다이어트를 어떻게 하라는 건지 도무지 이해할 수가 없었다. 그래서 부모님을 불러 다섯 아이를 부탁하고는 웨이트워처스 모임으로 가는 순례에 올랐다.

플로린은 리틀넥 건물의 계단을 오르는 것조차 힘들었다. 하지만 일단 모임에 들어가자 진에게 매료되었다. 진은 훤칠하고, 아름답고, 솔직한 카리스마가 있는 여성이었다. "진은 마음에서 우러난 이야기를 했어요." 플로린이 말했다. "저는 진이 살아온 이야기를 150번은 들었을 거예요. 들을 때마다 울다가 웃다가 그래요. 그게 진의 능력이에요. 여지껏 그런 강사는 한 번도 못 봤어요." 진도 다시 다이어트에 들어갔다. "일주일에 한 번 간을 먹고, 생선을 먹습니다. 누구도 예외는 없어요." 플로린은 하루에 모임 세 곳에 참여하며 닷새를 머물렀다. 지하철을 타고 웨이트워처스에서 자신이 묵는 퀸스 대로에 있는 허름한 호텔을 오갔다. 커튼을 열면 시멘트 풍경만 눈에 들어오는 호텔이었다. 닷새째 되는 날, 플로린은 체중을 쟀다. 체중이 늘었을 거라고 확신했지만 오히려 2.5킬로그램이 빠진 것을 보고 플로린은 전율을 느꼈다. 그녀는 진에게 키스했고, 진은 디트로이트로 떠나는 그녀를 배웅했다. 집으로 돌아온 플로린은 다시 넉 달간 18킬로그램 감량에 성공했다. 아이 다섯이 사방을 뛰어다니는 와중에도 에너지가 샘솟았고, 자신과는 거리가 멀다고 여겼던 성취감과 자기존중감도 생겨났다.

플로린이 혼자 힘으로 터득한 이것이 바로 진이 전파하려 애쓰는 메시지였다. 비결은 모임에 있었다. "버틸 수 있는 힘을 주는 건 모임만 한 것이 없지요." 진은 말했다. "성경책은 모텔 방마다 있어요. 누구나 읽을 수 있습니다. 하지만 다른 사람이 읽는 성경을 내 귀로 듣는 것, 나도 알고 있는 말이지만 그걸 다른 사람 입을 통해 듣는 것, 이런 것에 어떤 유익한 면이 있잖아요. 마찬가지로, 나하고 같은 파장을 지닌 사람들과 집단을 이루며 앉아 있는 것 자체에 굉장한 의미가 있어요."

엄격한 다이어트를 좀 더 견딜 만하게끔 바꿔주는 것이

어쩌면 모임의 마법이었다. 진은 '다이어트'라는 단어가 쉽게 포기해도 된다는 뉘앙스를 준다고 생각했다. 그래서 웨이트워처스를 '식단 계획' 또는 '음식 관리 프로그램'이라고 부르기를 선호했다. 입에서 금방 튀어나올 수 있는 말들이 아니었기 때문이다. 웨이트워처스의 가장 초창기 프로그램은 끼니를 건너뛰거나 음식끼리 교환하는 것을 철저히 금지했고, 먹는 양은 반드시 전자저울에 재야 했으며, 결정적으로 절대 칼로리를 계산하지 말도록 했다. 한 여성은 친구가 초대한 저녁식사 파티에 보란 듯이 저울을 가져가 구운 고기 170그램을 쟀고, 자신이 버섯 통조림을 따는 사이 다른 손님들은 감자 샐러드를 먹었다고 진에게 말했다. 이들에게 이런 일화는 강박 행동이라기보다 성공담으로 여겨졌다.

지금의 시각으로 보면 웨이트워처스에서 어떤 음식이 소위 '합법적'인지 정하는 방식은 엉뚱하다 못해 거의 마구잡이식처럼 보인다. 여기서 '합법적'이란 말은 먹어도 되는 음식을 가리키는 웨이트워처스식 표현이다. 이 표현은 일반인 사이에까지 퍼져나갔다. 웨이트워처스 회원들은 일반인을 가리켜 비만과의 전쟁을 수행하지 않는다는 의미에서 '민간인'이라고 불렀다. "제가 생각할 때 웨이트워처스 회원은 선택된 사람들이에요. 민간인, 비만에 대해 절대 걱정할 필요가 없는 사람들은 우리에게 있는 재능을 받지 못했어요. 우리가 실제로 얼마나 강하고 자원이 풍부한가를 찾아내는 그 재능이요." 진이 말했다. 이런 식의 표현법은 정교한 방식으로 내부인과 외부인을 나누고 소속감을 기워준다. 이는 외롭다는 선입견에 갇히기 쉬운 비만인들에게 특히 중요하다.

다이어트인은 생선, 가금류의 흰 살코기, 달걀(버터나 기름 없이 요리해야 하고, 저녁에는 무슨 이유에서인지 먹을 수 없다), 치즈(가공치즈인 벨비타나 크림치즈는 안 된다), 질 좋은 흰 빵, 탈지유는 먹을 수 있었다. 바나나, 체리, 수박, 포도(대단히 과식하기 쉬운 과일), 파파야, 망고, 건조과일을 제외한 제철과일도 괜찮다. 하지만 베이글, 와플, 스파게티, 아보카도, 모든 종류의 튀긴 음식, 샐러드 드레싱, 땅콩버터, 요거트, 프레츨, 밥, 케첩, 옥수수, 감자, 훈제고기, 알코올은 금지되었다. 소고기, 양고기, 프랑크푸르트 소시지, 칠면조의 검은 부위, 연어 등은 일주일에 세 번 먹을 수 있다. 피클로 만들지 않은 생비트도 괜찮다. 줄기콩은 칼집을 넣어 안의 콩을 다 빼낸 채 먹으면 되는데, 콩이 살찌는 음식으로 간주되었기 때문이다. 그리고 입맛 예민한 수많은 회원들을 고통으로 몰아넣은 간은 절대 빠지면 안 되는 필수 음식이었다.

몇몇 경쟁사 요리책 중에는 웨이트워처스의 성공에서 영향을 받은 듯한 흔적도 보였다. 《칼로리 감시자를 위한 훌륭한 주부의 요리책Good Housekeeping's Cookbook for Calorie Watchers》은 다이어트를 할 때도 좋아하는 음식을 먹을 수 있다고 말한다. "문제는 유행 다이어트를 포함한 많은 다이어트법이 지나치게 단조로워 수도승이 아니고서야 오래 지속하기 힘들다는 데 있다. 예컨대 샌드위치를 먹을 때 빵은 안 된다든지, 햄버거를 먹을 때 케첩은 안 된다든지 하는 등 몇 가지 음식에만 국한된 다이어트보다 더 지겨운 것은 없다." 이런 책들은 남성 전용 간식으로 그레이엄 크래커와 글레이즈드 도넛 등을 소개하기도 했다.

　　"창의적인 웨이트워처스 회원들은 전 세계에서 가장 훌륭하고, 가장 맛있고, 가장 날씬해지는 음식을 만든다!!" 웨이트워처스 프로그램 매뉴얼의 첫줄에 쓰여 있던 문장이다. 여기 나온 레시피들은 지금 기준으로 보면 터무니없고, 맛없고, 우울하다. 이를테면 견과류 대용으로 버섯을 오븐에 바짝 굽는다. 디저트를 만들려면 사과에 저칼로리 탄산을 붓고 향을 첨가한 다음 굽는다. 데니시 페이스트리는 흰 빵 한 조각을 얇게 잘라 삼각형 모양 네 개를 만든 다음 그 위에 코티지 치즈, 물, 오렌지주스, 설탕 대용품을 붓고 끓인다. 간 요리 레시피 가운데 하나는 식초, 소금, 후추, 파프리카와 함께 간을 끓이는 것이다. 웨이트워처스 '팝콘' 볼에는 피망, 셀러리, 오이, 무, 콜리플라워, 버섯, 잘게 썬 과일 한두 컵이 들어 있다. 이런 음식은 야금야금 실컷 먹을 수 있었다.

　　회원들끼리 주고받던 레시피들을 토대로 1966년 《웨이트워처스 요리책Weight Watchers Cook Book》이 출간되었다. 회사 설립 초기부터 새로운 레시피 개발, 영양, 음식 연구를 담당해왔던 펠리스 리퍼트가 공저자로 이름을 올렸다. "쿠키와 사탕을 사서 여러분 주변을 유혹거리로 채우지 마세요. 네 살짜리 아이들도 여러분이 '예쁜 엄마'가 되고 싶으니까 네 도움이 필요하다고 하면 무슨 말인지 알아들어요. (……) 무기력함 아래에 깜짝 놀랄 만큼 건강하고, 탄탄하고, 행복해 보이는 사람이 숨겨져 있습니다. 기억하세요, 여러분의 절망, 여러분의 성실, 여러분의 협조 그리고 여러분의 인내가 필요합니다." 이 책은 출간 첫해에만 12만 부가 팔렸다. 던지는 메시지는 권위적이지만, 분명하다. '웨이트워처스는 평생 해야 한다. 그렇지 않으면 효과가 없다. 그 중간이란 없다.'

디스 이즈 빅

CHAPTER 10

한 입만 먹고도
충분하다

2017년 11월

다이어트를 하려고 노력한 만큼이나 그만두려고도 노력했다. 다이어트는 언뜻 '하거나, 하지 않거나'라는 이진법의 문제 같지만, 실은 꾸준히 이어지는 경미한 두통에 더 가깝다. 먹은 음식을 적극적으로 계산하지 않는 순간에도 나는 그것을 평가하고 있다. 그리고 나 자신을 판단하고 있다. 다이어트는 내가 집중하든가 무시하든가 하는, 윙윙거리는 배경음악 같은 현실이다.

　1년 전쯤 나는 다이어트 패러다임 바깥으로 나와서 평화를 되찾아보려고 열심히 노력한 적이 있었다. 그 노력은 버몬트의 어느 체중 감량 캠프에 참가하는 것으로 시작됐다. 사실 내가 계획했던 것이 아니라, 어느 편집자가 체중 감량과 신체 수용의 문제에 독특하게 접근하는 이 캠프 소문을 듣고 나더러 그에 대한 기사를 써달라고 청탁해서 가게 됐다. 나는 그곳에서 닷새

디스 이즈 빅

를 머물며 기록하고 관찰했다. 놀랍게도 캠프에 참가한 여성들은 직관적으로 먹는 법을 배우기 위해 한 달에 1만 3,669달러를 지불했다. 이곳은 여느 체중 감량 프로그램처럼 숫자에 집중하는 것이 아니라 음식에 대한 생각을 바꾸는 것을 목표로 한다는 점에서 독특했다. 프로그램은 식단 계획, 목표 설정, 자기 돌봄, 요가와 근력 트레이닝 같은 운동 수업으로 하루하루 세심하게 짜여 있었다.

어느 날 저녁식사 후 우리는 디저트 보상을 받았다. 초콜릿 타르트를 세상에서 가장 작고 가늘게 자른 조각이었다. 하지만 이것도 훈련의 연장이었다. 먼저 타르트를 찬찬히 살펴보고, 그다음에야 천천히 한 입 베어 물 수 있었다. 입에 넣고는 1분간 흡족하게 맛을 즐긴다. 그렇게 하고도 더 먹고 싶은 생각이 들면 다시 한 입 먹고 같은 과정을 반복한다. 저녁식사 후 디저트를 까탈스럽게 딱 두 입만 먹거나 과일로 대신하는 것은 나로서는 프랑스 영화 속에서나 봤던 일이다. 나는 1분도 안 되어 타르트 전체를 두 입에 다 넣었고, 시간이 남아 다른 사람들을 구경했다. 대략 열여섯에서 예순 살 사이의 여성이 30명쯤 있었다. 딱 한 명 날씬한 여성이 보였는데 공교롭게도 유일한 흑인이었다. 그녀는 한 입만 먹고도 충분한 모양이었다. "저는 다 먹었어요." 그녀는 모두에게 그렇게 말하고 남은 타르트를 냅킨으로 덮었다. 그리고 끼니마다 그렇게 했다.

이것은 웨이트워처스의 역사만큼이나 오래된 다이어트 비결이다. 진이 회원들에게 쿠키를 씻으라고 했던 것과 유사하다. 그래서 나는 그녀가 배가 부르다고 생각하면서 자신을 속이고 있는 것은 아닐까 의심이 들었다. 그녀의 행동이 나에겐 가식처럼 보였다. 그리고 행복이란 무엇일까 새삼 의문이 들었다. 사람이 작은 타르트 조각 하나로 배가 부른 척하면서 과연 행복할 수 있을지 나는 잘 모르겠다. 다이어트 규칙을 그저 잘 따르고, 수많은 음식을 거절하는 삶에 본격적으로 뛰어들고, 절대 뒤돌아보지 않을 수 있었던, 아니 그래 보였던 진의 능력이 부러웠다. 아니, 더 정확하게 표현하자면, 진은 도넛 하나를 거절할 때마다 살짝 흥분이 됐고 체중계에 올라설 때마다 자기 몸무게에 만족했다. 반대로 나는 쉬운 쾌락과 양을 사랑하는 사람이다. 어떤 것이든, 심지어 날씬함조차 흡족하게 즐길 수 있는 능력이 내게 있을지 의심스럽다.

터프츠대학교의 비만 연구자 수 로버츠는 인간이 좋아하는 음식을 적게 먹기란 여간 어려운 일이 아니라고 말했다. 이상적인 세계라면 인간의 그런 특성을 고려하여 정부 차원의 전면적인 대책이 있을지 모른다. 예컨대 모든 식당에서 모든 메뉴를 양을 달리하여 별도로 포장하고 가격도 차등화하는 것이다. 만약 치즈케이크 팩토리의 오리지널 치즈케이크 한 조각이 830칼로리라면 그보다 작은 것, 가령 400칼로리짜리 조각을 2분의 1 값으로도 제공하는 식이다. 물론 더 작은 200칼로리짜리 조각도 원래 가격의 4분의 1에 판다. 로버츠는 미국에서 이런 이상적인 미래는 절대 불가능하다고 내게 장담했다. 나라면 틀림없이 그걸 통째 다 먹을 것이다. 디저트는 맛있으니까. 그래도 혹시나 선택지가 주어진다면 작은 조각을 살지도 모른다. 매번 그러진 못해도 가끔은 그럴 것 같다. 로버츠가 직접 다이어트인들을 관리할 때는 각자 좋아하는 음식과 비슷한 맛을 내는 음식으로 훨씬 높은 포만감을 느낄 수 있도록 목표를 잡는다. 배는 불리되 구성 비율을 신경 쓰는 것이다. 가령 단것을 좋아한다면 초콜릿을 먹을 수 있다. 하지만 다크초콜릿 네모조각 하나를 섬유소가 풍부한 시리얼에 녹여 먹는다. 이렇게 하면 내가 좋아하는 맛을 느끼면서도 식이섬유와 섞여 소화가 천천히 되기 때문이다. 아니면 저녁식사 후 다크초콜릿 네모조각 하나(하나만!)를 먹되, 반드시 민트티를 연달아 마신다. 초콜릿은 절대 그 자체로 간식이 될 수 없다. 초콜릿이 가장 처음과 가장 나중에 느껴지는 맛이어서도 안 되고, 단독으로 그것만 먹어도 안 된다. 초콜릿의 맛과 향을 음미하며 조금씩 베어 먹으면, 작은 네모조각 하나로도 그보다 훨씬 많이 먹은 효과를 얻을 수 있다.

(다행히) 내 주머니에서 나오진 않았지만 액수가 상당한 등록비 때문에 나는 버몬트 캠프가 대단히 사치스러울 것이라고 기대했었다. 예전 애리조나의 어떤 스파에서는 아침 하이킹을 마치고 돌아왔더니 직원들이 차게 식힌 수건을 들고 기다리기까지 했다. 버몬트 캠프는 깊은 산속 수목이 울창한 외딴 곳에 있었고, 내가 상상하는 재활치료센터의 모습과 흡사했다. 도착한 날, 나는 관리실로 쓰이는 작은 방을 통과하느라 〈배철러〉미국 ABC방송의 리얼리티쇼. 독신 남성 한 명과 독신 여성 25명가량이 출연하는 서바

이빌 빙식의 짝싯기 프로그램를 함께 보던 여성들 앞을 지나갔다. 그들이 동시에 고개를 획 돌려 나를, 그러니까 이 비만인 감옥의 새 수감자를 훑어보았다. 어두침침한 내 방은 고속도로변의 허름한 모텔 같았다. 갑자기 수십 년 동안 못 느꼈던 뻐근한 통증이 가슴을 눌렀다. 향수였다. 당장 그곳을 뛰쳐나와 다음 날 첫 기차 시간을 알아보러 가고 싶었다. 단출한 방 모양새를 본 순간 어릴 적 다니던 비만 캠프가 떠올랐기 때문이다. 치실을 꺼내 이를 닦고, 로션 마사지를 하고, 한동안 시간을 보내면서 나를 도닥였다. '며칠뿐이잖아. 써야 될 글이 있어.' 그리고 살이 아주아주 조금은 빠지지 않을까 하는 생각도 했다. 스파를 이용하면 어쨌든 휴가와 꽤 비슷한 기분이 들 듯도 싶었다. 내게 필요했던 것은 엄격한 사랑과 금욕주의적인 방 한 칸일지도 모를 일이었다.

공식적으로 나는 신체 중립body neutrality에 대한 강의를 들으러 캠프에 참가한 사람이었다. 신체 중립이란 자기 자신에 대한 혐오와 사랑 사이에 우리가 일종의 데탕트, 백기, 중간 기착지를 끌어들일 수 있다는 개념이다. 도착한 첫날 늦은 오후, 나는 대학생 또래에서 40대에 걸친 나이대의 여성들 속에 끼어앉아 이스트코스트의 어느 엘리트 대학에서 피트니스 프로그램을 운영한 이력이 있다는 강사가 인도하는 모임에 참석했다. 강사는 우리더러 "인생의 여러 순간마다 여러분의 몸이 어떻게 느껴졌고 어떻게 보였는지" 생각해보라고 했다. 다들 프로그램 선언문 또는 이곳 표현으로는 '우머니페스토'선언문을 뜻하는 매

디스 이즈 빅

니페스토에 man 대신 woman을 집어넣어 만든 말 ("우리의 인생은 주로 양쪽 귀 사이의 무대에서 펼쳐진다")가 인쇄된 바인더 위에 무언가를 적어 내려갔다. 30대 금발 여성은 한때 쟁쟁한 수영선수였지만 살이 찌면서 수치심을 느꼈다고 했다. 그 옆에 앉은 짙은 갈색 머리 여성은 대학 시절 체중의 절반을 뺐는데도 항상 자신이 뚱뚱하게 느껴진다고 말했다.

강사는 이 모든 이야기를 경청하며 고개를 끄덕였다. "자기 몸을 사랑하자고 말하는 어떤 큰 움직임이 있지요. 하지만 불만족 단계에서 그곳까지 나아가는 건 멀고 먼 도약입니다." 그녀가 말했다. "어떤 분들은 곧 신체 중립에 도달하실 것 같네요. 신체 중립은 강의를 진행하면서 조만간 우리가 사용하게 될 용어예요."

내 몸에 대한 느낌은 내 체중이 그렇듯 항상 요동친다. 그리고 탄탄한 몸매를 원하는 것은 신체 중립의 반대가 아니다. 다이어트도 신체 중립의 반대가 아니다. 신체 중립은 백기를 들고 감자칩 더미 속으로 곧장 다이빙해 들어가거나 건강해지기를 포기해도 좋다는 허가증이 아니다. 그것은 내가 살을 뺄 필요가 있다거나 거울에 비친 모습을 보며 걱정을 일삼는 사고방식에서 벗어나 '내가 어떻게 느끼고 있는가'로 초점을 이동하는 것이다. 그 순간 내게 기분 좋게 느껴지는 것, 내게 필요하다고 생각하는 것을 좇는 것이다.

강의가 끝난 뒤 강사는 나와 나란히 앉아 자신의 개인사를 들려주었다. "내 여정은 요요 다이어트예요. 다이어트가 끝나면 또 다이어트를 했고, 몸에는 항상 불만이었어요. 난 지쳤어요. 다이어트가 인생에서 그렇게 많은 부분을 차지하는 것도 싫고요." 그녀는 머릿속에서 음식을 먹을지 말지 끊임없이 판단하는 목소리를 '판관 푸디Judge Foodie'푸디는 식도락가, 음식에 관심이 많은 사람을 뜻한다라고 불렀다. 몸을 있는 그대로 받아들일 수 있게 되었냐고 묻자 그녀는 조용히 고개를 저었다. "나는 내 몸을 존중하고 소중하게 여겨요. 내 몸을 좋아하게 되는 몇몇 순간이 있지요. 몸이 강하게 느껴질 때도 좋고요. 하지만 내 몸을 사랑한다고는 말 못 하겠네요." 그 말이 실패처럼 들리지는 않았다. 몸에 대한 혐오와 사랑 사이의 스펙트럼을 통과하는 중이며 지금 그 중간 어디쯤 와 있다는 고백은 좀 더 현실적이고 성취 가능하게 들렸다. "신체 중립은 경험적인 거예요. 하루아침에 되지 않아요." 그녀가 말했다. "한 번에 통찰 하나, 한 번에 생각 하나, 그렇게 가는 겁니다."

정작 문제는 이것이다. 사람이 자기 몸에 중립적이거나 중립적일 수 있다는 사실을 내가 믿지 못하겠다는 것이다. 우리가 무언가를 보는 순간, 이미 그것은 중립적이지 않다. 사실 캠프를 가는 것도 대단히 예외적이다. 마리 앙투아네트가 프티 트리아농그녀가 가장 사랑했다는 베르사유 궁전의 정원 별궁에서 시골처녀 연기를 하는 것과 진배없기 때문이다. 등록비를 내고 일상에서 물러나 한 달간(이보다 더 길어질 때도 있고 캠프를 여러 번 오는 고객도 있다) 자기 시간을 낼 여력이 있는 이 부유한 여성들은 이곳에서 오로지 자기 몸에 집중할 뿐 다른 일은 아무것도 하지 않는다. 이것은 대다수의 사람들에게 비현실적이다. 그 돈이라면 다들 대출금을 갚거나, 삶의 질을 높이거나, 신용카드 대금을 지불하거나, 아니면 저축을 할 것이다. 자유롭게 쓴다는 전제가 있다 해도 휴가를 가거나 자동차를 사고, 어떤 지역에서는 집을 사는 데 보탤 것이다.

금요일 오후에 캠프를 나와 주린 배를 안고 집에 왔다. 장을 봐둔 것이 없어서 배달 앱을 열었다. 그러다 순간 얼어붙었다. 내가 뭘 먹고 싶었더라? 내 몸이 뭘 원했지? 이런 질문은 텅 빈 위장이 감당하기엔 너무 무거웠다. 결국 샐러드와 프렌치프라이를 주문했다. 이 메뉴는 내가 몹시 사랑하는 위로음식comfort food 조합 가운데 하나다. 이 음식을 먹게 된 나를 도덕적이라고 보아야 할지, 실패자로 보아야 할지 정말이지 모르겠다. 아마도 나는 음식에서 결코 도덕적 구원을 찾지 못할 것이다.

그냥 신경 쓰지 말라는 말, 좋아하는 것을 먹고 그것 때문에 우울해하지 말라는 말은 얼마나 그럴싸하게 들리는가? 버몬트 캠프에 갔던 그 여름(내가 웨이트워처스에 등록하기 1년 전)에 나는 애리조나의 '신체 사랑 콘퍼런스'에도 갔었다. 신체 사랑처럼 아주 조금 패배주의적인 느낌으로 간다는 것은 감량을 멈추겠다는 시도다. 더는 다이어트 때문에 나를 실패자로 느끼지 않겠다고, 나를 있는 그대로 인정하는 방법을 찾고자 노력하겠다고 스스로에게 말하는 것이다. 등록비 25달러에 개최 장소도 어느 대학 건물이었지만, 이 콘퍼런스에는 일종의 풍성함이 있었다(신체 사랑 콘퍼런스에서는 큰 비용을 들이지 않고도 풍성해진 반면, 버몬트에서는 무언가를 거부하느라 엄청난 비용을 치렀다는 사실이 흥미롭다). 극장 스크린만 한 화면에 보이는 "당신의 세상을 바꾸세요. 당신의 몸을 사랑하세요!"라는 문구가 300명쯤 되는 입석 관중의 머리 위로 보였다. 대부분 여성이었다. 교외에 거주하는 주부들, 코 피어싱을 한 예술대학생들, 밤새 파티를 했는지 아침 9시에 반짝이와 미니스커트 차림으로 나타난 이도 몇 명 있었다. 바깥 기온이 섭씨 38도에 육박해서 옷차림이 다들 가벼웠다. 선드레스가 많이 보였고, 노출된 살도 많이 보였다. 참가자 대부분이 비만이거나 최소한 통통했다. 그도 저도 아닌 다른 사람들은 비만으로 불리든 통통하다고 불리든 개의치 않을 것 같았다.

점심식사는 멕시코 채식 요리였다. 캐나다에서도 북극에 가까운 옐로나이프에서 왔다는 참가자가 내게 말을 걸었다. 그녀는 30일 동안 동네에서 어딜 가든 비키니를 입고 다니는 방법으로 스스로에게 도전했고, 마침내 신체를 수용하게 됐다고 했다. "처음에는 침대에서, 그다음엔 저녁 식탁에서, 그다음엔 마당에서 입었어요." 그녀가 말했다. "바에서 어떤 남자가 나한테 그랬어요(그 바에서도 그녀는 비키니를 입고 있었다고 했다). 자기는 내가 하는 일을 지지하고, 내가 아주 중요한 일을 하고 있다고요. 내가 일어나 걸어다니면서 그랬죠. '나는 아름답고, 모든 사람이 나를 좋아해요.' 그랬더니 나에 대한 세상의 반응이 완전히 달라진 걸 느꼈어요." 나는 그녀의 후츠파 유대인 특유의 도전

디스 이즈 빅

_{정신, 저돌성 등을 의미한}다는 대단하다고 인정했지만, 그런 묘기가 내 인생의 문제를 해결해줄 것 같지는 않았다.

'침묵은 이제 그만 : 몸의 사연 말하기'라는 제목의 세션도 있었다. 누드톤 보디슈트를 입은 행위예술가가 등장했다. 그녀는 발레 동작과 유사한 춤을 추면서 자신의 배 위에는 '뚱뚱해', 팔에는 '보기 흉해', 다리에는 '게을러', '불구', 가슴에는 '짜증 나'라고 썼다. 그리고 "우리는 문신처럼 고통을 먹는 여자들"과 "우리의 눈물은 수정이 된다네"라는 글귀가 들어간 시를 낭송했다. 이어 무대 위로 초청받은 참가자들이 그녀의 보디슈트를 조각조각 잘라 그녀를 꺼내주었다. 그 사이 흑인 재즈 뮤지션 니나 시몬이 배경음악을 연주했다. 나는 어느 마사지학원에서 무료 마사지를 받기로 되어 있어서 일찍 자리를 떴다. 아마 그 마사지가 그날 내 하루의 하이라이트였을 것이다.

가장 곤혹스러웠던 시간은 '체중 재기는 이제 그만'이라는 분과 세션이었다. 다이어트 전문가와 치료사 들이 나와 "건강과 자기 돌봄에 집중하고, 몸이 스스로 해결하도록" 해야 한다고 말했다. 맨 처음 손을 들고 의견을 말했던 사람이 울었다. 그녀는 헬스장에 관한 이야기를 하면서 트라우마 이슈나 트리거 같은 단어들을 사용했다. 대학 시절, 결국엔 집단치료 현장으로 비화되는 통에 번번이 이상하게 마무리됐던 여성학 강의 시간이 떠올랐다. 내 뒤에 앉은 젊은 여성은 "계획 안 짜게 해주는 계획이 있으면 좋겠네요"라고 내게 속삭였다. 그 말을 듣자 문득 내가 하고 싶었던 질문이 생각났다. "만일 다이어트와 거기 관련된 행동을 전부 그만두면, 그다음엔 무얼 하나요? 다이어트 그만두기와 음, 나를 사랑하기 사이의 기간은 어떻게 지내야 하나요?" 대답은 아주 불만족스러운 무응답이었다. "노력이죠." 영양학자가 말했다. "자신에게 '나는 다이어트 패러다임에서 벗어나 휴지기를 갖는 중이다', '나는 변화보다 힐링에 더 집중할 것이다'라고 말하세요. 온전히 자기 돌봄에만 집중하세요." 기본적으로 그들의 대답은 앞서 언급한 비키니 여성과 동일하다. 될 때까지 된 척하라. 내 몸을 편안하게 받아들이게 될 때까지 편안한 척하라. 목표에 도달하기까지 자신에게 시간을 주라.

그해 나는 '음식과 싸우지 마세요'라는 16주짜리 온라인 프로그램에도 등록했다. 자신의 다이어트 경험을 바탕으로 영양 전문코치가 된 여성이 시작한 프로그램이다. 그녀는 공언했다. "여성들이 더 이상 음식 때문에 절망하지 않도록 도와드립니다. (……) 요요 현상, 급격한 시소 타기는 없습니다. 단지 나, 충만한 삶 그리고 음식으로 인생을 망치지 않겠다는 결심만 필요합니다." 프로그램 동의서에는 그녀가 의사, 영양사, 치료사, 영양학자, 심리학자 등이 아님을 분명히 명시해놓았다. 어떤 전문 자격증도 없다는 뜻이다. 이걸 읽고 나서 나는 엄마에게 1,275달러를 보내라고 말해버렸다. 순전히 프로그램 운영자에게 몇 가지 문의를 하러 전화했다가 "이 프로그램이 고객님께 도움이 되겠네요"라는 말을 들었기 때문이다. 내 분석적 이성과 타고난 회의주의를 손바닥처럼 뒤집는 데는 그 말 한 마

디스 이즈 빅

디면 충분했다. 내 몸과 화해하는 길을 찾을 수 있으리라는 희망 때문이었다.

첫 단계는 일주일 동안 온라인 강좌 몇 가지를 듣는 것이었다. 그 밖에 '리더와 나, 나의 20대 교육 동기들이 모여 각자의 장애물에 대해 이야기하는 전화 회의', '직관적인 식사법에 대한 정보를 알려주는 페이스북 그룹 참가하기' 등도 포함되었다. 페이스북에 올라온 정보를 대략 간추리면, 특정 음식에서 '좋다' 또는 '나쁘다'의 낙인을 없애고 무엇이든 먹고 싶은 것을 먹도록 자신에게 허락하면 식탐과 폭식이 사라진다는 내용이었다. 이런 접근은 1995년 어느 영양사 겸 영양 전문코치가 쓴 《직관적인 식사 : 혁명적 프로그램Intuitive Eating : A Revolutionary Program That Works》으로 대중화되었다. 이 방법을 석 달쯤 시도해보고 내가 깨달은 것은, 나는 결코 처비허비 아이스크림을 안 먹고 싶어지지 **않을** 것이며, 예외 없이 프라이드치킨, 샐러드와 곁들여 먹는 엔칠라다 등을 고를 것이며, 나아가 먹고 싶은 것을 먹고 싶을 때 먹어도 된다는 초록불이 켜지면 그길로 7, 8킬로그램이 불어나 나 자신에 대해 조금도 기분이 좋아지지 않으리라는 사실이었다.

두 번째 단계는 신체 긍정주의body positivity를 중심으로 짜였다. 자기 몸에 이름을 붙이고 잘 대해주란다. 내가 익숙하게 부를 만한 이름을 10분쯤 고민해봤다. 아이리스?(딸에게 지어주고 싶은 이름이었다) 제인?(평범하다, 내가 원하는 몸처럼) 챈틀리?(어릴 때 제일 좋아하던 이름이었지만 나중에 알고 보니 프랑스어로 휘핑크림을 가리키는 말이기도 했다) 못 할 것 같았다. 거울에 비친 나를 보며 무조건적인 기쁨을 느끼는 것은 도저히 불가능했다. "당신이 다소 비판적인 사람이란 건 알겠어요. 하지만 모든 것에는 항상 어딘가 잘못된 구석이 있어요. 우리는 완벽주의와 결부된 이런 사랑 개념을 가지고 있거든요. 24시간 언제나 행복한 상태여야 한다는 환상이 우리 문화엔 너무 강해요." 뉴런던 코네티컷대학교의 심리학 교수 조앤 크라이슬러가 나에게 했던 말이다. "좀 더 성공적이고 현실적인 접근은 이런 거겠죠. '지금 그 몸을 내가 가지고 있다'고 생각하고, 가진 그것을 받아들이는 것. 그 몸은 우리의 본질적인 일부입니다."

체중과 섭식장애에 관해 많은 글을 써온 해리엇 브라운도 이성적인 입장을 견지하는 진영에 속한다. 전화 인터뷰에서 그녀는 이런 이야기들은 다 터무니없다고 일축해도 무방하다고 했다. "글쎄요, 거울 앞에 서서 '난 내 엉덩이를 사랑해'라고 말한다 한들 '아니, 난 마음에 안 들어'라고 말하는 나의 또 다른 부분이 있거든요. 그러니 아무 의미가 없죠." 그리고 내가 던진 질문(내 몸을 어떻게 사랑해야 하는지)에도 똑같이 무뚝뚝하게 답했다. "그거야말로 우문에 우답이에요. 사랑은 결심한다고 되는 게 아닙니다. 자기 사랑에 도달하기 전 단계는 자기혐오를 놓아주는 거예요. 마지막에 자기 몸에 대한 사랑으로 갈 수도 있고 안 갈 수도 있어요." 그리고 건설적인 답안은 "체중과 일절 상관없이 그저 나를 건강하게 하는 행동들을 하는 거예요"라고 말했다.

디스 이즈 빅

최소한 그것은 해볼 만했다. '긍정적 단언positive affirmations'에 대해 처음 들어본 것은 아니지만, 심지어 반쯤 억지로라도 거울을 보면서 "큐피드 화살처럼 예쁜 내 입술"이라고 칭찬을 해보는 순간조차 진짜 예쁜 사람이라면 이런 치료행동이 필요 없으리라는 생각이 끊임없이 맴돌았다. 내가 가장 크게 실망한 점은 따로 있었다. 우리의 페이스북 페이지가 뭔가를 보여주는 지표라면(물론 SNS에서는 다들 거짓말을 한다지만), 그곳에서 나의 수강생 동료들은 일제히 패러다임 전환을 겪고 있는 것처럼 보였다. 그들의 뇌에서 시냅스가 발화하는 소리가 실제로 들리는 듯했다. 누군가는 태어나 처음으로 휴가 때 입을 비키니 수영복을 쇼핑하고 있다고 했고, 누군가는 너무 작아져 못 입던 진을 당당하게 내다버렸다고 했다. 나는 처음 시작했을 때보다 더 큰 좌절감을 느꼈다.

이 모든 것이 나의 정치적 신념 때문에 복잡해진 것은 분명하다. 아주 오랫동안 나는 나 스스로를 페미니스트라고 여겨왔다. 다이어트를 적극적으로 하게 되면, 그전까지는 먹는 것 때문에 느끼던 죄책감이 내가 잘못된 페미니스트거나 페미니스트가 아니라는 죄책감, 체중 감량이라는 관습적이고 우울감을 유발하는 무언가를 추구하고 있다는 찔림으로 바뀐다. 모든 신체가 찬사받는 세상을 위해 싸우는 대신, 세상과 영합하고 세상에 받아들여지기 위해 내 몸을 고치려 한다는 두려움이 고개를 든다. 전통적인 페미니즘의 시각에 따르면 외모 때문에 칭송

받는 즐거움을 추구하는 것은 자기 자신에 대한 억압에 동참하는 것이며, 우리의 두뇌와 힘을 최소화하는 것이다. 음식, 사회, 페미니즘과 관련하여 내가 가장 풍성한 논의를 발견한 곳은 주디스 워너의 책《엄마는 미친 짓이다》였다. "마치 좋은 종류와 나쁜 종류의 통제 행위가 있다는 식이었다. 나쁜 종류는 '가부장제'의 손바닥 안에서 노는 것이었다. 예컨대 마른 몸이나 그 외 여성의 아름다움에 대한 남성들의 일반화된 관념에 순응하는 모든 것이 여기 속한다. 좋은 종류는 가부장제와 대결했다. 의료계, 식품 산업 또는 관습의 낌새가 느껴지는 모든 것에 도전하는 형태를 취했다." 워너는 이 모든 행위가 우리가 좋은 기분을 느끼도록 만들며, 그 안에 자기강화적 측면이 있다고 주장한다. "음식–신체 통제는 아편이다. 존재의 불안을 덮어버리는 대단히 효과적이고 대단히 적응적인 방식이다."

해방된 여성은 음식, 비만 그리고 우리 몸에 결부된 복잡한 정치학을 충분히 인식한다. 우리는 다이어트 산업이 얼마나 부패했는가를 안다. 우리는 SNS로 달려가 플러스사이즈 라인을 확대한 브랜드들에 환호를 보낸다. 그리고 보험회사의 그래프가 제시하는 건강 체중의 범위가 비현실적이며, 미에 대한 획일적인 정의가 어이없으리만치 협소하다는 데 생각을 같이한다. 우리는 넘칠 정도의 지식을 가지고 있다. 아마 그런 이유 때문에 공식적으로 용인 가능한 유일한 메시지는 '신체 긍정'과 '자기 수용'이 될 수밖에 없을 것이다.

한마디로, 훌륭한 페미니스트는 다이어트를 하지 않는

다. 한다 해도 입 밖에 내지 않는다. 우리는 다이어트 사실을 숨기도록 교육받았다. 아니면 그 정도에 연연하는 수준은 뛰어넘어야 하므로 다이어트를 해도 티가 덜 나게 하라고 배웠다. 내가 아는 어느 작가는 남자친구가 자기 집 냉장고를 열어보고 자신이 다이어트 식단 배송업체에서 저칼로리 포장음식을 시켜 먹는다는 사실을 알게 될까 조마조마해했다. 누군가는 캐슈너트 개수를 셀 때마다 동료들의 눈을 피하려 애쓴다. 또 누군가는 인스타그램에서 피트니스 계정들을 따로 팔로우하기 위해 비밀 계정을 하나 더 만들었다.

나는 신체 사랑의 가치를 믿는다. 또한 '자기 사랑'과 '신체 긍정'이라는 정치적 행위가 개인에게 미치는 파급효과를 넘어 일단 우리 모두가 존재할 가치가 있다고 믿는다. 어떤 여성에게는 스스로에게 친절하게 대하는 것이 효과가 있을 것이다. 나도 그렇다. 하지만 신체 수용의 수사학은 이론적 엄밀함의 측면에서 대단히 허술하게 느껴진다. 나는 원하는 바를 행하고 나를 기쁘게 하기 위해 내 몸에는 의지할 수 없었지만, 두뇌에는 의지할 수 있었다. 따라서 예컨대 '긍정적 단언'처럼 내 몸을 기분 좋게 느끼는 것을 목표로 하는 훈련이라면 내 경우에는 감성보다 지성에 먼저 호소해야 한다.

우리의 몸은 신체 긍정주의보다 더 복잡하다. 근본적인 신체 사랑 운동은 '탄탄하고 날씬한 몸'이라는 지배적이고 끈질긴 미학에 맞서는 데 꼭 필요한 대척점이지만, 그럼에도 비현실적이기는 마찬가지다. 그것은 미적 규범을 진심으로 경멸하는 흔치 않은 개척자를 요구한다. 그리고 나는 반골 기질이 없다. 뚱뚱하지 않기를 바라면 문제가 있다는 식의 관점이 신체 긍정이라면 나에게는 답이 될 것 같지 않다. 내 욕구는 변한 적이 없다. 나의 가장 큰 문제는 오히려 **사랑, 긍정, 중립, 수용**이라는 단어들 자체와 관련되어 있다. 이런 말들은 마치 내가 내 몸을 관리하려고 애쓰는 것만으로는 충분히 힘들지 않다는 양 내가 내 기분까지 마음대로 다룰 수 있을 것이라 전제한다. '내 몸 사랑하기'는 여전히 몸에 초점을 맞춘다. 차라리 나는 내 몸에 대해 아예 아무 생각도 하지 않을 자유를 바란다.

가장 마술적인 사고방식을 나는 포기하지 못할 듯하다. 이번만은 다를 것이라는 그 기대를 못 버린다. 다이어트는 우리더러 제어할 수 없는 야생의 어떤 것, 즉 우리 몸을 그보다 아주 조금 더 제어 가능한 우리의 두뇌를 가지고 통제해보라고 요구한다. 웨이트워처스를 포함한 다이어트 서비스 업체들은 우리가 반복적인 소비자라는 사실을 안다. 행동수정 프로그램에서 보는 평균적인 체중 감소는 6개월 동안 약 5퍼센트다. 그리고 대부분 2년 안에 감량 체중의 3분의 1이 도로 늘어난다. 체중을 상당량 줄이고 그 상태를 유지하기란 거의 불가능에 가까워서 실제로 성공한 사람은 학술연구 대상이 될 정도다. 결국 언제나 승자는 도박장 주인이다! 그리고 여기서 도박장 주인은 다이어트 서비스 업체와 뚱뚱한 내 몸이다. 나도 누구 못지않게 냉소적인 사람이지만, 동시에 이번에야말로 다이어트 효과가 나타날 것이고, 체중계 숫자가 내려가 그 자리에서 꼼짝하지 않을 것이고, 그래서 나는 해결될 것이라고 거듭거듭 생각한다. 지금도 나는 내가 충분히 매운 맛을 덜 봐서, 충분히 전념하지 못해서, 아니면 그저 충분히 노력하지 않아서 살이 안 빠진다고 생각한다. 하지만 그것이 진실일까? 경쟁이 치열한 이 업계에서 확실히 나는 제법 인정받으며 살아남았다. 하지만 그럼에도 내가 음식과 다이어트보다 더 자주 생각하는 것은 없다.

　　나는 체중 감량을 위해서뿐만 아니라 내가 아는 전부이기도 해서 계속 다이어트로 되돌아간다. 종교 없이 자란 누군가에게 다이어트는 믿음의 원천이 되었다. 적어도 그것은 내 삶의 구조다. 다이어트가 없다면 내 삶은 조직화되지 않는다. 나는 내 몸과 자신감이라는 거대한 문제들을 다루기 위해서 다이어트라는 익숙한 경로에 의지해왔다. 다이어트는 내가 그것을 통해 나 자신과 외부 세계 양쪽으로부터 사랑을 얻는 중간역이다. 내가 다이어트 없는 삶을 살아야 한다면 어쩌면 그것은 나에 대한 믿음을 잃어버리는 것과 같을 수 있다. 내가 내 몸이 어떤 모습인지와 무관하게 자신감을 느낄 수 있는지, 아니면 몸에 자신감이 없어도 몸을 사랑하는 법을 배울 수 있는지, 어느쪽에 가까운지를 모르겠다. 내 몸을 바라보는 나 자신의 평가는 언제나 자신감의 문제와 연결되었다. 그 평가와 자신감이 서로 다르다는 것을 잘 알면서도 그 둘을 별개로 경험해본 적이 없다.

　　진은 심지어 **다이어트**라는 단어도 좋아하지 않았다! 다이어트는 목표에 도달할 때까지 몇 달 동안만 추구하는 어떤 것이 아니기 때문이다. 즉, 체중과 같은 장기적인 문제를 풀기 위해 바짝 달려들어 해내는 단기적인 해결법이 아니다. 이런 과정에는 라이프스타일 변화 같은 표현이 좀 더 적절할 것이다. 그렇지만 그조차 또 하나의 완곡어법에 불과하다. 몸무게의 감량과 유지에 필요한 마음의 태도는 경계다. 그리고 이것은 끊임없이 실천해야 한다.

하지만 다이어트 때문에 그토록 좌절하면서도, 다이어트가 얼마나 불가능한지를 두 눈으로 그토록 보았으면서도 나는 지금도 다이어트를 계속한다. 적어도 다이어트에 성공하면 어떤 모습이 되는지를 알기 때문이다.

그리고 웨이트워처스에 들인 공도 천천히 열매를 맺고 있었다. 3.6킬로그램이 빠졌다. 나쁘진 않았지만 참 느리게 보였다. 옷태가 달라진 것 같지도 않고 세상이 날 대하는 방식이 바뀐 것 같지도 않았기 때문이다. 변화하는 과정 중에 있다고 해서 반드시 기분이 좋아지라는 법은 없다. 나는 지금 마흔이고, 이제 내 삶이 급작스레 동화로 변할 일이 있을까 싶은 생각이 조금씩 들고 있었다. 하지만 단 한 번의 변신에도 나는 행복했을 것이다. 우리는 원하는 것을 전부 얻지는 못한다. 그리고 때로는 그토록 오매불망하던 변신에 성공했어도 거꾸로 내 다이어트의 결함이 드러나고, 지나간 문제를 대신하여 새로운 문제가 밝은 햇빛 속으로 튀어나오는 상황도 생긴다. 주인장이 어떤 차림표를 내밀든, 우리는 그것을 받아들이고 그 안에서 주문하는 도리밖에 없다.

디스 이즈 빅

'격주 개인코칭' 세션을 처음 해봤다. 가입할 때 설정된 내 개인 다이어트 프로그램의 일부였다. 이 세션은 웨이트워처스 코치와 15분간 통화하면서 한 주간 있었던 일을 원하는 만큼 시시콜콜히 말하고 실질적인 피드백을 듣는 것이다. "그렇게 열심히 하는데도 중간 수준밖에 안 되니까 어떡해야 할지 모르겠어요. 제가 제 점수를 매겨봐도 C+나 B−밖에는 안 될 것 같아요." 내가 미리엄에게 말했다. 미리엄의 조언은 체중 감량의 정신적인 측면, 특히 '이유'에 크게 매이지 않았다. 미리엄은 사람들의 감정에 대단히 잘 공감하는 리더였지만(나는 그녀의 정서지능을 평균 이상으로 보았다), 진이 그랬듯 실제적인 해결방안에 더 전문적인 관심이 있었다. 가령 미리엄은 이런 말을 자주 했다. "매 끼니가 축하 파티가 될 수는 없잖아요. 약속된 기상시간을 지켰다고 해서 꼭 크루아상으로 보상받아야 된단 소리는 아닙니다. 게다가 크루아상을 먹으면 점심은 전부 제로포인트 재료만 넣은 샐러드를 먹어야 하죠."

웨이트워처스는 일대일 상황에서도 치료적인 성격은 아니었다. '머릿속에서 빠져나오기'는 훌륭한 발상처럼 보였다. "왜는 대단히 판단적인 단어예요. 자기 자신에게 쓸 때도요." 미리엄의 조언은 '자기 사랑'이라는 그 알 듯 말 듯한 훈련과는 정반대였고, 대신 철저히 처방적이었다. 카페인이 있어야 한 주를 버틸 수 있다면 카페인을 조금 더 먹어도 괜찮다, 웨이트워처스 웹사이트와 앱에서 레시피를 찾아보라, 식당에서는 접시 위에 남은 기름기를 보면 어느 정도 기름진 음식이었는지 알 수 있으니 그것을 기준 삼아 포인트를 기록해라, 이런 식이었다. 나는 심리치료를 받고 난 것처럼 고양되어 전화를 끊었다. 어쩌면 나 자신이 기쁘기보다 미리엄을 기쁘게 해주고픈 마음이 더 컸는지도 모르겠다. 아니면 미리엄이 내게 동기부여를 더 확실히 해준 것인지도 모른다. 어느 쪽이든 미리엄에게 호감이 생기기 시작했다는 것을 느낄 수 있었다. 미리엄을 나의 구루로, 나의 현재진행형 진으로 만들고 싶어졌다.

이튿날 저녁, 어퍼이스트사이드에 있는 랠프 로런의 레스토랑 폴로라운지에 저녁을 먹으러 갔더니 로런의 목장에서 직접 기른 소들로 일종의 스테이크 추수감사 축제를 하고 있었다. 나는 충분히 먹었지만 스테이크도, 와인도, 심지어 피칸파이도 절대 폭식하지 않았다. 마치 내가 정상인인 척하는 것 같았다.

사흘 뒤 나는 다시 웨이트워처스 모임에 와서 미리엄의 이야기를 듣고 있었다. "저희 할아버지는 도박사들도 방갈로는 안 건다고 입버릇처럼 말씀하셨죠." 나는 이 말의 메시지를 이렇게 이해했다. 그런 행동을 하는 사람은 오직 도박중독자뿐이고, 우리는 '내가 위로받기 위해 어떤 행동을 하는지' 그리고 '나의 대응기제가 무엇인지' 정확히 평가해야 한다는 것이다. 우리의 패트리스 판사님은 자신이 "나는 알아야 직성이 풀리는 사람이에요. 설렁설렁 넘어가는 것이 없어요"라고 말했다. 아마 터키샌드위치의 포인트에 대해 이야기하는 중이었던 것 같다. 패트리스는 웨이트워처스에서 우리를 초등학생 보듯 하며 나

뉘주는 유치찬란한 반짝이 스티커 하나를 들고 마침내 자신이 건강한 BMI 범위에 들어온 것을 자축하고 있었다. "내가 살이 빠졌다니, 믿을 수가 없네요." 패트리스가 고개를 저었다. "법조인 저녁 모임에 갔을 때 램찹과 베이징덕 쌈을 얼마나 먹었는지 기억도 안 나요. 그것도 벌써 샹그리아 한 잔을 마신 뒤였는데, 그래도 딱 거기까지였어요. 직업상 술 마시는 모습을 동료들에게 보이고 싶진 않았거든요." 패트리스는 목표 체중까지 아직 5.4킬로그램이 더 남았다. 이번이 패트리스에겐 세 번째 웨이트워처스 도전이다. 그녀에게 이번 도전은 잘되고 있느냐고 묻자 그녀는 "징글징글한 갱년기"라면서 이렇게 말했다. "돼보면 알아요."

나는 체중을 재보기가 두려웠지만(나는 항상 두렵다. 체중계 위에 올라갔을 때 겁을 잔뜩 집어먹지 않은 나를 상상할 수가 없다), 1킬로그램이 더 빠져 있었다. 이렇게 총 4.6킬로그램을 감량했다. 매일 아침식사로 잉글리시머핀에 녹인 치즈를 올려 먹고 있는데도 말이다. 로즈마리의 어머니도 웨이트워처스에 가입하면서 출근길에 이탈리아 빵집에서 시나몬롤을 사 먹는 것만큼은 그만두지 않겠다는 단서를 달았다고 했다. 그리고 그 전략은 효과가 있었다. 로즈마리의 어머니는 하루 식단을 그 시나몬롤을 중심에 놓고 짰다.

나는 손을 들고 모두를 향해 내 이야기를 했다. 며칠 전 밤, 집에서 스피닝 운동을 시작하고 10분쯤 지났을 때 갑자기 아파트 벽면에 뭔가 크게 부딪히는 소리가 들렸다. 알고 보니 누가 서바이벌 게임용 페인트볼을 던진 것이었다. 밖으로 나가서 벽에 묻은 물감을 닦고 다시 들어오려는데 출입구가 잠겨 있었다. 바깥 기온은 영하 1도였고 내가 걸친 거라곤 스포츠브라와 레깅스, 양말뿐이었다. 20분쯤 지나고 드디어 귀가하는 이웃을 만나 실내로 들어올 수 있었으며, 옷을 갈아입자마자 다시 운동을 시작했다. 내 얘기에 사람들이 일제히 박수를 쳤고, 나는 진짜 기쁨이 차올라 가슴에 뻐근한 통증을 느꼈다.

　내가 잘하고 있었을까? 이것이 라이프스타일이었을까? 진부하고 감상적으로 들릴지 모르겠지만, 우리는 모두 서로에게 배울 것이 아주 많았다. 그 말에 미리엄도 자신의 어머니가 어렸을 때 다니던 학교는 전교생이 한 교실에서 수업을 들었다며 맞장구를 쳤다. "이 공간도 그런 '한 교실 학교'랑 비슷해요. 모든 사람이 함께하지만 수준은 각자 다르잖아요."

CHAPTER 11

날씬
파워

1969년

"비만인이여, 주목하라! 진의 딱 부러진 한마디면 누구도 무사할 수 없다." 1969년 5월 27일자 〈룩〉의 어느 기사는 그렇게 선언했다. 진 니데치는 떠오르는 스타였다. 사진으로 유명했던 이 격주간지는 진의 전성기 활약상을 포착하기로 했다. 진의 사진이 잡지를 가득 메웠다. 군중에 둘러싸인 진, 에밀리오 푸치 드레스를 입고 메시아처럼 팔을 양옆으로 벌린 진, 골프하는 진, 집에서 마티와 함께 과거의 뚱뚱했던 사진 앞에서 포즈를 취하는 진 등 다양한 모습이 공개됐다. 기자 루이스 보토와 사진사 필립 해링턴이 진을 따라 루이스빌("이 고단백 지역텍사스주의 루이스빌은 목축업이 발달했다에서 진은 자신의 복음을 전파한다")까지 동행했고, 도착한 순간 그들은 엄청난 장관을 목격했다. "공항에서 니데치 부인은 팬들에게 둘러싸인 반면 웨이트워처스 명예회원이기도 한 전 부통령 휴버트 험프리는 주의를 끌지 못했다. 누

디스 이즈 빅

가 보더라도 진의 무게감이 더 컸다." 팬은 도처에 있었다. 그들은 진 그리고 마티와 함께했던 밤 행사를 가리켜 "홀쭉해진" 신부의 결혼식에서 춤을 췄다고 표현했다. 진은 이제 돈이 있었고 원하는 옷은 무엇이든 입을 수 있을 만큼 날씬했다. 진의 패션 취향은 화려했다. 아래로 갈수록 퍼지는 트라페즈 라인 코트, 큼직한 검정 선글라스, 마라부 트리밍 소매, 터번 등이 그녀의 애호 품목이었다. 진이 행사에 등장하면 진을 부러워하는 팬들은 다음과 같은 팻말을 들고 환호했다. "신념대로 해요, 사랑하는 진", "찐과 함께 날씬날씬", "비만인은 진을 봐주지 않아", "엉덩이는 가라", "방만은 빵빵한 뱃살로", "웨이트워처스가 만든 몸매", "빠져, 빠져, 전부 빠져", "날씬한 생각, 날씬한 식사, 날씬한 몸매", "빵 안 먹기는 마음 먹기에 달렸다", "여자는 뚱보 남자에겐 눈길도 주지 않는다", "피더스 다이제스트_{feeder's digest,} 〈리더스 다이제스트〉에 먹보feeder라는 단어를 넣어 패러디한 말 구독 금지" 등.

처음에 진은 날씬해졌고, 그다음에는 유명해졌고, 이제는 부자가 되었다. 진은 지금 살고 있는 퀸스의 아파트 건물을 통째로 살 수 있을 만큼 돈을 벌었고(아직 학교를 다니는 두 아들 때문에 진은 그 지역에 머물고 싶어 했다) 가사도우미도 둘 수 있었다. 진은 그 모든 것을 가졌고 혜택을 한껏 누렸다. "잠깐 동안은 뭐랄까, 저도 자기중심적이 됐어요. 아, 나는 마릴린 먼로야, 그렇게 생각했죠. 나는 스타야. 내 자아가 부풀어올랐던 그때가 기억나요." 진이 말했다. "어느 날 인파에 둘러싸여 비행기에서 내리는데 갑자기 핸드백 끈이 툭 끊어지는 거예요. 콤팩트가 땅에 떨어지는 걸 봤고, 그다음에는 거울, 지갑이 떨어졌어요. 그 순간 문득 느꼈죠. 아, 내가 누구인지 신이 말해주시는구나. 나는 마릴린 먼로가 아닙니다. 나는 살이 빠진 가정주부고, 이제 세상에 그것에 대해 이야기해야 해요."

진은 뉴욕주 정신건강위원회의 자문위원이 되었다. 그리고 이름 뒤에 '한때 뚱뚱했던 전업주부formerly fat housewife'라는 의미의 F.F.H.라는 영문 이니셜을 붙이길 좋아했다. 이것은 언젠가 한 의학 콘퍼런스에 갔다가 성명 뒤에 직함이나 이니셜이 붙지 않은 사람은 자신밖에 없다는 걸 알고 진이 직접 만든 것이다. 진은 웨이트워처스의 마스코트였고, 홍보대사이자 전도사였다. "저는요, 기본적으로 세일즈맨이에요." 진은 전국 방방곡곡을 누비며 웨이트워처스 가맹점을 방문하고 모임 리더들을 만났다. 리더들은 모두 몸소 체중 감량에 성공한 사람들이었다. 비만인으로 사는 것이 어떤 느낌이며 살 빼는 것이 얼마나 어려운 일인가를 기억할 수 있어야 했기 때문이다. 신생아에게 진의 이름을 붙여준 부모들도 있었다.

프로그램을 통해 진은 엄청나게 많은 사람을 만났기 때문에 1969년 웨이트워처스는 맥도날드 이용고객 통계에서 자극받아 만든 목표인 '1,700만 킬로그램 이상 감량'을 슬로건으로 새 캠페인을 시작하기도 했다. 웨이트워처스 측은 모임에 '비포' 사진을 가져올 것을 적극 권장했다. 1967년에 적어도 두 쌍의 웨이트워처스 회원 커플이 결혼식을 올렸고, 매혹적인 성공담이 풍성하게 언론에 공개되었다. 가입 당시 146.5킬로그램이었던 열아홉 살 소년은 90킬로그램을 감량했다. 한 남자는 뉴욕 파라마운트 호텔에서 열린 웨이트워처스 모임에 우연히 들어왔다가 아름다운 여성 한 명이 눈에 띄어 끝까지 자리를 지켰고, 그녀를 다시 보고 싶은 마음에 꾸준히 모임에 나왔다고 했다. 정작 그 여성은 프로그램을 마치고 떠났지만 남성은 끝까지 남아 29.5킬로그램을 감량했다.

1964년 3월, 첫 번째 모임을 가진 지 채 1년도 안 되어 웨이트워처스는 뉴욕 메트로폴리탄 지역에 33곳의 모임을 운영하게 되었다. 그리고 그와 거의 동시에 뉴욕 바깥 지역으로 프랜차이즈 확장을 시작했다. 앨버트 리퍼트의 생각은 프렌차이즈 영업권을 낮은 가격에, 경우에 따라 단돈 2,000달러에도 판매하지만 대신 프랜차이즈 가맹사업자가 총수입의 10퍼센트를 웨이트워처스에 지불하는 조건이었다(사업자는 모두 웨이트워처스 출신이고 또 대다수가 여성이었다. 그들은 재정적인 투자뿐 아니라 정서적인 투자까지 했다). 이 액수는 1년에 10만 달러에 달하기도 했다. "면도날을 팔기 위해 면도기를 뿌리는 것이라고 할까요." 리퍼트의 표현이다. 1969년이 되자 진과 리퍼트 부부는 미국, 캐나다, 푸에르토리코, 영국, 이스라엘 등지에 102개의 프랜차이즈 가맹점과 150만 명 가까운 회원을 확보하게 되었다. 1968년 9월 그들은 주식을 공개했고 총매출은 550만 달러였다. 우선 22만 5,000주를 공개 매각한 웨이트워처스의 주식은 거래 첫날 11.25달러에서 출발하여 30달러까지 뛰었다. 진은 자신이 돈벌이에 능하거나 사업 감각이 있는 사람이라고는 생각지 않았다.

플로린 마크는 웨이트워처스 모임에 참석하려고 뉴욕을 방문했다가 리퍼트 부부를 만났다. 부부는 플로린에게 디트로이트에 가맹점을 열어보라고 제안했고, 플로린도 긍정적으로 받아들였다. 우선 프로그램이 자신에게 효과가 있었던 데다, 플로린 자신도 인생의 새로운 방향을 모색하던 중이었고 아이들을 대학까지 가르칠 돈이 필요했기 때문이다. 결국 플로린은 주 1회 화요일 모임을 시작으로 자신의 가족까지 포함하여 30명의 회원을 받았다. 플로린은 모임을 알리는 광고판을 만들어 사탕 가게를 찾았고(음식과 씨름하고 있을 사람들을 여기 말고 어디서 찾겠는가?), 점원을 설득하여 매장에 광고판을 세워놓아도 좋다는 허락을 받았다. 다음 주에 몇 사람이 더 찾아왔고, 그다음 주에는 60명, 그다음 달에는 200명이 찾아왔다. 얼마 지나지 않아 플로린 마크의 더블유더블유 그룹WW Group은 3개국 14개 주에 가맹점을 둔 가장 큰 웨이트워처스 프랜차이즈가 되었다.

웨이트워처스가 어딜 가나 눈에 띌 만큼 흔해지자 제시카 미트퍼드는 이제 이 회사를 심도 있게 파헤쳐볼 때가 되었다고 생각했다. 영국 귀족 출신의 저널리스트인 제시카는 그 유명한 미트퍼드 가 여섯 자매 중 다섯째였다(낸시, 파멜라, 다이애너, 유니티, 제시카, 데버라와 남자 형제 토머스까지 포함한 총 일곱 남매가 1904년에서 1920년 사이에 걸쳐 태어났다). 이 자매들의 삶은 20세기의 정치적·심리사회적 헤게모니를 거울처럼 고스란히 반영했다. 저널리스트 벤 매킨타이어는 이 자매들의 삶을 "파시스트 다이애너, 공산주의자 제시카, 히틀러의 연인 유니티, 소설가 낸시, 공작부인 데버라 그리고 온건한 동물애호가 파멜라"라고 요약했다. 미국에 거주한 사람은 제시카가 유일했다. 그녀는 인권 변호사인 남편 로버트 트로하프트와 함께 샌프란시스코베이 지역에서 살았고, 1963년에는 미국 장례 산업의 실상을 통렬하게 고발한 《미국인이 죽음을 맞는 방식The American Way of Death》을 출판하기도 했다.

1967년 제시카는 전국으로 배급되는 〈뉴욕 포스트〉에 웨이트워처스에 관한 글을 기고했다. 그녀는 다이어트 서비스 업체들에 대한 회의로 말문을 연다. "변신 전과 변신 후 사진은 가장 익숙한 광고 클리셰 가운데 하나다. 수영복 바깥으로 살이 흘러넘치는 육중한 덩치의 여성이 얍! 소리 한 번에 시퀸 장식 드레스 차림의 매혹적인 12사이즈 여성으로 둔갑한다." 제시카는 귀가 얇은 여성들, 약, 고가의 지방제거 장치, 주로 절박하고 순진한 사람들을 먹잇감으로 삼는 운동살롱 등을 언급했다. 그리고 친구가 과체중인 10대 딸들에게 경고와 자극이 될까 싶어 장난 삼아 냉장고에 붙여놨다는 진의 감량 전후 사진을 보았다. 제시카는 후덕하고 후줄근한 흑갈색 머리 여성이 가녀린 금발 여인으로 변했다는 사실에 의구심을 표했다. "웨이트워처스가 뭐 하는 곳이지?" 친구들에게 묻자 익명의 알코올중독자 모임과 유사하다는 대답이 돌아왔다. "아마도, 한밤중에 에클레르 디저트가 먹고 싶어지면 동료에게 전화를 걸고,

그럼 그 동료가 셀러리 한 대를 대신 먹으라고 말해주는 식인 듯하다." 제시카는 이렇게 짐작했다. "웨이트워처스는 바보(여성일 확률이 더 클 것이다)의 돈을 울궈먹는 또 하나의 장치에 불과한 것일까?"

제시카는 이 업체의 샌프란시스코 확장 기념행사를 기사의 주요 소재로 삼았다. 그녀는 '지나치게 건장한 시민' 800명이 참가한 제1회 웨이트워처스 샌프란시스코 모임을 찾아갔다. 행사는 그리 덥지 않은 어느 여름날 저녁 금문교 공원 인근에서 열렸다. 시대적인 특징을 유쾌하게 잡아낸 그녀의 표현을 빌리자면, "평소 같으면 손을 잡고 나무 사이를 돌아다니거나 기타를 끌어안고 잔디에 여기저기 앉아 있는 비드목걸이와 샌들 차림의 히피 무리가 진을 치는" 곳이었다. 제시카는 마른 체형이었던 터라 비만인에 대한 공감대가 그리 크지 않았다. "많이 뚱뚱한 사람들은 일반적인 여가 형태와 담을 쌓는 대신 먹는 것에 열정을 공유하며 서로에게 이끌린다." 하지만 웨이트워처스는 젓가락처럼 마른 유명 모델 트위기처럼 되고 싶어서 몇 킬로그램을 감량하려는 여성들이 아니라 비만인의 필요에 부응했다. 제시카의 판결은 이렇다. "나는 코웃음을 치러 왔다가 박수를 치며 앉아 있었다."

나중에 제시카는 샌프란시스코의 유서 깊은 페어몬트 호텔에 머물고 있던 진을 만났다. 그런 관심이 좋았던 진은 제시카에게 이렇게 말했다. "나는 세상 모든 화려함과 명성을 사랑해요. 그것보다 사람을 더 우쭐하게 하는 건 없지요." 그날 따라 진은 몸에 붙는 이탤리언 니트 슈트를 입고 있어서 마치 "배우 겸 희극인 필리스 딜러 느낌이 풍기는 왕년의 섹시스타 같았다"고 제시카는 썼다. "그녀의 말은 사람의 마음을 강하게 건드렸다. 코미디 스타나 농익은 〈보드빌〉미국에서 1890년대 중반 ~1930년대 초까지 유행했던 버라이어티쇼 스타의 천부적 재능이 느껴졌고 시대에 맞춰 태어나는 재능까지 겸비했다." 샌프란시스코에 머무는 동안 진의 스위트룸은 그녀의 초상화들로 가득 찼다. 일부는 등신대 크기도 있었다. 진은 인터뷰를 요청하는 TV와 라디오 프로듀서, 기자 들에게서 걸려오는 전화를 받느라 눈코 뜰 새 없었다. "진 니데치가 그녀에게 처음 주어진 명성과 행운을 솔직하게 그리고 당황하는 기색 없이 기뻐하며 즐기는 모습을 보면 사람을 무장해제시키는 무언가가 있다."

정작 진은 제시카가 누구인지 몰랐다고 말했다. 제시카가 저널리스트인 것도, 잘 알려진 활동가이자 유명한 귀족 가문 사람인 것도 몰랐다. 제시카는 이번 기사도 남편 성을 따라 제시카 트로하프트라는 이름으로 발표했다. 설사 진 자신은 제시카가 누군지 몰랐다 해도 웨이트워처스 관계자 중 누군가는 틀림없이 알고 있었을 것이다. 제시카를 몰랐든 미리 알고 있었든 진은 자랑스러웠다. 어쩌면 기사의 결론을 보고 심지어 약간 안도했을지도 모른다. "우리를 폭로할 마음으로 왔다가, 와보니 폭로할 게 아무것도 없다는 걸 발견한 거예요."

이 모든 것이 1973년 정신과 의사 앨버트 스턴커드가

"가벼운 우려에서 시작하여 최우선의 집착으로 자라난", "국가적 신경증"이라 불렀던 현상의 일부였다. 1960년대에 걸쳐 웨이트워처스는 일종의 폭발을 거듭했다. 1967년에 〈뉴욕타임스〉는 현재 뉴욕시에서만 매주 297개의 모임이 열린다고 보도했다(회사는 그 정도로 성공했지만 기사에서는 진을 "마티 니데치 부인"이라고 잘못 썼다). 매디슨가와 5번가 사이 49번가에는 무알코올 블러디메리 칵테일인 블러디셰임을 주문할 수 있는 웨이트워처스 레스토랑이 있었다. 리퍼트는 인공감미료, 부용, 탈지분유로 구성된 휴대용 꾸러미를 개발했고, 회사는 상시적인 체중 감시를 위해 이것을 상표화했다. 웨이트워처스의 최초 요리책이 1966년에 출판되어 총 50만 부가 팔려나갔다. 날씬한 진의 사진을 포장상자에 인쇄한 냉동식품 라인도 나왔다. 인디애나폴리스 시장 리처드 루거는 '진 니데치의 날'을 선포했다. 체중을 줄이면 보험료가 낮아지는 웨이트워처스 회원 전용 생명보험도 있었다.

웨이트워처스는 남성 전용 세션을 만들어 남성들도 공략하기 시작했다. '옷 사이즈 등과 같이 남성들이 집중하기 어려운 여성 중심의 대화 주제가 없을 때' 남성들도 자신의 식습관과 체중 문제를 좀 더 쉽게 공개할 수 있으리라는 생각에서 비롯된 시도였다. 1969년도의 어느 웨이트워처스 광고에는 회전의자에 앉은 슈트 차림의 중년 남성이 등장하고 그 아래 다음과 같은 문장이 나온다. "중역이라면 특별한 무게를 어깨 위에 져야 한다. 엉덩이 위는 안 된다." 1973년판 《웨이트워처스 프로그램

요리북》에는 하루에 과일을 2회 더, 아침과 점심에 얇게 썬 빵을 한 조각 더, 생선과 육류 또는 가금류를 50그램쯤 더 먹도록 양을 추가한 남성용 식단 프로그램이 포함되었다.

1968년 2월에는 〈내셔널 램푼〉^{1970~1998년까지 발간된 미국의 코}

1970~1998년까지 발간된 미국의 코미디 잡지. 영화, 라디오, 책, 연극 등지로 파급력이 대단했으며 편집진은 이후 다양한 분야에서 활동했다을 탄생시킨 사람들의 손으로 제작된 〈웨이트워처스〉 잡지 1호가 발간되었고, 30만 부가 팔려나갔다. 내용은 가벼운 요깃거리, 패션과 미용 이야기, 체중 감량과 관련된 리포트 등으로 이뤄졌다. '우리 엄마를 소개합니다'라는 글에는 68킬로그램을 감량하고 "새 삶을 얻은" 여성이 등장했다. '메이크업으로 얼굴을 갸름하게'는 얼굴 윤곽을 표현하는 방법을 알려주는 글이었고, '휴가를 향하여'는 옷을 활용하여 군살을 가리라는 전면 패션 광고였다. 하지만 화보 속 옷과 모델들은 플러스사이즈와는 한참 거리가 있었다. '나를 돋보이게 하는 수직 줄무늬 코트'를 입으면 실제보다 키가 크고 날씬해 보인다는 조언도 있다. 그리고 엄청나게 많은 음식이 등장했다. 초급자를 위한 허브와 향신료 소개, 데친 가자미롤, 스위트브레드 캐서롤, 송아지 안심 그리고 '합법적인' 웨이트워처스 디저트도 많이 소개되었다. 크로캉부슈 멜론, 페어 재클린, 피치 멜바, 커피 그라니타 등의 레시피와 사진이 화려하게 실렸고 그 아래에는 이런 문구가 보인다. "이 환상적인 디저트들이라니, 게다가 체중 감시 중인 우리도 즐길 수 있다. 맛있는 음식이 이토록 잔뜩인데 훌륭한 식사의 해피엔딩을 장식할 달콤한 후식을 생략할 이유

가 없다."

　음식은 이 잡지가 처음으로 일으킨 가장 큰 스캔들의 화근이기도 했다. 1968년 3월에 발간된 두 번째 호에는 '재키 케네디의 미식 셰프가 소개하는 그녀만의 웨이트워처스 레시피'라는 제목의 기사가 실렸다. 날씬함의 대명사였던 전 영부인의 개인 셰프 아네마리 후스테가 레몬 닭고기구이, 스페인 멜론, 라즈베리 아 로랑주, 구운 토마토, 상추·파슬리·차이브·타라곤만 넣고 마지막에 레몬즙을 뿌린 빕 샐러드 등의 레시피를 공개한 글이었다.

　〈웨이트워처스〉의 편집자는 젊고 매력적인 독일인 셰프를 스키 휴가 때 우연히 만났고, 차가운 랍스터나 키슈 로렌베이컨, 치즈가 들어간 식사용 파이 같은 그녀의 유럽풍 레시피를 잡지에 소개하고 싶다고 제안했다. 후스테는 동의했지만 자신의 고용주 재클린에 대해서는 한 마디도 하지 않는다는 조건을 내걸었다. 2년 전 재클린의 개인 셰프 계약을 맺으며 케네디 일가에 대해서는 일절 함구한다는 내용이 명시된 합의서에 서명한 바 있기 때문이었다. 편집자 매티 시먼스는 후스테가 그런 합의를 했다는 사실을 일절 몰랐으며 더군다나 "케네디 부인은 기사에 언급조차 되지 않았다"고 언론에 말했다. 엄밀히 따지자면 틀린 말은 아니었다. 재클린 케네디의 이름은 제목과 표지에만 등장했다. 하지만 재클린 케네디는 격노했다. 그녀는 자신이 허락하지도, 원하지도 않는 재키 다이어트가 만들어졌다고 느꼈다. 영부인은 자신의 변호인단을 소집하여 기사를 막으려 했지만 그들이 개입을 시작했을 때는 이미 잡지가 인쇄에 들어간 후였다.

후스테에게도 막강한 법률 고문이 있었다. 상원의원 조지프 매카시의 대표 자문을 맡았던 유명 변호사 로이 콘이었다. "너무 굴욕적이고 화가 났어요. 제 변호사에게 전화했더니 케네디 여사에게 그냥 사과하라는 거예요." 후스테가 기자에게 말했다. 영부인의 반응은 "당신은 하지 말아야 할 일을 했군요"였다. 하지만 재클린 케네디는 결국 그 일을 덮었고 실제로 후스테를 해고하지도 않았다. 적어도 한 주 정도는 그랬다. 하지만 후스테는 어느 날 신문 가판대 앞을 지나다가 〈뉴욕 포스트〉에 영부인이 자신의 요리를 먹고 2사이즈 날씬해졌다는 기사가 뜬 것을 보았다. "새빨간 날조예요. 두려워서 미칠 것 같았어요." 후스테는 언론에서 그 기사와 자신의 관계를 완강히 부인했다. 그러나 영부인 비서관에게 전화했더니 "여러 가지 정황을 고려할 때, 여사님은 당신이 복귀하지 않는 편이 낫다고 여기십니다"라는 대답을 들었다.

후스테는 재클린 케네디의 신비주의를 충분히 보호하지 않았고 어쩌면 야심이 너무 컸는지도 모른다. 영부인은 후스테가 돈과 권력에 지나치게 흔들린다고 나무란 적이 있었다. "다들 그렇지 않나요?" 그때 후스테의 대답이었다. 한동안 출판업자들에게서 레시피 전체를 원한다는 전화가 쇄도했지만, 후스테는 셰프라는 직업이 의사나 변호사만큼 신중해야 한다며 전부 거절했다. 그러나 레시피북을 쓰고 싶은 마음은 굴뚝같았다. 1968년 가을에 결국 《아네마리의 요리책Annemarie's Personal

Cookbook》이 나왔고, 후스테는 여기서 소금, 후추, 레몬즙으로 양고기를 양념하는 법과 아티초크를 좋아하는 어떤 소년(존 F. 케네디 주니어를 강하게 암시했다)에게 무슨 요리를 해주었는지를 자세히 묘사했다.

재클린 케네디 다이어트 스캔들은 〈웨이트워처스〉 잡지가 보여준 스타 파워의 정점이었을 것이다. 지금까지도 누구인지 알 수 있는 명사들의 인터뷰가 간혹 눈에 띈다. 하지만 인터뷰는 냉정할 정도로 체중과 관련된 내용에만 집중할 뿐 다른 주제는 일체 배제했다. 작곡가 버트 배커랙이 '날씬한 옷맵시의 비결을 말해준다네'라는 제목으로 인터뷰를 했고, 또 다른 인터뷰를 보면 헤어스타일리스트 비달 사순이 방금 다리 왁싱을 받고 간 고객의 온기가 남아 있는 가죽 라운지체어에 등을 기대며 이렇게 말한다. "저는 얼굴뼈를 기준으로 삼습니다. 여성 고객이 왔는데 몇 년 동안 축적된 지방층이 골격 구조를 덮고 있다면, 돌아가서 먼저 20킬로그램을 뺀 **이후에** 다시 오라고 해요." 브로드웨이 뮤지컬 〈지붕 위의 바이올린〉에서 주인공 테비에의 딸들 역을 맡은 젊은 배우들의 패션 이야기가 소개된 기사도 있다. 그들 사이에는 애플그린 셔츠드레스, 빨간색 페이턴트 가죽 구두, 니삭스로 당시 유행 패션을 충실히 보여준 젊은 날의 베트 미들러가 있다.

웨이트워처스가 승인한 음식들의 레시피는 금욕적이든가 기묘하게 맛이 없었다. 잡지의 어느 양면 광고 지면에는 뉴욕의 나이트클럽 엘 모로코^{1930~1950년대 말까지 당대의 유명인사, 부자 들}

이 자주 찾던 명소에 마련된 웨이트워처스 점심 뷔페 사진이 실렸다. 닭가슴살에 버섯과 딜만 약간 더해 구운 '치킨 진Chicken Jean', 저칼로리 토닉워터 200밀리리터에 슬라이스 라임 한 조각을 올린 것이 전부인 '씬앤토닉스Thin'N Tonics' 등이 이 뷔페의 메뉴다. 추수감사절 특별 메뉴로는 대합 육수, 구운 칠면조가슴살, 피멘토 소스를 곁들인 콜리플라워, 으깬 파스닙, 루바브 렐리시 그리고 차갑게 얼린 호박 디저트를 추천했다. 얼린 줄기콩에 오렌지주스, 레몬주스, 코코넛 추출물, 바나나 추출물, 무지방 분유, 인공감미료, 민트를 더해 350도 오븐에서 30분간 구운 '트로피컬 트레저Tropical Treasure'라는 음식도 있다. 피클을 넣은 고등어와 칸탈루프 샐러드도 있고, 과일 샐러드 위에 프랑크푸르트 소시지를 잘라서 올린 '프랑크푸르트 스펙태큘러frankfurter spectacular'도 있다.

모방음식은 거의 매 호 거론됐다. 가짜 코코넛 마카롱은 얼린 콜리플라워, 인스턴트 커피, 코코넛 추출물, 인공감미료, 소금으로 만든다. 녹인 '버터' 소스는 무향 젤라틴, 물, 인공버터 향, 무지방 분유, 소금, 노란색 식용색소로 만들고, '아보카도' 딥 소스의 재료는 통조림 아스파라거스, 셀러리, 건조양파, 소금, 후추, 타바코 소스, 레몬주스다. 1970년 2월에 뽑힌 독자 레시피는 통조림 줄기콩을 아삭아삭해질 때까지 익힌 '프렌치프라이'였다. 잡지는 다이어트를 신나 보이는 것으로 만들고 싶어 했지만 그럴수록 웨이트워처스의 레시피는 불가피하게 대부분의 사람들이 좋아하는 음식을 부인하고, 그래서 과거의 자기 자신을 부인하는 양상이 되어갔다.

　진의 조언을 실은 칼럼도 있었다. 독자들의 질문에 진 특유의 수다스러움과 엄한 사랑을 가득 담아 직접 답을 달아주는 지면이었다. 질문은 대개 몇 가지 반복되는 주제로 나뉘는데, 그중 하나가 '가족과 친지의 체중과 식습관에 대한 좌절'이었다. 팜비치에 사는 어느 엄마는 이렇게 질문했다. "우리 애는 아직 두 돌이 안 됐어요. 4.9킬로그램으로 태어났는데 지금 너무너무 뚱뚱해졌어요. 그래도 예쁘긴 예뻐요. 우리 애가 웨이트워처스 프로그램을 하기엔 너무 어리다고 생각하시나요?" 진은 편지를 보낸 사람에게 과자와 행복이 같지 않다는 것을 아이에게 가르치라고 격려했다. "뚱뚱한 건 절대 귀엽지 않고, 아무리 아기라도 뚱뚱하면 절대 예쁘거나, 마음을 끌어당기거나, 건강할 수 없다"는 이유였다.

　자주 올라오는 또 다른 질문은 웨이트워처스 모임이 없는 도시나 지방에 사는 사람이 프로그램을 따라갈 수 있는 방법이었다. 가장 가까운 센터가 100킬로미터 떨어진 곳에 있다고 하소연한 어느 독자에게 진은 정말 간절하게 살을 빼고 싶다면 "100킬로미터는 한 블록 정도의 산책처럼 느껴져야죠"라고 답변했다.

　많은 편지가 특정 음식이 합법인지를 묻거나 대체음식을 만들어도 되는지를 질문했다. 대답은 "안 됩니다"였다. "나는 어떤 종류의 대체음식에도 반대합니다. 빵 두 쪽을 롤빵 하나로 바꾸기 시작하면, 그 롤빵은 얄팍한 케이크 한 조각이 되

디스 이즈 빅

고, 얄팍한 그 조각은 다시 큼직한 조각이 돼버리는 단순한 이유 때문이지요." 또 다른 칼럼에서 진은 이렇게 썼다. "프렌치 페이스트리는 제게 알려지 음식이에요. 지방이라는 발진이 생겨요."

잡지를 넘기다 보면, 웨이트워처스가 변화하는 시대에 어떻게 대응해왔는지 보인다. 1972년에는 루시앤 골드버그⁽워싱턴포스트⁾ 기자 출신으로 정계 활동을 활발히 했고 이후 클린턴 전 미국대통령의 스캔들을 터뜨리는 배경에도 관여했다가 쓴 '핵심만 간추린 여성해방'을 게재했고, 최초의 페미니스트 잡지 〈미즈〉에도 광고 지면을 크게 할애해주었다. 1972년 6월호의 '진 니데치에게 물으세요' 칼럼에는 진이 〈미즈〉의 공동 창간자 글로리아 스타이넘과 함께 찍은 사진이 실렸다. 일하는 엄마들을 위한 패션 광고도 있었다. "일을 하시나요? 아이들을 키워놓고 이제 일터로 복귀하여 다시 경력을 시작하시나요? 근무복은 한때 여성들의 골칫거리였습니다. 옷장 두 개를 원치 않거나 그럴 형편이 안 되거나 들여놓을 방이 없는 여성들을 괴롭혔던 근무복, 그러나 이제는 시대의 흐름을 따라잡았습니다"라고 광고 카피는 목소리를 높였다. "일하는 여성의 틀은 하나만 있지 않습니다. 여성은 임원비서, 직원, 문서정리원, 교사, 주식중개인, 중역의 신임 받는 오른팔, 아니면 직접 보스가 되기도 하지요."

어느 익명의 편지는 진에게 웨이트워처스를 하면서 마리화나를 피울 수 있냐는 독특한 질문을 했다. "사실, 저는 히피거든요. 머리, 나팔바지 그리고 그런 거 말고도 그냥 다 찐히피……. 그래서 질문이 있는데, 프로그램 하면서 약을 해도 되나요? 웨이트워처스 창업자가 얼마나 쿨한지 한번 보죠. 그럼, 감사해요. 모두에게 평화를." 진의 대응이 말 못 할 정도로 구식은 아니었던 것 같다. "회원님의 편지는 대단히 심각하고도 만연한 문제를 건드리고 있군요. 당연히, 마리화나 피우는 것은 웨이트워처스 프로그램과 아무 상관이 없습니다. 저는 회원님이 원하는 그런 쿨한 타입의 사람은 아닌 것 같네요. 하지만 그건 제 선택입니다. 그리고 32.6킬로그램을 감량한 입장에서, 저는 스스로가 아주 쿨하게 느껴져요." 한 독자는 날씬해진 사람들이 스스로를 축하하는 방법이 있느냐고 〈웨이트워처스〉에 물어왔다. '블랙파워Black Power'흑인의 인권 및 정치력 신장을 꾀하는 운동으로 이 용어는 1960년대 후반부터 대중화되기 시작했다 개념에서 영향을 받은 것이 분명해 보이는 이 독자는 '날씬파워Thin Power'를 제안하면서 이렇게 선언했다. "나는 이제 날씬파워가 생겼어요. 다시는 안 잃어버릴 거예요!"

　　진은 폭넓은 공감력을 가진 사람으로 알려졌지만 뚱뚱한 몸에는 공감하지 못했다. 진의 칼럼에 실린 한 편지는 비만이 아름다울 수 있다고 주장했다. "하지만 저로서는 회원님이 진심으로 그렇게 말한다고 믿기 어렵네요." 진이 대답했다. "저는 비만이 아름답다고 결코 생각지 않아요. 많은 사람이 저와 같을 거라 믿고요. 비만은 아름다움과 거리가 멉니다. 단어 자체가 비호감이잖아요. 과체중인 사람은 대개 외모도 별로고, 잘 안 움직이고, 건강 문제도 많고, 또 대부분 뭔가를 잘 느끼지 못

디스 이즈 빅

해요. 그럴 만도 하죠."

이 시기는 다이어트 문화를 거부하는 대안적인 라이프 스타일이 서서히 사회의 주변에서 주류를 향해 이동하던 때였다. 1960년대 말부터 비만이라는 사회적 낙인에 대항하기 위해 '비만 수용'을 기치 삼아 모이는 활동가들이 생겨났다. 한편에서는 청년들이 도시 공원에 모여 베트남전을 반대하는 히피 모임 '비인be-in'을 열었고, 여기서 영감을 얻은 비만 활동가들은 1967년에 몸무게 차별에 대항하기 위한 모임 '팻인Fat-In'을 기획했다. 센트럴파크에 500여 명의 (뚱뚱하고 마른) 사람들이 운집했고, 이들은 함께 아이스크림을 먹으며 다이어트 책과 모델 트위기(그녀의 전성기 체중은 40킬로그램에 불과했다)의 포스터를 불태웠다. 그리고 "붓다는 뚱뚱했다"라고 쓴 팻말을 들고 "비만 여성을 식사 자리로TAKE A FAT GIRL TO DINNER"와 "수척함을 치료하는 데 도움을 줍니다HELP CURE EMANCIATION"라고 적힌 배지를 달았다. 활동가 스티브 포스트는 기자에게 이렇게 말했다. "우리가 죄책감을 느끼는 게 아니라 행복하다는 걸 보여주고 싶습니다."

1967년 루엘린 라우더백은 〈새터데이 이브닝 포스트〉에 '더 많은 사람이 뚱뚱해져야 한다'라는 제목의 글을 썼다. 나중에 《비만파워Fat Power》라는 책으로 발전될 이 글은 "비만은 추하다고들 말한다"라는 첫 문장으로 시작한다. 그는 뚱뚱한 사람들은 살을 빼거나 뺀 이후 날씬한 체형을 유지하기 위해 노력할 필요가 없다고 주장했다. 그런 노력이 비만인의 정신건강에 유해함은 말할 것도 없고, 나아가 그들은 사실상 바꾸는 것이 불가능한 신체 유형을 갖고 있으며, 비만인은 날씬하다고 인정받기 위해 더 이상 고통받아서는 안 된다는 것이었다. "미국 문화는 온갖 진보적인 사상을 가지고 있음에도 모든 사람에게 단 하나의 용인 가능한 체형을 강요하는 데 혈안이 되어 있는 듯하다."

1969년에는 생물의학공학자 빌 파브리의 주도로 전국 비만수용증진협회National Association to Advance Fat Acceptance가 발족했다. 파브리의 설명에 의하면 이 단체는 "세상을 비만인에게 좀 더 안전하고 쾌적한 곳으로 만들며, 비만인이 자기 자신을 더 좋아하도록 돕고, 마지막으로 좀 덜 중요하지만, 누구도 자신의 취향을 타인에게 강요하지 않도록 하기 위해" 만들어졌다.

페미니즘과 비만은 서로 얽혀 있다. 음식과 여성성이 서로 얽혀 있기 때문이다. 식구들 먹이기, 요리하기, 부엌은 여전히 몽땅 여성의 영역이었다. 여성의 몸무게는 남성의 몸무게보다 중요하고, 사회에서 여성을 평가하는 잣대는 여전히 외모였다. 어쩌면 다이어트가 비만보다 여성에게 더 해로울 수 있다는 생각은 이제야 막 침투하기 시작했다.

영국의 심리학자 수지 오바크도 1978년에 출판한 저서 《비만은 페미니즘의 문제다 Fat is a Feminist Issue》에서 그 같은 생각을 개진했다. 오바크는 비만 수용을 문제 삼기보다는 '왜 어떤 사람은 음식을 단순한 영양공급원 이상으로 사용하는지'를 파고들었다. 그녀는 강박적인 먹기(하지만 실제로 이 말은 무엇을 가리킬까? 같은 행위도 누군가에겐 강박이고 누군가에겐 정상이다)가 현대사회의 성차별적 압력에 대한 적응적 반응이며, "그 자체로 증상이자 문제"라고 보았다. 오바크는 우리가 "삶이라는 과업을 계속"하기 위해 좋아하는 음식들로 주변을 채워놓아야 한다고 썼다.

여성해방과 건강, 체중 간의 관계를 문제 삼은 학자는 비단 오바크만이 아니었다. 일부는 더 급진적인 태도를 취했다. 〈리버레이션 뉴스 서비스〉에 발표한 글에서 로베르타 와인트라우브는 이렇게 말했다. "비만은 남성에 대한 방어다. (……) 그러나 여성에게 갈등과 불행을 일으키는 주된 원천이다." 일리 있는 말이다. 만약 여성의 몸이 가부장제 사회에서 자신의 제일가는 자산이라면, 그 몸을 자신이 어떻게 가꾸고 특정 형태로 만들며 다른 여성의 몸과 비교할 것인가의 문제는 여성이 자신의 해방을 향해 가는 길과 불가분 연결되어 있다. 가령 1970년에 나온 페미니즘적 건강에 관한 고전 《우리의 몸, 우리 자신Our Bodies, Ourselves》은 이렇게 선언했다. "우리는 운동, 적절한 식사, (가라테 같은) 훈련을 통해 육체적으로 건강하고, 강하고, 지구력 있는 사람이 되기를, 스스로를 자랑스럽게 여기기를 원한다. 다른 사람 눈에 좋게 보여서가 아니라 우리 스스로의 좋은 기분 때문에 자부심을 느끼기를 바란다."

나아가 오바크는 웨이트워처스(그녀는 웨이트워처스를 "외적 접근external scheme"이라 부르며 반대했다)와 '익명의 과식인들'의 느슨한 대안을 제시하기도 했다. 여성을 향한 사회의 비현실적

인 기대에 도전하기 위해 당시 유행하던 의식화^{consciousness-raising}
모임의 일종처럼 여성들이 정기적으로 만나 삶을 나누자는 것
이다. 오바크가 추천한 모델은 8명이 일주일에 한 번, 두 시간
반 동안 모임을 갖는 것이다. 두 시간 반은 꽤 긴 것처럼 보인
다. 오바크의 글에는 심리학적 비약("비만은 엄마 역할에 대한 상
징적 부인이다", "여성은 마른 몸을 두려워한다", "강박적인 먹기는 성적
불평등에 대한 상징적 저항이다" 등)이 일부 보이고, 또 단순히 재
밌기도 하지만(그녀는 코티지 치즈를 "메타돈^{약물의존 환자의 금단현상 치료}
^{에 쓰이는 진통제} 대체품"이라고 부른다), 결국 그녀의 진정한 목적은 수
용과 지지다. 어떤 여성들은 이 모든 것을 알고 난 후에도 여전
히 살을 빼고 싶을지 모르며, 그것도 괜찮다고 오바크는 말한
다. 그렇지만 모임을 6개월만 하고 나면 체중이 정체기에 들어
서거나, 아니면 다이어트를 그만두고 제정신을 차리게 될 것이
라고 은근히 장담했다. 그러면서 그 길을 따르는 것이 치유라
고 말한다.

　　웨이트워처스는 페미니스트인가? 이 기업은 젠더화된
낙인으로부터 이윤을 얻는다. 그래서 회사의 근본적인 목적은
여성해방보다는 재정적 성장이다. 하지만 의식화 모임을 비롯
한 진과 오바크의 비전은 '여성에게 자신의 이야기를 할 수 있
는 장소를 제공한다'는 공통점이 있었다. 그것이 다이어트 프
로그램 자체를 넘어 웨이트워처스의 핵심을 이뤘다. 진은 여성
에게 공간과 공동체를 제공했기 때문에 앳킨스 박사 같은 동료
들을 뛰어넘었고 팬들 사이에서 영웅이 되었다. 그때까지 다이

어트는 항상 여성잡지에 나오는, 나와 거리도 멀고 얼굴도 없는 글쓴이의 안내에 따라 혼자 끙끙대며 해야 하는 것이었다. 웨이트워처스도 기본적으로는 여성이 외모 관리 노동의 유행을 좇도록 만드는 또 다른 사적인 방식이긴 했다. 하지만 진이 고안한 그 모임들은 비록 인공감미료 브랜드를 서로 비교하는 자리에 불과했다 할지라도 여성이 자기 삶의 현실을 나눌 수 있는 자리를 제공했다. '여성이 된다는 것'을 '침묵하며 고통받는 것'과 동일시하던 사고방식이 천천히 사라졌고, 사라진 자리를 대신하여 여성들도 자신을 개방하고 도움을 청할 수 있다는 가능성이 들어섰다.

진은 드러내놓고 페미니스트를 자처한 적은 없었지만, 확실히 당대 여성들의 일반적인 삶과는 다른 유형의 삶을 살았다. 진은 자신의 신용카드에 '미시즈 모티머 니데치'라는 이름이 새겨지던 시절에 회사를 설립했고, 가정의 울타리 밖에서도 자신이 가치 있다고 믿는 용기를 가졌다. "끊임없이 나 자신에게 물었어요. 나는 누구지? 아내? 엄마? 사업가? 회사 대표?" 그러나 진이 동시대 여성 세대에서 국외자가 된 대가로 얻은 것은 가족 관계에서의 긴장이었다.

날씬함의 전도사 진은 친구나 가족과 야릇한 관계에 있었다. 진에게는 편집증에 가까운 특유의 불신이 있는 듯했다. "착한 친구들은 다이어트인의 재앙이에요." 진은 말했다. "가끔 그 사람들이 여러분을 유혹하는 이유가 100퍼센트 순수하고 고상한 것만은 아닐 때도 있어요." 진의 세계관에 의하면 친구란 시기심 많고 다이어트인의 결심을 끊임없이 흔드는 존재다. "여러분이 가고 싶은 곳에 시선을 고정하세요. 여러분이 해야 할 일은 계속 '아니'라고 말하는 것입니다."

체중 감시는 니데치 가족 전체의 일이었다. 마티는 살을 빼면 볼링 점수가 훨씬 잘 나오겠다는 친구의 말에 프로그램에 등록하여 30킬로그램을 감량했고, 진의 모친 메이 역시 웨이트워처스를 통해 25.8킬로그램을 감량했다. 한 칼럼에서 진은 맏아들 데이비드가 자신과 비슷한 습관을 가졌지만 두 가지 이유, 즉 여자친구와 웨이트워처스 덕분에 체중 감량에 성공했다고 말했다. "내 입으로 말하긴 부끄럽지만, 데이비드는 잘생기고 날렵한 10대를 거쳐 아주 멋진 미남으로 성장했다"고 진은 썼다. "나는 데이비드가 내 전철을 밟도록 내버려 두었다. 그래서 누군가는 푸른 눈을, 누군가는 갈색 눈을 가지고 태어나듯 어떤 사람은 음식에 대한 통제 불능의 욕구를 가지고 음식에서 위안이나 위로, 보상을 얻지만, 어떤 사람은 입고 나갈 옷을 고르는 것처럼 먹을 음식도 선택하면서 살아간다는 사실을 터득할 수 있었다." 둘째 리처드는 선천적인 체중 감시자로 태어났다. "우리가 낳은 아들이 휘핑크림을 싫어할 수 있다니, 남편과 나는 놀라지 않을 수 없었다!"

가족 전체가 다이어트 프로그램을 했고 웨이트워처스의 성공이 준 혜택을 누렸지만, 그들은 행복하지 않았다. 진은 이 상황을 어떻게 받아들여야 할지 갈피를 잡지 못했다. 웨이트워처스를 시작하고 첫 10년은 너무 바빴다. 러닝머신 위를 쉬지 않고 달리는 기분이었다. 일정대로 이동하고 비행 스케줄을 맞추기 위해 최선을 다하는 것만으로도 버거웠다. "내가 변하고 있다는 걸 알았어요. 외모가 달라졌고, 돈을 벌고, 좋은 옷을 입었죠. 원래의 나를 잊게 될까 봐 두려웠어요. 아시잖아요, 나는 그걸 잊기 쉬운 사람들을 주로 만나왔어요. 살이 빠지고 나서 '난 뚱뚱했던 적이 없다'든가 '내가 진보다 더 잘 알아서 한다'든가, 돈을 벌고 나서 '나는 항상 돈이 많았다'던가 '가사도우미를 왜 안 쓰냐'고 쉽게 말하는 그런 사람들요." 진은 원래의 자신을 잊지 않으려고 스스로에게 엄격했다. 하루 종일 바깥일을 마치고 돌아오면 밤중에 걸레로 부엌 바닥을 훔치고 창턱에 아슬아슬하게 앉아 창문을 닦았다. "사람은 과거를 기억할 때 현재를 즐길 수 있다고 생각해요. 살이 빠지고 날씬해졌지만 언제든 다시 찔 수 있다는 사실을 잊으면 안 돼요. 과거에 자기도 똑같이 가지고 있었던 문제로 고민하는 다른 사람을 보면서 공감도 못 하고 밉살스럽게 굴어서야 되나요." 과거는 사라지지 않는 유령이었다. 진은 옛 친구들과 관계를 유지하는 것이 힘들었다. 심리상담사도 만나기 시작했다. 상담사는 진에게 그녀가 가족뿐 아니라 웨이트워처스의 모든 사람(진은 그들을 "세상의 모든 엄마"라고 불렀다)을 책임지고 있다는 생각을 내려놓고 자신이 변함없이 뉴욕 브루클린 출신의 진 슬러츠키라는 사실을 떠올려보라고 조언했다.

그러나 진의 가족은 달라진 현실 때문에 훨씬 더 힘들어했다. 그들은 진의 야심은 물론 진의 성공이 가져다주는 안락함에도 큰 관심이 없었다. 물론 진의 모친 메이는 딸의 사진을 집 안 곳곳에 놓아두고 이브닝드레스를 입은 진의 사진이 인쇄된 냉동 생선 포장상자(메이는 슈퍼마켓에서 이 상자를 가리키며 "쟤가 내 딸이에요!"라고 말하기를 좋아했다)를 차곡차곡 모아놓았다. 그럼에도 메이에게 딸은 어느덧 이해 불가능한 대상이 되었다. 딸이 자랑스러우면서도 딸이 사는 방식이 당혹스러웠고, 딸이 인생을 홀로 마감하게 될지도 모른다는 생각에 몹시 두려웠다. 메이는 진이 왜 모든 걸 다 그만두고 손톱미용사를 하면서 자신과 비슷한 삶을 살지 않는지 도무지 이해할 수 없었다.

마티는 웨이트워처스의 임원이었고 진이 버스회사를 사서 경영을 맡겨보기도 했지만(마티는 경영보다는 운전 자체를 좋아했기 때문에 이 시도는 실패했다), 모피코트와 비행기 1등석, 가끔씩 따라붙는 경호원의 존재에 질려버렸다. "이게 다 언제 끝나는 건데?" 마티는 툭하면 그렇게 물었다. "난 당신이 달걀 팔던 때가 더 좋아." "남편은 달라진 나와 함께하고 싶어 하지 않았어요. 그러니까 뚱뚱했던 시절의 내가 더 좋았나 봐요." 진이 말했다. 마티는 맛있는 것을 함께 먹으러 다니던 친구 진이 그리웠다. 10대가 된 두 아들은 그 또래 아이들이 으레 그러듯 자기들만의 세계로 숨어버렸다. 어찌 되었든 진은 이미 변했다. 되돌아가기란 불가능했다. 왜 그들은 진이 소박한 삶을 살기를 원했을까? "제가 마티에게 말했죠. '당신이 지금 불행하다는 거 알아. 그리고 난 당신이 불행한 걸 원치 않고. 하지만 이미 발동이 걸린걸. 난 이걸 해야만 하고, 당신이 싫어한다는 것도 알지만……, 당신 가족은 당신이 뭔가 일을 벌이면 당신 걱정부터 하잖아. 하지만 난 안 그랬어."

1971년, 24년의 결혼생활 끝에 니데치 부부는 이혼했다. "우리 이혼이 내 잘못 때문이었을까? 어쩌면 그럴지도. 하지만 그걸 누가 알지?" 진은 자문했다. 결혼은 진이 처음으로 경험했던 진실한 관계였다. 마티는 아이들의 아버지였고 진이 자신을 진심으로 사랑하게 되기 전에 먼저 진을 사랑한 사람이었다. 결혼 관계에 공식적인 마침표를 찍기까지의 그 폭풍 같은 몇 년 동안, 진은 결혼을 애도하는 동시에 앞으로 나아갈 준비를 했을지 모른다. 적어도 진 자신은 그렇게 말했다. "뭐 하러 곱씹겠어요? 우리는 이혼했어요. 어제 일은 잊어야죠. 과거를 자꾸 생각하면서 이랬을까 저랬을까 상상해봐야 상황은 더 악화되기만 해요." 진은 처음 구입했을 때보다 여섯 배가 오른 퀸스의 아파트를 팔고 짐을 모두 챙겨 미 대륙의 반대편으로 날아갔다. 1972년 가을, 진은 캘리포니아의 브렌트우드로 이사했다. 진 니데치는 이제 싱글 여성이었다.

CHAPTER 12

어둠의 구역에
오셨네요

2017년 12월

웨이트워처스에서 주최하는 캐러비안 크루즈 여행에 가기로 했다. 아빠는 그 이야기를 듣고도 별말이 없다가 룸서비스가 공짜라는 말에 갑자기 반색했다. 그러더니 밑도 끝도 없이 야식 메뉴를 열거하기 시작했다. "처음에는 너트류 믹스로 시작하는 거야. 그다음에는 어떤 종류 파이가 있는지 좀 보고, 과일파이에 아이스크림을 얹어달라고 해야겠다. 구운 감자랑 괜찮은 스테이크도 먹고 싶을 것 같고, 먹음직한 샐러드랑 마티니 두어 잔도 곁들여야지." 친구들은 휴가 계획치고는 괴상하다고 했다. "홀리데이 인 호텔에서 휴가 보내겠다는 소리 같잖아." 베라가 말했다. 베라가 알아야 할 것이 있다. 베라는 몇 세대가 모여 알래스카 크루즈 여행을 가는 것을 최고로 여기는 집안 출신이다. "너는 물만 보면 제일 먼저 뛰어드는 사람인 거 몰라? 높은 데 가만히 서서 바다를 쳐다보기만 해야 한다면 넌

디스 이즈 빅

미쳐버릴 거야."

그렇지만 웨이트워처스 동료 회원들(웨이트워처스에 휴가까지 바칠 만큼 진심으로 최선을 다하는 사람들)과 어울릴 기회라는 사실이 내겐 너무도 큰 유혹이었다. 다이어트를 꾸준히 할 수 있는 도움도 얻고 어쩌면 친구를 사귈 수 있을지도 모른다. 그런 것들이 다 안 된다 할지라도, 적어도 며칠간 바람은 쐴 수 있다.

뉴욕의 날씨가 영하로 바뀌고 가을이 막바지로 접어든 어느 날 아침, 나는 마이애미로 향하는 비행기에 올랐다. 그리고 비행기에서 내려 다시 택시로 갈아타고 크루즈 터미널까지 가서 체크인을 했다. 내가 들어갈 객실 정리가 아직 마무리되지 않아 시간이 붕 떴다. 선택의 여지가 없었다. 오전 11시밖에 안 된 시점이긴 했지만 메인데크의 바에 앉아 뭐든 한 잔 마시기로 했다. 트루엣 허스트 와이너리에서 웨이트워처스와 손잡고 선보인 저칼로리 소비뇽 블랑 와인 '센스Cense'의 광고가 보였다. 일반 와인이 4온스(약 120밀리리터) 한 잔당 4포인트인 데 반해 센스는 3포인트였다. 마셔보았더니 제법 풍미가 있고 신선했다. 나쁘지는 않았지만 집에 사 가고 싶을 만큼 좋지도 않았다.

멀찍이 유리로 된 엘리베이터가 보이고, 문이 열리는 방향으로 반들거리는 계단이 연결되어 있었다. 사방 어디를 보아도 각진 곳이 없었다. 의자, 계단, 수영장 테두리까지 부드러운 곡선이라 왠지 꿈틀거리고 있는 듯한 인상을 받았다. 천장을 파랗고 하얗게 꾸민 흡연 라운지, 주황색 계열로 장식된 재즈바도 있었다. 재즈바는 록밴드 화이트스네이크의 뮤직비디오에 나올 것처럼 생겼다.

이 크루즈에는 800명이 넘는 대규모 웨이트워처스 파견단이 타고 있다. 인종 면에서 우리는 꽤 다양하다. 물론 연령 면에서는 압도적으로 중년에 몰려 있다. 그래봐야 이 대형 선박에 오른 2,500명 남짓한 전체 승객의 4분의 1에 불과하다. 배에는 음식마다 포인트가 표시된 웨이트워처스 전용 뷔페 구역이 따로 있다. 우리 다이어트인이 안전감을 갖고 각자 자기 포인트 한계 안에서 채소와 통곡물을 많이 먹을 수 있는 장소였다. 나는 마요네즈 없는 달걀 샐러드나 점심용 채식 버거, 저녁용 수프 같은 웨이트워처스 음식은 하나도 먹고 싶지 않았다. 내가 다른 웨이트워처스 승객만큼 열심이지 못한 탓도 있겠지만, 배에서 발견한 다른 대안들에 마음을 빼앗겼기 때문이기도 했다.

웨이트워처스 구역에서 몇 걸음만 더 가면 장작에 구운 피자가 나오는 곳이 있다. 선박 소유주가 이탈리아 회사여서 피자들이 더 맛있어 보였다. 피자 코너 근처를 배회하다가 대학 시절 남자친구가 곧잘 들려주던 일화가 떠올랐다. 부모님이 히피여서 어릴 적 그의 집에는 TV가 없었다. 그러다가 이웃 주민들에게 아이가 이 집 저 집 창문을 기웃거리며 TV를 훔쳐본다는 이야기를 듣고서야 마침내 부모님이 TV를 사셨다고 했다. 페퍼로니, 매콤한 소시지 토핑, 마가리타, 기타 등등, 기타 등등, 계속 종류가 바뀌는 조각 피자 진열대를 바라보는 내 모습이 그 창문 밖 소년 같았다.

그때 웨이트워처스 이름표를 달고 노란색 점프슈트를

입은 여성이 내 옆으로 다가왔다. 이름표 덕분에 우리는 배 안에서 웨이트워처스 회원을 서로 알아볼 수 있다. "어둠의 구역에 오셨네요." 그녀가 내 귀에 속삭였다. 우리는 웃었다. 나는 얼굴이 붉어졌다. 들켰구나. 나는 치즈가 없는 마리나라 조각 피자를 하나 집었고, 그녀는 페퍼로니 조각 피자를 선택했다. 우리는 포인트를 한번 찾아보기로 했다. 둘 다 살짝 흥분한 상태였다. 웨이트워처스 프로그램을 하는 중에도 먹는 음식의 종류에는 제한이 없기 때문에 우리가 규칙을 어기고 있는 것은 아니다. 하지만 이 커다란 조각 피자는 6포인트였다. 내가 너무 얕잡아보았던 것 같다. 객실로 피자 배달을 시키는 선택지도 있었다. 내가 그것만은 선택하지 않았다고 말할 수 있으면 좋겠지만, 피자와 3포인트 와인은 찰떡 궁합이었다.

미리엄이 웨이트워처스 리더가 크루즈 여행에 뽑히는 것은 대단한 일이라고 말해준 적이 있다. 그렇다면 나는 최고 중의 최고들과 이 시간을 함께하는 것이다. 선상 웨이트워처스 모임에 참석한 나는 뉴욕 교외지역에서 활동한다고 소개한 리더가 "이슈는 티슈에 있죠"라고 말하는 것을 들었다. 아직도 나는 그녀가 비만조직을 가리키는 '티슈'를 말한 것인지 크리넥스를 말한 것인지 모른다. 하지만 요지는 우리가 일주일간 서로를 파고들면 울음이 터질 수도 있다는 소리 같았다. 아니면 과일 케밥이나 지방 없는 마르게리타 피자를 먹으면서 새로운 친구를 사귀라는 의미일지도 몰랐다. "이번 한 주는 여러분이 조금 느슨해져도 좋다는 허락을 받은 시간이에요. 여러분 자신을 위한 일을 해도 되는 시간입니다. 지금 앉은 자리에서 여러분의 왼쪽과 오른쪽을 보세요. 그분들이 이번 주가 끝날 때까지 여러분의 가족이 될 겁니다." 그녀가 말했다. 내 오른쪽에는 피자 코너에서 나를 찾아낸 그 여성이 앉아 있었다. 우리는 하이파이브를 했다.

크루즈에는 웨이트워처스 홍보대사들, 웨이트워처스의 SNS 인플루언서들도 있었다. 티셔츠를 받거나 신규 프로그램 또는 애플리케이션 업데이트를 시연해보는 것 말고 이들에게 주어지는 다른 보상은 없다. 체형은 마른 사람부터 뚱뚱한 사람까지 다양했지만 외모는 다들 예뻤다. 정교하게 꾸민 매니큐어나 드라이어로 모양 낸 머리, 완벽한 화장에 이르기까지 학교 다닐 때 가장 인기 있던 여학생들이 그대로 자라 어른이 된 모습 같았다. 그중 한 명이 저녁행사용으로 실제 고등학교 졸업 파티 때 입었던 드레스를 가져왔다고 말하는 것까지 어깨 너머로 들었다. 홍보대사들은 비용을 직접 부담하고 오기는 하지만, 저녁식사 자리만큼은 레스토랑 앞쪽 테이블에 웨이트워처스 중역들 그리고 나와 함께 앉도록 별도로 좌석 예약이 되어 있었다.

나는 그곳에서 취재원으로 있지 않았다. 웨이트워처스 관계자가 내게 크루즈 여행은 회원들을 만날 수 있는 좋은 기회라고 알려주었다. 나는 거짓말이 아니라 정말 낡은 파자마 차림으로 저녁식사 자리에 가곤 했고, 머리 만지는 것도 포기한 채 질끈 묶어 틀어올린 스타일로 일주일을 버텼다. 아마 그래서 홍보대사 중 한 명이 나더러 자리를 옮겨달라고 말했는지 모르겠다. "저기, 여긴 다 예약된 자린데요." 검정색 볼가운 드레스를 입고 짙은색 머리카락을 길게 늘어뜨린 모습이 눈에 들어왔다. 내가 심술궂은 뚱보 소녀들의 나라에 착륙한 건가? 나더러 너무 후줄근하니 멋진 뚱보 아이들과는 합석할 수 없다는 소리를 지금 들은 건가? 대략 그런 식의 상황 아닌가. "아니요, 저분 자리 맞아요." 웨이트워처스 중역 한 명이 내 체면을 세워주며 말했다. 홍보대사 얼굴이 빨개졌다. "제가 예의 없이 굴었네요, 정말 죄송해요." 우리는 웃었고, 포옹했다. 그리고 의견 충돌이 생길 때마다 눈을 흘기며 "여긴 다 예약된 자린데요"라고 속삭이고는 키득거렸다. 저녁식사 후 어느 날 밤에는 함께 디스코 춤을 추었고, 식당 직원 몇 명은 별 이유도 없이 도나 서머의 〈핫 스터프〉를 불렀다.

데이비드 포스터 월리스의 유명한 에세이 〈배로 여행하기 : 호화 크루즈 여행의 (거의 치명적인) 편리함에 대하여On the (Nearly Lethal) Comforts of a Luxury Cruise〉2018년 바다출판사에서 출간된《재밌다고들 하지만 나는 두 번 다시 하지 않을 일》에는〈재밌다고들 하지만 나는 두 번 다시 하지 않을 일〉이라는 제목으로 수록돼 있다에서 내가 제일 좋아하는 구절 하나가 계속 떠올랐다. "그들은 당신이 대단한 쾌락을 누릴 수도 있다고 약속했지 누릴 것이라고는 약속하지 않았다." 낯선 사람들과 어쩔 수 없이 어울려야 하는 상황을 나는 편안해하지 못한다. 아니, 무슨 일이건 일단 강요받아 하는 것은 내키지 않는다. 그런 내가 이번에는 그래도 집단 활동에 참여했다. 치어리더처럼 활달하고 정신 번쩍 나게 하는 목소리를 가진 조지아 주의 어느 리더가 이끄는 상단 갑판 요가 수업에도 기꺼이 참석했다. 크루즈는 몇 군데 항구(세인트토머스, 세인트마틴)에 들르긴 했지만 텍스멕스Tex-mex. 텍사스풍과 멕시칸풍이 혼합된 요리 체인점 레스토랑과 기념품 상점이 볼거리의 전부였다. 바하마에 들렀을 때는 스노클링을 했고, 이어서 쌍동선 요트에서 럼 펀치를 마셨다. 나는 한쪽 어깨를 노출한 수영복을 입고 요트를 타면서 셀카를 찍었는데 그렇게 나빠 보이지는 않는다고 생각했다. 밤에는 홍보대사들과 피아노 라운지에서 수다를 떨었다. 주된 화제는 우주비행사처럼 생긴 외모에 유부녀들도 한 번쯤 말을 붙여보고 싶어 했던 남아프리카 출신 갑판원이었다. 하지만 나는 배에서 유행하는 감기에 걸려 24시간을 침대에 누워 있었다. 그러느라 아쿠아사이클링과 이탈리아 요리 교실을 건너뛰었고, 감사하게도 심심풀이용 성장소설을 읽으면서 내 방 작은 발코니에서 철썩거리는 파도를 구경할 핑곗거리를 얻었다. 이 순간만큼은 내가 집중 다이어트 휴가를 온 사람이 아니라 일반 승객인 척을 해보았다.

크루즈에 탄 사람들과 가족이 되었다고는 말하지 못하겠다. 솔직히 말해 마이애미에 도착한 순간 곧바로 안도감을 느꼈다. 하나의 집단으로 그들에게 의지하는 것은 고사하고 껍질 밖으로 나와 낯선 이들과 함께 있는 것 자체가 나에게는 고역이다. 물리적인 장소에 굳이 가지 않으면서 혼자 웨이트워처스를 해나갈 수 있다고는 하지만, 그래도 이 회사의 핵심은 여전히 모임이다. 집단 모임은 일주일에 한 번 간을 먹거나 체중을 재는 것보다 더하진 않아도 최소한 그만큼 중요한 일이다. 그것이 진의 아이디어였고, 지금도 웨이트워처스의 본질적인 정체성은 거기 있다. 내 이야기를 나누고 타인의 말을 경청하는 행위 자체가 다이어트를 성장, 변화, 역량 강화의 기회로 변화시킨다. 나는 그것들을 전부 원한다. 이 크루즈와 우리 동네인 브루클린에서 열리는 웨이트워처스 모임에서 경험한 것들로부터 얻을 수 있는 모든 것을 얻고 싶었다. 하지만 웨이트워처스에 진심으로 나 자신을 던져 넣는 일에 대한 양가감정도 잊을 만하면 다시 올라왔다. 가장 큰 갈등은 마땅히 해야 하는 것을 하고픈 나의 욕구와 내 마음은 실제로 그것을 원하지 않는다는 자각의 충돌이었다.

　　피자 뷔페의 존재에도 나는 340그램 정도 가벼워진 몸으로 크루즈 여행에서 돌아왔다. 미리엄은 음식 말고 자신의 감정이나 느슨해지는 마음을 다스리는 방법에 대해 질문했다. 내가 본능적으로 가장 말하기 꺼리는 주제다. 그래서 패트리스가 아침마다 명상을 하고 로즈마리가 시시껄렁한 TV 프로그램을 본다고 말할 때도 듣고만 있었다. 나는 어떤 회원들은 웨이트워처스 모임이 제공해주는 청중을 좋아한다는 결론을 얻었다. 나는 일요일 아침마다 그냥 그곳에 앉아서 반쯤 건성으로 듣기만 한다. 부모에게 등 떠밀려 억지로 성당에 와 있는 10대 아이들이 아마 이렇지 않을까 상상해본다. 웨이트워처스에 들어 있는 watch는 '감시'를 의미한다. 살이 안 빠졌다는 생각이

들면 나는 모임을 빠졌다. 체중을 재지 않아도 아무 문제가 없고, 심지어 실제 체중을 재어보고 살이 찐 것을 확인했다 해도 그 사실은 나만 알지만, 그래도 발걸음이 내키지 않았다.

살이 조금 빠졌음에도 나는 스스로에게 좌절감을 느끼며 택시를 타고 집으로 왔다. 누구도 나더러 모임에 나가라고 강요하지 않았다. 일기를 꺼내어 나를 도닥이는 글을 썼다. 나란 사람에게 모임에 얼굴이라도 비치고 프로그램이 효과가 날 때까지 버텨보는 것이 얼마나 필요한지를 적었다. 나는 나 자신을 개방해야 한다. 그리고 동료 웨이트워처스 회원들을 알아가기 위해 노력해야 한다. 사람들 앞에서 나를 취약한 상태로 드러내고 당황스러움도 맞닥뜨려봐야 한다. 체중 감량뿐 아니라 이런 것들이 앞으로 몇 달간 나의 목표가 되어야 한다. 하지만 이 모든 것이 내 머릿속에서 다른 누군가가 지껄이는 허튼소리처럼 들렸다. 나는 내 몸을 뜯어고치고 싶은 만큼 내 성격도 뜯어고치려 애쓰고 있었던 걸까? 집에 돌아온 후 나는 구운 콜리플라워, 꽃상추, 강낭콩, 페타 치즈에 로즈마리·레몬·올리브오일을 섞은 드레싱을 버무려 정성껏 샐러드를 만들었다. 맛있었다. 그리고 웨이트워처스 친화적이었다. 하지만 아직 나는 불만족스러웠다. 음식보다는 나 자신에게.

CHAPTER 13

저는 밀어주는 사람입니다

1973년

1973년 6월 11일 웨이트워처스는 매디슨 스퀘어 가든 경기장을 가득 메운 군중의 환호를 받으며 창립 10주년 기념 행사를 개최했다. 프랜차이즈 가맹점은 이제 110곳에 이르렀고 회사는 매년 1,500만 달러를 벌어들였다. 진은 창립 기념 파티의 기획과 홍보를 하워드 루벤스타인에게 맡겼다. PR업계의 전설인 루벤스타인은 뉴욕 양키스나 메트로폴리탄 오페라단처럼 뉴욕의 굵직굵직한 단체들의 행사를 도맡아 진행한 베테랑이다. 그의 에이전시는 타임스스퀘어를 한시적으로 '웨이트워처스 스퀘어'로 바꿔 부를 수 있도록 미리 조처해두었다. 어떤 사람들은 차라리 그 표현이 '웨이트워처스 라운드'라는 이름보다 훨씬 낫다_{비만을 연상시키는 라운드(원)보다는 스퀘어(네모)가 낫다는 의미}고도 했다.

기념행사는 창립기념일 하루 전인 6월 10일 오후, 이제는 진과 막역한 사이가 된 톱스타 밥 호프의 일흔 번째 생일 파

디스 이즈 빅

티와 함께 시작되었다. 밥 호프를 소개하기 위해 무려 68킬로 그램 감량에 성공한 오스트레일리아인이 단상에 올랐다. 그의 옆에는 시드니에서 비행기에 태운 다음 다시 맨해튼까지 택시에 구겨 넣고 오느라 차창 밖으로 튀어나온 머리와 꼬리를 쉴 새 없이 덜렁거렸던 2미터 크기의 캥거루 인형이 있었다. 웨이트워 처스 프로그램 규정상 알코올은 당연히 금지 품목이었지만 술 없이도 장내는 금세 후끈하게 달아올랐다. 역시 웨이트워처스 를 통해 체중 감량에 성공한 〈래프인Laugh-In〉1960~1970년대를 풍미한 미국의 코미디 프로그램의 스타 코미디언 루스 버지가 테이블 위로 뛰 어 올라가 허리를 돌리는 도발적인 춤을 추며 웨이트워처스가 자신을 섹스심벌로 만들었노라고 자랑스레 외쳤다. 가수 펄 베 일리는 "진의 동상을 세웁시다!" 하고 소리를 질렀다.

캔자스시티에서 비행기 석 대를 전세 내어 단체로 이동 한 376명을 포함해 총 1만 6,500명의 열혈 웨이트워처스 회원 들이 이 갈라쇼에 함께했다. 맨 처음 등장한 앨버트 리퍼트가 청중에게 감사 인사를 전한 뒤 사회를 맡은 라디오 DJ 윌리엄 윌리엄스를 소개했다. 이어 펄 베일리가 무대에 올랐고, 이날 밤 풍경을 스케치한 〈웨이트워처스〉의 표현을 따르자면 그녀 는 "노래하고, 익살을 부리고, 춤을 췄다." 그다음에는 작곡가 겸 작사가(이면서 웨이트워처스 회원인) 빌리 반스가 루스 버지, 오페라가수 로베르타 피터스, 코미디언 찰스 넬슨 레일리 등 과 함께 비만인이 살을 빼면 어떤 느낌인지를 해학적으로 묘사 한 노래를 불렀다. 드디어 전날 밤 생일 파티에서 완전히 회복한 것처럼 보이는 밥 호프가 속사포 같은 농담을 던지며 걸어 나왔다. "내가 전에 웨이스트 신치 폭이 넓은 여자용 허리띠를 해본 적이 있는데 말이죠, 가터벨트를 양말에다 연결했더니, 글쎄 키를 5센티미터나 뚝딱 잡아먹더라고요." 그의 또 다른 개그는 친구이자 배우 재키 글리슨을 소재로 했다. "글리슨은 끊임없이 다이어트를 하는데, 다음 날만 되면 또 때려쳐요. 마이애미에 닿아 비행기에서 내리더니 푸드트럭 한 대를 통째 다 먹었지." 찰스 넬슨 레일리가 다시 등장해 자신이 어떻게 웨이트워처스 프로그램으로 감량에 성공했는지를 털어놓았다. 그는 "내가 〈웨이트워처스〉 센터폴드 잡지 중간쯤에 사진 등을 크게 싣기 위해 접어서 넣은 페이지에 최초로 실릴 사람이 될 거예요"라고 공언했다. 관중이 환호했다.

장내를 쩌렁쩌렁 울리는 박수와 함성 속에서 진분홍 드레스를 입은 진이 무대에 등장했다. 모든 사람이 고대하던 메인 이벤트의 시작이었다. "제가 등장하자 그 자리에 모인 수천 명이 전부 기립박수를 치고 소리를 질렀어요. 저는 그 사람들한테 신데렐라 같았어요. 상상하시는 것처럼, 저는 너무 큰 감동을 받았죠. 그래서 조명을 더 밝게 해달라고 부탁했어요. 여기 있는 이 아름다운 분들을 전부 보고 싶다고 말했죠." 행사가 절정에 달한 순간이었다. "사랑하고 사랑하는 여러분. 오늘 밤 여러분이 저를 세상에서 가장 행복한 여자로 만들어주셨습니다." 진의 첫마디였다. 진은 자신을 "뉴욕 브루클린의 성 진 슬러츠키"라고 부르면서 과거의 보잘것없던 시작, 회사의 성장 그리고 지금의 성공 때문에 얼마나 감격스러운지를 차근차근 이야기했다. 그리고 믿기 힘들 정도로 엄청난 감량(합산하면 총 1,814킬로그램에 달했다)에 성공한 21명의 회원을 무대 위로 불렀다. 그중 15세 소녀는 92킬로그램을 뺐다. 소녀는 눈물을 흘리며 몸무게가 바뀌면서 사람에게 다가가지 못하던 내성적인 성격이 없어졌고 학교 행사에서 노래를 부르고 체중 감량의 중요성을 알리는 연설까지 하게 되었다고 말했다. "전에는 구경만 하던 것들을 지금은 직접 해요."

진의 이야기는 두 시간이나 이어졌다. "카사블랑카에서 유람선을 탔다가 큰 해일 때문에 익사할 뻔한 적이 있어요. 그 순간에도 제 머릿속에는 '내가 왜 저녁식사 때 피치플람베를 취소했지' 하는 생각뿐이었어요. 식욕, 식욕이요."(진은 이런 식의 농담을 즐겼다. 찰스 넬슨 레일리는 다른 버전을 들려주었다. "진하고 유람선을 탔는데 엄청난 폭풍우가 몰아쳤거든요. 그때 진이 이렇게 말하데요. '그 케이크 내 앞으로 줘요. 배가 침몰하면 나는 케이크랑 아이스크림을 먹을래요.'")

하지만 그날 밤 진이 들려준 인생 이야기 가운데는 찡한 내용도 있었다. 진이 즐겨 말하던 사연 하나는 학창 시절 하굣길에 공원을 가로질러 오면서 경험한 풍경이다. 아이 엄마들이 삼삼오오 둘러앉아 수다를 떨고, 아이들은 그네에 앉아 누가 밀어주길 기다리면서 다리를 대롱거렸다. 아이들을 못 본 체 지나갈 수 없었던 진은 잠깐씩 가서 그네를 밀어주곤 했다. "그러면 아이들이 금세 다리에 힘을 주고 그네를 타기 시작합니다.

그렇게 만드는 게 저예요. 그게 제 인생에서 주어진 역할이에요. 저는 밀어주는 사람입니다." 진은 관중에게 앞으로의 10년을 한 번 지켜봐달라고 말했다. 지금은 단지 시작에 불과했다. 실제로 이 기념행사는 진의 삶에 어떤 분수령이 되었다. 진이 기대했던 방식은 아니었지만.

기념 파티 내내 진은 축하행사의 가장 나쁜 점은 꼭 케이크가 등장하는 것이라며 투덜거렸다. 세상에는 케이크가 너무 많다. 작은 케이크, 큰 케이크, 온갖 색과 향의 케이크, 생일 축하 케이크 그리고 그중에서도 웨이트워처스 기념 케이크가 가장 거대했다. 그러나 진은 항상 자신이 다이어트인들에게 했던 말을 그대로 실천했다. 촛불을 끄고 케이크를 자른 다음 다른 사람들에게 나눠주고 본인은 먹지 않았다. 진은 단 한 입도 먹지 않겠다고 맹세했다.

진은 절대 다시 살이 찌지 않겠다고도 맹세했다. 체중 감량에 한 번 성공한 뒤 가장 많이 나간 몸무게는 1988년 65세 때의 68킬로그램(3.6킬로그램밖에 늘지 않았다)이었다. 이것은 온갖 난관을 이겨낸 뒤에도 아침마다 일어나 자신의 몸을 느껴보고 뚱뚱하지 않나 확인하는 이 여성의 순탄하고 질투 나는 내러티브에 잘 들어맞는다. 〈웨이트워처스〉 1972년 3월호는 이런 진의 결단력이 어느 정도인지 확인이라도 해보겠다는 듯 진의 필체 분석을 주제로 장문의 글을 실었다. 힐다 할편은 진의 필체 견본을 살펴보고 이렇게 말했다. "진의 글자에서 고리나 매듭 모양을 보면 진이 쉽게 목표를 포기하지 않는 성격임을 확

디스 이즈 빅

실히 알 수 있다. (……) 당연히 진은 예전 습관으로 돌아가지 않을 것이다. (……) 진은 목표 체중에서 시선을 떼지 않을 사람이다." 진은 웨이트워처스의 얼굴이었다. 대외 이미지 면에서 진의 체중은 흔들림 없이 하강 궤적을 벗어나지 않아야 했다. 하지만 진실은 달랐다. 사실 진의 체중은 요동쳤다. 담배를 끊으면서 살이 쪘고, 다시 살이 빠졌다가 자궁절제술을 받으면서 또다시 쪘다. 공식적인 커튼 뒤에서, 진이 살이 찔 때마다 지인과 동료 들은 전전긍긍했다. 진은 강연 약속이 많았던 데다 특히 9킬로그램 가까이 불어났을 때의 체중은 티가 안 날 수가 없었다. 큰 키에 상체가 발달한 진은 복부에 살이 잘 붙는 체질이었다.

체중 증가가 이처럼 개인적인 배신으로 느껴지는 이유는 비밀로 지켜질 수 없는 일이라서 그렇다. 내 체중 증가를 내가 인정하고 싶든 인정하고 싶지 않든, 사람들은 알아본다. 이 부분에서 수치심이 개입된다. 진의 경우도 전혀 다르지 않았다. 사람들은 문을 잠그고 진의 몸무게가 오르내린다는 사실을 속닥거렸다. "진이 또 쪘대." 역설은 이것이다. 웨이트워처스 안에서 진은 다이어트인들이 함께 참여하는 문화를 만들었지만 그럼에도 결국 개개 다이어트인은 자기 자신과 작은 싸움을 치른다.

만일 진이 자신의 싸움을 공개했다면 어땠을까? 감량한 체중을 어떻게 유지하느냐, 체중과 전쟁을 하지 않는 비결이 무엇이냐는 질문을 받았을 때 그녀 자신도 항상 전쟁 중이며 이따금 실패할 때도 있다고 대답했다면 어땠을까? 그렇게 인정했다면 대중연설가 진의 카리스마와 재능이 더 부각되었을 것이다. 자신의 결함을 솔직히 인정하는 면 때문에 진은 더 현대적인(오프라 윈프리 계통의) 유명인사가 되고 팬들도 진의 취약함에 더 온정적으로 반응했을지 모른다. 아니다, 지금 나는 1923년생이 아니라 1977년생처럼 생각하고 있다.

진 개인의 삶을 보면 모든 것이 좋았다. 진은 배우 글렌 포드 그리고 프레드 아스테어와 데이트하며 연애도 즐겼다. 함께 춤추자는 아스테어의 제안은 거절했지만 두 사람이 나란히 찍힌 사진은 〈웨이트워처스〉 1973년 2월호에 실렸다. 1971년에는 한 파일럿 프로그램에서 우주비행사 아내 역할을 맡아 연기를 했다. 이 프로그램은 정식 TV 시리즈로 이어지지는 못했다. 치약회사 콜게이트로부터 광고 모델 제의도 받았으나 진과 웨이트워처스 모두 진이 타회사 광고에 나가는 것을 탐탁지 않게 여겼다. 진의 삶을 TV 영화로 옮겨보자는 이야기가 나오기도 했다. 진은 드라마 〈캐그니 앤 레이시^{Cagney & Lacey}〉에 나왔던 배우 샤론 글레스가 자신의 역할을 맡아주기를 은근히 바랐던 듯하다. 또한 진의 얼굴은 마르디 그라_{사순절 직전에 열리는 카니발. 퍼레이드 행렬이 군중에게 모조 동전, 구슬목걸이 등을 던진다} 동전에도 찍혔다. 영화 〈조스〉의 상어가 이 동전에 인쇄된 것과 같은 해였다. 진이 분야를 확장하고 자신의 명성을 시험해보는 이런 자유를 즐긴 것인지 아니면 단순히 마구잡이로 뛰었던 것인지는 알 도리가 없다. 진은 동경하는 여배우나 사귀고 있는 남자배우들처럼 자신도 진짜 유명인사가 될 수 있는지 도전해보고 싶었다. 그러나 그 시대는 아직 유명인사가 토크쇼 사회자가 되거나 좋은 의미의 라이프스타일 구루로 활약하기 전이었다. 엔터테인먼트 업계는 아직 진의 당돌한 에너지를 어떻게 활용해야 할지 모르는 듯했다.

1975년 진은 당시 사귀던 안과 의사의 초대로 13개월에 걸친 크루즈 세계여행을 떠났다. 진은 서로 다른 층 객실에 머물자고 고집을 피웠다. 일주일 뒤 진은 충동적으로 다른 남성과 결혼식을 올렸다. 크루즈 밴드에서 베이스를 연주하던 프랭크 스키파노였다. 진은 그를 자신의 "이탤리언 스탤리언^{stallion} 종마 또는 성적 매력이 강한 남성이라는 뜻이라고 불렀다. 크루즈 선장이 예식의 주례를 섰고, 로스앤젤레스로 돌아온 뒤 두 사람은 진의 집에서 다시 결혼식을 올렸다. 스키파노가 예전에 로즈마리 클루니의 밴드에서 연주했던 인연으로 클루니가 두 사람의 피로연에 와서 〈나의 집으로 와요^{Come on-a My House}〉를 불렀다. "우리는 싸움도 안 했지만 대화도 안 했어요." 진은 그에게 수표를 끊어주며 헤어지자고 했다. 이 결혼은 고작 몇 달밖에 가지 않았지만 진과 프랭크는 공식 이혼도 하지 않았다.

1973년 겨울, 창립 10주년 기념행사가 있고 몇 달 후 진이 얼버무리는 어떤 일이 일어났다. 그해 연례회의 자리에서 진은 웨이트워처스 대표직 재선임에 나가지 않기로 했다. 자신의 손으로 세운 회사였음에도 진은 단 10년 만에 일선에서 물러났다. 그녀는 계속되는 출장과 홍보 때문에 여기저기 얼굴을 비치는 일에 지쳤다고 말했다. 진은 책상머리만 지키는 것을 좋아하지 않았다. 사람들과 한 명 한 명 연결될 수 있는 다이어트 전쟁의 참호 안에서 그들과 함께 있고 싶어 했다. "결국 그 사람들한테 잘 있으라고 작별 인사를 하고 나왔지요." 진이 말했다. 그 10년은 혹독했고, 진으로서는 회사가 앞으로 얼마나 더 큰 성공을 거둘지 상상할 수도 없었을 것이다. 진은 멈춤이 필요했을지 모른다.

그렇지만 이것이 이야기의 전부일 리는 없다. 어찌 되었든 진 니데치는 아직 지점이 한 곳도 없을 때 웨이트워처스의 공식 서류에 호기롭게 '인터내셔널'이란 말을 추가하고, 그 모든 관심을 사랑한다고 당당히 말하고, 특별 대우에 기뻐하던 여성이었다. 진은 1950년대부터, 즉 유산의 아픔 때문에 플로리다 해변에서 낯선 여인과 유대감을 경험하던 순간부터 자기 이야기를 타인과 공유하는 것에 어떤 힘이 있는가를 이해했다. 웨이트워처스 모임은 그녀의 인생 역작만은 아니었다. 그녀의 대응기제이기도 했다. 진은 아직 마흔아홉이었고, 건강했고, 다시 싱글이 되었고, 두 아들은 대학생이 되어 있었다. 진이 웨이트워처스를 순전히 본인의 의지로 떠났을 것 같지는 않다. 진은 이 확장하는 제국에서 점점 활용도가 줄어들고 있었다. 진이 최고책임자의 자리에서 조용히 내려오고 회사와 완전히 연을 끊기보다는 중립적인 홍보대변인으로 남는 것이 대외 이미지 면에서 더 수월한 그림이었을 것이다. 진에게 남겨진 역할은 이제 웨이트워처스의 마스코트밖에 없었다.

디스 이즈 빅

CHAPTER 14

밸런타인데이 즈음에는 다 없어질걸요

2018년 1월

1월 초가 되었다. 이 말은 새 출발을 바라는 사람들로 웨이트워처스 모임이 갑자기 북적거린다는 뜻이다. 파크슬로프 모임은 따뜻하기는 하지만 신참자를 바라보는 기존 회원의 시선은 약간 속물적이다. "밸런타인데이 즈음에는 다 없어질걸요, 뭐." 정통파 유대인 여성 세이디가 낮은 목소리로 말했다. 푸른 눈의 세이디는 항상 섀기 컷이 들어간 밝은 밤색의 긴 머리 가발을 쓰고 버버리 트렌치코트를 입고 왔다. 세이디는 모임 내내 냉소적인 말을 중얼거리기 때문에 옆에 앉아 듣는 재미가 있다. "남자가 할 일은 술을 끊거나 살을 5킬로그램 빼는 게 다지." 이것은 고등학교 남자 교사 한 명이 처음 모임에 와서 자기소개를 할 때 세이디가 했던 말이다. "우리 엄마가요, 잡지에서 사진 한 장을 찢어 보냈다니까요. 나랑 동갑인데 살을 28킬로그램 뺐다나. 사진 제목이 '나는 어떻게 가장 기분 좋은 몸무게를 찾았나'예요." 내가 세이디에게 말했다. "봉투엔 아무 말도 안 쓰고요. 딱 그렇게만." "무슨 공포영화 도입부 같은데요." 세이디가 말했고, 우리는 같이 킬킬거리다가 조용히 하라는 옆 사람의 손짓을 보고 멈췄다.

　　세이디는 막내딸을 낳고 찐 살을 빼려고 애쓰는 중이었고, 미리엄을 따라 브루클린의 여러 장소를 돌아다니면서 일주일에 세 번씩 모임에 참석했다. 나는 이 모임에 다양한 부류가 섞여 있다는 사실에 세이디도 나처럼 긴장과 흥분을 느낄지 몹시 궁금했다. 정통파 유대교도밖에 없는 크라운하이츠의 삶은 웨이트워처스 세계와 사뭇 다를 것 같았다. 세이디가 일주일에 세 차례나 모임에 나오는 것도 그 때문일지 모른다. 자기 몸과 관계된 동일한 문제로 속을 끓인다는 사실만 빼면 그녀와 모든 방면에서 다른 사람들을 만날 기회가 이 모임이다. 물론 세이디에게 직접 물어볼 수도 있었다. 하지만 어쩐지 그녀와 나 사이에는 단단한 벽이 있는 느낌이었다. 일요일마다 우리는 초콜릿 바브카<small>폴란드의 유대인 공동체에서 만들어 먹기 시작한 빵. 발효된 반죽을 여러 겹으로 꼬아 만든다</small>의 포인트가 얼마나 많을지("처언마안 억!" 세이디가 리듬을 타며 말했다) 등을 이야기하며 함께 미소 짓거나 웃지만, 모임을 마치고 커피를 마시러 간 적은 없다.

　　나는 거의 한 달간 체중을 재지 않았다. 크리스마스 휴가 탓이려니 했다. 휴가 기간 동안 매일같이 운동을 했지만 혼자 먹은 포장 중국요리에만 100달러 가까이 썼다. 그리고 내가 세상에서 가장 사랑하는 호두맛 부쉬드노엘 케이크도 먹었다.

그것도 베라가 메릴랜드 집으로 가기 전에 크리스마스 선물을 교환하러 우리 집에 들렀을 때 베라에게 대접하느라 내놓은 한 조각을 제외한 한 판 전체를. 나는 베라가 개인접시에 덜어준 케이크를 반이나 남기는 것을 보고 놀랐고, 베라가 간 뒤 남은 반쪽마저 먹어버렸다. 그런데도 막상 체중을 재보니 2.3킬로그램이 빠져 있었다. 그러고는 내가 너무 뿌듯해한다는 사실에 순간적으로 놀랐다.

우리 집에는 내 개인용 체중계가 있다. 욕실 안에서 이리저리 옮겨보다가 그다음에는 혹시 몸무게가 다르게 나오는지 보려고 부엌으로 가져갔다. 부엌 테이블 옆에서 재면 5킬로그램 정도는 덜 나갈 줄 알았나 보다. 그래서 올해부터는 웨이트워처스 모임에 갈 때만 체중을 재기로 했다. 내 최악의 본능을 억제하는 방식이었다. 물론 웨이트워처스 모임도 도처에 있었다. 로이스는 휴가 기간에 가족을 만나러 미시간을 방문할 때면 웨이트워처스 평생회원인 아내와 아들을 대동하고 교외지역 모임에 간다고 꽤 자랑스럽게 우리에게 말했었다. 미리엄 역시 여행지에서도 웨이트워처스 모임에 가는 유형이었다. 하와이에서 휴가를 보내는 동안 나갔던 모임이 있었고, 서부 해안을 따라 여행할 때는 스탠퍼드대학 근처의 모임에도 참석했다. "아, 지적 자극이 대단했어요." 뉴욕의 브롱크스식으로 조절된 〈다운튼 애비〉 2010~2015년까지 방영된 TV 시리즈. 에드워드 시대 이후의 영국 귀족 사회가 배경이다 풍 억양으로 그녀가 말했다.

다이어트 서비스 업체들은 매년 1월마다 우리를 안달 나게 하려고 혁신을 거듭해야만 한다. 새로 출시하는 다이어트법이 지금까지 나온 그 어느 방법보다 쉽고 효과적이라고 믿도록 하기 위해서다. 올해 웨이트워처스는 지난해의 '체중계 너머로' 프로그램에서 '프리스타일'이라는 이름으로 갈아타는 중이다. 큰 골자는 비슷하지만 감시대상 음식의 가짓수가 줄었다. 콩, 완두콩, 렌틸콩, 두부, 옥수수, 생선류, 과일, 채소, 달걀, 무지방 요거트, 껍질 벗긴 칠면조 고기, 닭고기가 모두 0포인트로 조정 됐다. 회원들이 지켜야 할 포인트 제한도 낮아졌다. 예컨대 나는 28이다. "채식주의자에게 옥수수와 콩이 0포인트라고 말하면 그 자리에서 일어나 박수를 칠 거예요." 상기된 기색이 역력한 미리엄이 말했다. "생각해보세요. 치폴로^{대중적인 멕시칸 요리 체인}점에 가서 6포인트로 해결하고 나올 수 있다는 소리잖아요." 세이디가 나를 쳐다보았다. "0포인트 할라^{유대인의 전통 안식일} 빵는 눈 씻고 찾아봐도 없어요."

제니퍼는 요즘 웨이트워처스의 SNS 소통용 앱 '웨이트 워처스 커넥트'에서 본 내용을 내게 스크린샷으로 찍어 보내는데 재미를 붙였다. 주로 회원들이 늘어진 뱃살이나 쓸린 허벅지 모습을 적나라하게 공개하면서 "첫날"이라는 해시태그나 "나의 최초이자 마지막 비포 사진이 되기를" 같은 설명을 붙인 사진들이다. 어쩌면 이곳은 지구상에서 가장 건전한 SNS 계정일 것이다. 사진 밑으로 "성공하실 거예요" 같은 댓글이 수백 개씩 달린다. 제니퍼 역시 손발이 오그라들고 폰트마저 대부분 동글

동글한 문구("배 안 고플 때 안 먹으면 모든 음식이 #0포인트")들을 자주 보낸다. 심지어 헤어컷이 맘에 안 들게 나온 사진 같은 것도 올라온다. 사람은 어떤 이유로든 불평할 거리가 필요할 때가 있어서 그런 사진들은 항상 올라오기 마련이다. 제니퍼와 나는 그곳에서 자신을 공개한 사람들보다 우월하다고 느꼈다는 점에서 본질적으로 바보였다. 하지만 다른 한편으로 우리가 차마 하지 못한 말도 있다. 그것은 우리가 서로 보내는 문자메시지의 내용이 주로 남을 빈정거리는 것이었을지언정 그것 자체로 우리에게 동기부여가 되었다는 사실이다.

제니퍼와 나는 몸무게가 비슷하다. 그렇지 않았다면 나는 평생 비만인 친구가 한 명도 없을 뻔했다. 베라 또는 거의 모든 다른 지인들과 함께 있으면 나는 내 몸무게가 그들보다 최소 30킬로그램은 더 나간다는 사실을 뼈아프게 자각한다. 물론 질투도 느낀다. 하지만 그럼에도 나는 나보다 예쁘고 날씬한 친구들 틈에 있는 쪽을 택한다. 그래야 자존감이 채워진다. 그 사람들은 내가 내 생각만큼 그렇게 못나지는 않았다고 느끼게 해준다. 비만인 친구들의 모임에서는 질투라는 날카로운 통증을 느끼지 못한다. 아마도 그 때문에 나는 내 인생의 가장 아픈 부분을 이해해줄 수 있는 사람들을 살면서 많이 놓쳤을 테지만, 뚱뚱한 사람들 사이에 있으면 자의식의 날이 서는 것은 어쩔 수가 없다. 그들이 나를 비만인이라고 인정할 것이라는 불안, 비만인들끼리 모여 다니면 사회적 혐오의 칼날을 내가 더 강하게 느낄 것이라는 불안이 끊임없이 나를 괴롭힌다. 만일 날

디스 이즈 빅

씬하고 아름다운 사람들의 힘을 빌릴 수 있다면 나는 기꺼이 그렇게 하겠다.

어느 날 밤, 뮤지컬 〈사랑보다 아름다운 유혹〉을 함께 보려고 베라를 만나러 가는 길이었다. 기온이 영하로 한참 떨어져 그날따라 나는 짧은 스웨터 위에 무스탕 코트로 온몸을 둥쳐 싸맨 다음 두툼한 머플러를 둘렀다. 몸을 움츠리고 극장으로 종종걸음을 치던 중 길에서 어떤 여성과 몸이 부딪쳤다. 나는 그녀의 혼잣말을 들었다. "에휴, 뚱뚱해서 인도를 다 차지해." 나, 5킬로그램이나 빠졌는데! 이 정도면 보기 좋다고 생각하고 있었다. 그런데 앞으로 다시는 만날 일 없는 이 낯선 여성 때문에 내 몸이 인도를 다 차지할 정도로 뚱뚱하게 느껴졌다. 저 여자야말로 오늘 일진이 나쁜가 보다 또는 잘못이 상대방에게 있다고 생각하는 대신, 나는 그녀의 한마디를 내가 여전히 괴물이라는 증거로 넙죽 받아들였다.

한 달 만에 만난 베라였다. 내가 조금 달라졌다는 사실을 베라가 눈치채지 않을지 내심 기대했다. 내가 앞으로 나아가고 있다는 확신을 줄 만한 외적 강화가 필요했다. 그즈음 나는 친구들이 내 변화를 알아보거나 언급하지 않아서 초조해지고 있었다. 친구들이 나더러 보기 좋아졌다고 말해주기를 바랐다. 하지만 다른 한편으로는 아예 내 체중에 대해 언급조차 안 해주기를 원했다. 나도 안다. 친구들도 어찌할 바를 몰랐을 것이다. 그 길거리 사건 때문에 나는 특별히 더 도움이 간절했을지 모르겠다. 하지만 베라와 내가 마실 것(베라는 테킬라, 나는 음료로 포인트를 소진하지 않으려고 탄산수)을 주문하고 베라가 내 '웰니스 여행'이 어땠냐고 물었을 때, 나는 헷갈렸다. 베라의 말은 내가 살이 빠졌음을 알아챘다는 뜻이었을까, 아니면 살이 대단히 빠지지는 않았지만 그래도 내 노력만큼은 인정하려고 애쓰는 중이라는 뜻이었을까. "음, 그러니까……." 나는 뒷말을 한참 끌었다. "엄청 노력 중이야." 나의 이중감정이 다시 나타났다. 정말 내가 그렇게 노력 중이었을까? 베라가 무언가를 알아주길 바랐지만, 무얼 알아주기를 바라는 건지 나 스스로도 알 수가 없었다. 나는 어딘가 찜찜한 느낌으로 극장을 떠났다. 그날만큼은 우리의 우정도 별 힘이 없는 듯했다.

내 친구들은 대부분 내가 웨이트워처스를 한다는 사실을 알고 있거나 막연히 눈치를 챘다. 분명히 그들은 내가 유별나게 샐러드를 많이 시키고 주로 지인들과 운동 데이트를 하는 것으로 내 사회생활이 돌아가는 것을 보았다. 친구들이 내가 살이 빠졌다는 이야기를 하거나 아니면 내 다이어트를 그저 화제에 올리기만 해도, 그건 내가 뚱뚱하다는 또는 뚱뚱했다는 또는 여전히 뚱뚱한 편이라는 사실에 대한 일종의 암묵적인 인정이었다. 황당하기 짝이 없지만, 내가 비만이라는 사실을 그때까진 잘 숨기고 있다고 생각했다. 또는 언젠간 친구들 앞에서 내 비만을 커밍아웃해야 한다고 생각했다. 나는 희한한 논리를 따르고 있었다. 내 입으로만 그 사실을 말하지 않으면 그건 친구들이 아직 내 비만을 알아차리지 못했다는 뜻이 된다고 그리고 남들이 뻔히 보는 앞에서 내 비만을 숨기는 데 어찌어찌 성공했다는 뜻이 된다고 여겼다. 그런데 그 친구들이 바로 나더러 "어떻게 감히 자기 삶에 대해, 자기 몸에 대해 글을 쓰냐"며 "너 참 용감하고 정직하다"(내가 자주 듣는 말이다)고 툭하면 말하던 그들과 동일인물이다. 가끔 궁금했다. 친구들과 동료들이 했던 말은 사실 내가 이런 몸으로도 그냥 살고 있다니 용감하다는 뜻은 아니었을까.

　　이것은 물리도록 반복하는 게임 같다. 어떤 칭찬을 듣건 내 신체 사이즈에 대한 뒤틀린 언급으로 둘둘 싸매는 게임이다. 어느 금요일 오전, 좋아하는 솔사이클 강사가 캘리포니아로 떠나기 전에 마지막으로 진행하는 수업에 갔다. 사물함 앞에 스포츠 브라와 레깅스 차림(그곳에서는 모든 여자가 그렇게 입는다)으로 서 있을 때 옆에 있던 여성이 말을 건넸다. "튼살 하나 없이 피부가 진짜 매끈하시네요." 나는 웃으면서 대답했다. "아니에요, 절대 안 그래요." 교실을 향해 걸어가면서 궁금해졌다. 혹시 내가 출산을 했다고 생각했을까? 아니면 이렇게 뚱뚱한데도 튼살이 없으니 다행이라는 뜻이었을까? 사실 그렇게 불쾌한 말도 아니었다. 그녀도 내 또래쯤으로 보이는 비만 여성이었고 확실히 칭찬의 의미로 한 말이었다. 최근에 인터뷰한 어느 성형외과 의사는 내가 진료실로 들어서는 순간 "대단한 미인이시네요"라고 말했다. 분명 내 환심을 사려고 던져본 말이었다. 하지만 나는 항상 칭찬에 굶주려 있기 때문에 단어 하나, 토씨 하나까지 외울 수 있다.

　　우리는 누구를 위해 살을 뺄까? 그리고 나는 누구를 위해 살을 빼고 있었을까? 그냥 나를 위해서였을까? 연애를 더 잘하고 싶어서 체중 감량을 원해도 괜찮은 것이었을까? 나는 부모님의 간섭에서 영구히 벗어나고 싶어 감량을 원했던 것이었을까? 이런 질문들에 대한 답이 내게 있는지 자신이 없었다. 최소한 나는 내 이중감정과 씨름했다. 감량을 위해 노력하는 여성은 '자신을 위해 무언가를 한다'는 이유에서 축하받지만, 동시에 사회는 그들에게 '체중 감량은 타인을 위해 하는 것'이라는 딱지를 붙인다. 달리 말하면 자신을 위해 하는 일조차 어느 정도는 '보여주기'의 요소가 있다는 것이다. 이런 딱지 때문에 여성들은 '보여주기'가 아니라 자기 몸의 주인이 되는 것을 더 갈망하게 된다.

다이어트는 또한 우리를 약간 나르시시스트로 만든다. 어쩔 수 없다. 모든 초점이 자신(내 식습관, 살이 빠졌는지 더 탄탄해졌는지가 느껴지는 세세한 방식들, 식욕과 죄책감)에게 강렬하게 쏠린다. 베라를 만나고 돌아온 그날 밤, 남편이 새로운 프로젝트에 푹 빠져 있는 통에 어쩌다 자신이 슈퍼맘이 되어버렸다고 지나가듯 말했던 베라의 푸념이 뒤늦게 떠올랐다. 베라는 평소보다 더 야위어 보였고 지퍼를 내린 점프슈트 사이로 흉골이 선명하게 드러났다. 그랬다. 베라가 지금 나에게 일어나고 있는 일을 전체적으로 보지 못했고, 내가 베라에게 기대했던 방식대로 나를 알아보지 못했고, 그래서 내가 베라에게 실망한 것은 맞다. 하지만 다이어트 때문에 내가 지나치게 나 자신에게만 몰두한 나머지 베라가 나에게 봐주길 원했던 것을 보지 못한 건 아니었을까?

디스 이즈 빅

CHAPTER 15

이 나라 비만 인구가 우릴 먹여 살리죠

1978년

진이 업무 일선에서 사라졌지만 웨이트워처스의 성공 가도에는 아무런 장애물도 없었다. 회사는 성장을 거듭했고, 잠재적 매수인들에게 매력적인 대상이었다. 1972년에는 질레트, 1975년에는 필스버리에서 인수합병을 제안했다가 상호 합의하에 협상이 종료됐다는 소문이 돌았다.

같은 시기, 피츠버그에서는 하인즈가 새로운 활로를 모색 중이었다. 하인즈는 19세기 말 서양고추냉이와 그 유명한 케첩 판매 사업을 모태로 출발했고, 이후 100년 가까이 지역 기반의 가족경영 체제를 고수하며 고용인들과 가족 같은 유대를 맺었다. 제2차 세계대전이 끝나고 창업주 헨리 하인즈의 뒤를 이어 손자 잭 하인즈가 CEO에 올랐고, 그는 각각 감자와 참치로 유명한 오레아이다와 스타키스트 등의 기업을 사들였다. 하인즈는 통조림 제조업에서 좀 더 복잡한 생산 라인으로 체질

디스 이즈 빅

변화를 꾀하는 중이었다. 예컨대 냉동식품 분야는 통조림 제조업과 상승효과를 낼 수 있으므로 확장을 시도하기 적절하다는 판단하에 새롭게 눈을 돌린 영역이었고, 실제로 1970년대 후반부터 하인즈는 냉동식품 분야에서 상당한 두각을 나타냈다. 그러나 잭 하인즈에 이어 하인즈를 경영할 것으로 예상되던 헨리 존 하인즈 3세가 가업을 잇는 대신 정계 쪽으로 방향을 틀었다. 그는 미 상원의원이 된다.

이 대목에서 토니 오라일리가 등장한다. 아일랜드 출신의 키 크고 잘생긴 이 전직 럭비선수는 아일랜드의 한 설탕회사에서 전무이사로 근무하던 중 하인즈와 함께 냉동건조식품 생산을 진행한 바 있었다. 하인즈는 1969년에 오라일리를 기용하여 영국 자회사 경영을 맡긴다. 이어 오라일리는 1971년 피츠버그로 옮기며 부사장직에, 1973년에는 COO와 대표직에 오름으로써 최초로 하인즈 일가 출신이 아닌 사장이 되었다. 오라일리는 웨이트워처스의 냉동식품과 인공감미료, 부용 큐브의 잠재력을 보았고, 1978년 2월 웨이트워처스의 식품 생산 공장이었던 푸드웨이즈 내셔널을 인수했다.

계약을 마무리 짓기 위해 오라일리가 앨버트 리퍼트를 만났다. 다양한 곳에서 웨이트워처스의 상표 등록을 추진해왔던 리퍼트는 식품제조 허가를 받기 위해 필요한 변화는 무엇이든 수긍할 상황이었다. 두 사람은 당장 판을 벌였다. 웨이트워처스를 두고 "이 나라 비만 인구가 우릴 먹여 살리죠"라든가 "우리도 노벨리 상Nobelly Prize. 노벨상의 Nobel과 뱃살을 뜻하는 belly를 합성한

^{말장난}감"이라는 농담을 입에 올리곤 하던 리퍼트는 오라일리의 카리스마와 뛰어난 유머 감각이 마음에 들었다. 회의는 필요 이상으로 길어졌다. 이야기 중에 오라일리는 문득 웨이트워처스의 포장식품만이 아니라 회사 전체를 갖고 싶다는 생각이 들었다. 리퍼트는 그 말이 진심이라면 다음 날 아침 다시 전화를 달라고 했다. 오라일리는 그렇게 했고, 두 사람은 맨해튼 플라자호텔의 스위트룸 하나를 빌려 일을 시작했다. 1978년 5월 어느 금요일에 두 사람은 공식 발표를 했고, 그 주 주말쯤 하인즈가 웨이트워처스를 7,100만 달러에 인수한다는 계약에 합의했다. 그해 가을에 계약이 마무리되었고, "서구에서 가장 느린 케첩" 같은 유명한 하인즈 홍보 캠페인을 탄생시켰던 광고 베테랑 찰스 버거가 웨이트워처스 인터내셔널의 대표이사이자 COO로 임명되었다. 그리고 리퍼트가 1981년까지 웨이트워처스의 회장이자 CEO직에 있기로 했다.

하인즈와 하인즈의 임원들은 웨이트워처스의 임원들에게 손윗사람 역할을 했다. 오라일리는 리퍼트의 아들 키스의 장래 멘토가 된다. 오라일리의 아내 크라이스 굴란드리스는 그리스 선박회사의 상속녀이자 종마사업자였으며, 오라일리 부부는 아일랜드에 캐슬마틴이라는 이름의 사유지를 보유했다. 리퍼트 부부는 이곳의 단골 방문객이 되었고 웨이트워처스 프랜차이즈 가맹사업자 플로린 마크도 초대해 함께 머물곤 했다. 회사 주식을 60만 주가량 소유했던 리퍼트 부부는 약 1,500만 달러를 받았고, 앨버트 리퍼트는 하인즈 이사회에 입성했다.

디스 이즈 빅

리퍼트 부부는 풍족한 생활을 누렸다. 롱아일랜드, 맨해튼, 팜비치 등지에 저택이 있었고, 자선단체에 많은 기부를 했으며, 1990년대 중반에는 결국 남아프리카의 웨이트워처스 프랜차이즈를 직접 사들였다. 그리고 1998년, 남편 앨버트가 남아프리카 여행 도중 심장마비로 사망했다. 아내 펠리스 리퍼트는 2003년 일흔셋의 나이에 폐암으로 세상을 떠났다. 두 사람은 서로의 곁에 나란히 묻혔다. 앨버트의 묘비에는 "세상의 외모를 바꾸다"라는 문구가, 펠리스의 묘비에는 "그의 힘이었다"라는 문구가 각각 새겨졌다.

웨이트워처스의 프로그램은 진이 애초에 내걸었던 엄격함에서 점점 벗어나는 쪽으로 확장되기 시작했다. 어느 면에서 회사는 별나고 제각각이던 당시 식품 문화에서 정상의 자리를 지키고 그에 부응하기 위해 노력하고 있었다. 가령 1971년 미국 최초의 샐러드바가 문을 연 곳은 대형 건강식품 매장이 아니라 미혼 남녀의 데이트 장소였던 시카고의 레스토랑 알제이 그런츠R. J. Grunts였다. 미국인은 전 세계 그 어느 산업화된 국가의 국민보다 식품에 돈을 적게 썼다. 햄버거 헬퍼, 맥도날드의 에그 맥머핀, 페이머스 아모스 초콜릿칩 쿠키 같은 간편식품이 모두 1970년대 초반에 나왔다. 웨스트코스트 지역에서는 독자적인 철학을 가진 버클리의 셰프 앨리스 워터스현재 국제슬로푸드협회 부회장이며 슬로푸드 운동의 선구자다. 미셸 오바마를 설득하여 백악관에 텃밭을 조성하도록 한 일화도 유명하다가 자신의 레스토랑 셰파니스Chez Panisse에서 반제도권 문화에서 사랑받는 요리와 유럽의 산지직송 요리 방식을 결합시켰다. 잡지 〈뉴욕〉은 이스트코스트 지역의 좀 더 과시적인 고급 요리 동향을 소개했다. 그들 말처럼 "잘 먹는 것이 최고의 복수Eating well is the best revenge" 유명한 문구 "잘 사는 것이 최고의 복수Living well is the best revenge"의 패러디. 원래 문구는 시인 조지 허버트가 남긴 말로, 1971년 〈뉴요커〉의 인기 필자 캘빈 톰킨스가 출간한 책 제목에도 쓰였다였다. 〈워싱턴 포스트〉는 그리츠거친 옥수숫가루로 만든 죽으로, 버터·흑설탕·건포도 등을 넣어 따듯하게 먹는다. 미국 남부 가정에서 자주 먹는 음식를 언급하며 위로음식이라는 말을 유행시켰다.

웨이트워처스는 다이어트 일변도에서 벗어나 체중 감량의 정체와 유지 등과 같은 문제에 특화된 프로그램을 제공하는 '식습관 관리' 쪽으로 중심축을 옮김으로써 1970년대에 대응했다. 우선 1971년에 미국 국립보건원 원장을 역임했던 윌리엄 세브렐을 의료 부문 총책임자에 임명했다. 최신 의학정보를 프로그램에 즉각 반영하기 위해서였다. 그리고 마침내 운동을 도입했다. 심장 전문의 레노어 조먼에게 특별한 장비나 운동복 없이 그리고 체중의 많고 적음을 떠나 누구나 할 수 있는 운동 프로그램을 설계해달라고 의뢰했다. 조먼은 걷기와 계단 오르기에 중점을 둔 펩스텝Pepstep이라는 프로그램을 개발했다. 1979년에는 미 의회에서 '미국식 사회적 책임 사업의 모델'로 추천받은 '식사 정원The Garden of Eating'이라는 학교 영양교육 캠페인도 지원했다. 1975년부터 패밀리헬스에서 출판해왔던 〈웨이트워처스〉 잡지는 매달 5,000건씩 과월호에 대한 문의가 쏟아졌다.

하인즈는 판매 제품의 가짓수를 늘릴 필요가 있었다. 동시에 웨이트워처스 프로그램에 등장하는 식품들도 품목이 늘어났다. 이는 전형적인 미국 음식으로 여겨져온 범주가 달라지고 있었기 때문이기도 했다. 다이어트인들의 입맛도 덩달아 달라졌다. 여전히 햄버거를 좋아했지만 음식의 다양성(멕시코 음식과 중국 음식)도 못지않게 원했다. 전 세계에 흩어진 프랜차이즈 가맹점을 위해 회사는 국제적인 미각과 문화에 부응할 수 있도록 변화를 감행했다. 핀란드인은 순록고기를, 하와이인은 포이 <small>토란 품종을 으깨 만든 걸쭉한 죽</small>를 먹을 수 있었고, 유럽에서는 미국에서보다 앞서 와인이 허용되었다. 회사는 프로그램이 금지하는 음식에 붙였던 '불법'이라는 표현을 삭제하고, 땅콩버터나 팝콘, 소량의 와인처럼 문의가 많이 들어오는 인기 식품들을 일부 허용하면서 조금씩 융통성을 보였다. 가장 환영받은 일은 간이 필수식품에서 제외되었다는 사실이었다.

회사 매각 당시 〈뉴욕타임스〉는 진 니데치가 회사 주식 "29만 6,000주가량을 보유한 것으로 추정"되며 사장 직함을 내려놓은 뒤에도 매각 6개월 전까지 (대변인으로서) 회사에 적을 두고 있었고 현재는 "대외 홍보를 책임지며 회사 고문으로 활동" 중이라고 보도했다. 진은 매각과 함께 약 700만 달러를 받았고, 인수 과정에 관여하지 않았고, 이사회 자리도 얻지 못했다. 심지어 〈웨이트워처스〉 잡지에 실렸던 진의 칼럼도 눈에 띄게 축소됐으며 진의 생생한 목소리 역시 사라졌다. 리퍼트 부부와 하인즈의 입장에서 볼 때 그리고 순수 회사 경영 차원에서 진은 웨이트워처스의 업무 현장과 관계없는 사람이었다. 진은 멀리 로스앤젤레스에서 다른 이력을 시도 중이었다. 이스트코스트 본사를 방문한 사람들은 심지어 그 건물에 진의 사무실이 있으리라는 생각조차 하지 않았다.

나로서는 웨이트워처스의 매각 과정을 관대한 눈으로 보기가 어렵다. 진은 배제되었고, 상당한 여성차별이 있었을 것으로 보인다. 두 남성 중역이 방문을 잠그고 의사결정을 진행했다. 그들은 진의 의견은 필요로 하지도, 어쩌면 알고 싶지도 않았고, 진이 얻은 것은 얼마 되지 않았다. "앨버트가 그게 좋은 생각이고 하인즈가 우리 회사에 맞다고 생각했다면 그게 모두를 위한 최선의 과정이었겠죠." 진은 말했다. 많은 페미니스트가 목소리를 높여왔던 바로 그 남성 연대body's club였다. 진의 사람 다루는 기술과 카리스마, 통솔력 등에는 제대로 가치를 부여하기 힘들었으므로 충분한 인정을 받지 못했다.

진 니데치는 경제관념이 특출한 편이 아니었다. 웨이트워처스의 요리책들이나 1972년에 나온 그녀의 저서 《성공한 패자의 비망록 : 웨이트워처스 이야기The Memoir of a Successful Loser : The Story of Weight Watchers》의 저작권조차 갖고 있지 않았다. 엄격한 노동 윤리를 지키며 달려온 진이었지만, 정작 여성이 자신의 경제권을 주장해야 할 순간에 그녀는 등장하지 못했다. 회사 매각 한참 후에도 진은 자신이 그동안 얼마를 벌었는지 전혀 몰랐다. "제대로 실감해본 적이 없었어요. 저는 아직도 제 통장에 돈이 얼마나 있는지 몰라요." 한 영국인 기자에게 진은 그렇게 말했다. 돈은 그녀를 움직이는 동기가 아니었다. 관심이 그녀를 움직였다. "대중의 사랑은 당신이 상상할 수 있는 것 이상입니다. 돈보다 수백만 배 좋지요. 물론 돈이 있으면 월세 내는 데 도움은 되겠죠. 하지만 그 사랑! 그 편지들!" 쇄도하는 팬레터와 성공담을 가리키며 그녀는 말했다. 진은 1968년 웨이트워처스가 공개 상장된 뒤부터 자신이 회사 대표라는 직함을 "걸치고" 있노라고 묘사했다. 대표라는 자리와 자신이 관계가 없다는 듯 묘사한 셈이다. "회사를 상장하면서 우리는 회원들뿐 아니라 주주들에게도 헌신하게 됐습니다. 나는 100만 달러를, 아니 돈을 얼마를 준다 해도 회원들과 나를 분리해서 생각할 수 없었어요. 그래서 웨이트워처스의 사업적인 목적에는 내가 깊이 관여하지 않는 쪽이 낫겠다고 판단했죠."

진의 입장에서는 "우리가 한 단계 더 높이 성장하는 데 도움이 될 하인즈 같은 중견기업과 합병하게 되어 기쁩니다"라고 공식적으로 말할 도리밖에 없었을 것이다. 하지만 애초에 자신이 그렸던 웨이트워처스의 그림이 달라지자 진은 좌절했다. 진은 하인즈가 자사 제품을 더 많이 팔고 신규 고객들에게 더 친절하게 다가가기 위해 점점 더 많은 식품을 허용하고 있다고 보았다.

회사가 매각되고 10년 뒤인 1980년대 말, 진은 허레이쇼 앨저 상을 수상하는 자리에서 딱 한 번 본심을 내비쳤다. 공동수상자였던 페이머스 아모스의 창립자 월러스 아모스 주니어에 대해 몇 마디 하던 중 진은 이렇게 말했다. "그런 어리석은 쿠키는 제 철학과 맞지 않아 저는 입에도 댈 수 없었습니다."

그리고 자조 섞인 웃음과 함께 다시 말을 이었다. "회사가 하인 즈에 매각되면서 제 철학은 달라졌어요. 하인즈는 우리가 모든 걸 먹길 원해서 지금은 월러스의 쿠키도 먹을 수 있습니다." 그 러고 나서 진은 팬들, 그녀의 진짜 현금에 대한 이야기로 넘어 갔다. 진은 80대가 되자(그로부터 30년 뒤였다) 더 이상 백만장자 가 아니었다. 그녀는 손주들을 위해 더 많은 돈을 모아두지 못 한 것을 아쉬워했다.

CHAPTER 16

선을 넘은 건
그 남자 같은데

2018년 2월

한동안 나는 싱글로 지냈다. 여기서 '한동안'은 내가 마지막으로 진지하게 남자친구를 사귀고 나서 지인들이 결혼을 하고, 이혼을 하고, 다시 재혼을 하고, 또 두 명의 아이가 태어났던 시간을 의미한다. 나이 마흔 정도면 이러저러한 삶을 살고 있어야 한다는 어떤 용인된 틀(반할 만한 남자와 결혼했고, 대단한 노력 없이도 날씬하고, 귀여운 두 아이의 엄마고, 깔끔하고 스타일리시한 집의 소유자이자 안주인이며, 학부모교사협의회의 정식 회원)에 들어맞지 않는 여자가 비단 나만은 아닐 것이다. 그런 삶은 내 몫이 아니라고 스스로에게 말한다. '반할 만한 남자', 그 부분까지는 좋게 들린다. 최소한 여름휴가 로맨스 상대로는 삼을 만하다. 하지만 나는 열정도, 성실함도 모자란 연인이다. 어떤 사람들은 연애할 권리를 목청 높여 주장하겠지만, 내 귀에는 아침에 찬물 샤워를 즐길 권리가 있다고 주장하는 것과 전혀 다르지

디스 이즈 빅

않게 들린다.

손톱만큼의 케미도 느껴지지 않는 남자와 술을 마시거
나 가벼운 대화를 나눌 때면, 정신이 번쩍 드는 순간이 어김없
이 찾아온다. 그리고 도대체 내가 언제까지 이렇게 가식을 떨고
있어야 하는지, 도대체 언제쯤이면 집에 돌아가 아이스크림을
먹고, 넷플릭스를 보고, 친구에게 전화를 걸어 결과를 보고할
수 있을지 생각하기 시작한다.

그래도 몇 달에 한 번씩은 친구들이 괜찮은 곳이라고 귀
띔해준 앱이나 웹사이트에 들어가 데이트 상대를 찾기도 한다.
어느 금요일 저녁에는 나이가 우리 부모님뻘 되는 남자에게 메
시지를 받았다. 처음 경험해보는 일이었지만(나는 대부분 동갑내
기들과 연애했다), 개방적인 태도를 가지라던 엄마와 여성잡지의
조언을 떠올려보며 일단 회신을 했다. 동시에 제니퍼에게 그 남
자의 프로필을 보냈다. 알고 보니 제니퍼도 알아볼 만큼 유명
한 정신과 의사였다. '괜찮은 꽃중년인데' 싶었다. 그리고 아파
트로 차를 보내 나를 자신이 있는 곳으로 모셔오겠다는 옛날식
매너에 살짝 흥분됐다.

그가 문을 열자 내가 "안녕하세요, 머리사예요"라고 첫
인사를 건넸다. 그의 대답은 "그래요, 아, 그렇군요"였다. 좀 이
상하다 싶었다. 무슨 이런 난감한 인사가 다 있담. 안으로 들어
가 우리는 함께 소파에 앉아 와인을 마셨다. 정신과 치료에 향
정신성 약물이 어떻게 사용되는지 등의 대화를 나누고 있자니,
마치 내가 깐깐한 뉴요커들이 나오는 골치 아픈 영화 속 인물

이 된 듯했다. 나는 사람을 만나면 금방 상상력이 발동해서 먼 미래의 그림을 그려보곤 한다. 혹시 내가 기다렸던 삶이 이것인 지도 몰랐다. 정신과 의사와 나는 그의 아파트에서 조금 떨어 진 곳에 있는 이탈리아 레스토랑에 가서 저녁을 먹었고, 그는 자신의 10대 아들 이야기를 하다가 울었다. '아주 감상적이군.' 나는 생각했다. 그렇지만 나에 대해서는 많이 묻지 않았고, 또 자신이 프로필을 속였기 때문에 실제 나이는 다섯 살이 더 많 다는 말까지 했다. 그가 계산을 했고, 우리는 그의 집에 가서 한 잔을 더 했으며, 나는 뺨에 굿바이 키스를 받았다. 다음 데이트 가 기대되었다. 그를 알아가고 싶었다.

다음 날 아침에 문자메시지가 왔다. 다시 만날 약속을 잡자는 내용은 아니었다. 대신 그가 나에게 왜 나쁜 인상을 받 았는지를 소상히 밝힌 장문의 글이었다. 이유인즉, 온라인상의 내 사진이 지나치게 과장됐고, 아마도 옛날에 찍은 사진인 듯 싶 으며, 내 몸이 실제로 어떤 모습인지 절대 공정하게 보여주지 않 았다는 것이다. 자기는 사진 속 여성에게 끌렸던 것이지 현관문 앞에 나타난 그 여자는 아니라고 했다. 그는 '기만'이라는 단어 를 썼고, 이 문제는 대단히 거론하기 불편한 주제이지만 나를 위해, 내가 알아야 한다고 생각해서 이야기한다고 했다. 한마 디로 내가 뚱뚱해서 두 번째 데이트는 사양하겠다는 소리였다. 나는 욕실로 뛰어갔고, 인도 음식을 주문했고, 울었다.

"선을 넘은 건 그 남자 같은데." 그날 밤늦게 제니퍼에게 전화를 걸어 자초지종을 털어놨더니 제니퍼가 그렇게 말했다.

디스 이즈 빅

"남자들은 자기 입에서 나오는 말이면 뭐든 다 해도 되는 줄 안다니까." 제니퍼가 나 대신 화를 내줘서 기뻤다. 하지만 이미 내 마음은 갈기갈기 찢겨 있었다. 내가 생각하는 내 최악의 모습을 그가 콕 찍어내어 큰 소리로 떠들어댄 느낌이었다. 제니퍼는 내가 반드시 회신을 해야 한다고 말했다. 나는 그런 식으로 맞대응하는 성격이 못 된다. 평소 내 철학은 반응하지 않는 것이 고수이며 오히려 상대를 더 미치게 할 수도 있다고 믿는 쪽이다. 하지만 이번에는 회신을 했다. 먼저 나는 당신 번호와 프로필을 차단할 것이므로 내게 답을 하려고 해봐야 헛수고라고 알렸다. 그리고 정신건강을 돌보는 일을 하는 사람으로서 당신이 잔인했고, 또 대단히 천박했다고 말했다. 마지막에는 "특권의식을 맘껏 즐기시라"고 덧붙였다. 그렇지만 이런 상처를 한 번만 더 받으면 더 이상 내 자존감이 버티지 못할 것이라고 믿게 된 순간이 바로 그때였다. 그 이후로 나는 제대로 된 데이트를 하지 못했다.

　　여자들이 자기 몸이나 타인에 대해 이야기할 때는 연애 상대와 관련된 내용일 경우가 꽤 많다. 신체 긍정 운동에서 내가 항상 반감을 느꼈던 대목은 그 운동가들이 자신의 배우자가 자신을 얼마나 매력적으로 보는지를 거듭해서 강조한다는 점이었다. 마치 행복하기 위해 살을 뺄 필요가 없다는 것을 증명하는 유일한 방법이 자신의 '굴곡'에서 손을 떼지 못하는 섹시한 남편을 두는 것이라는 투다. '굴곡 있다'는 요즘 비만을 가리키는 새로운 완곡어다. 나 자신을 더 사랑한다고 해서 이 세상이 나에게 더 친절해지는 것은 아니다.

나는 내 몸이 불리한 장애물처럼 의식된다. 그래서 데이트 상대가 지겨워하는 듯 보이거나, 데이트를 하고도 문자메시지를 다시 안 보낸다거나, 만났지만 별 호감을 안 보인다거나 하면 혹시 내 몸 때문이지 않을까 하는 의심부터 든다. 온라인 데이트에서 내 얼굴만 본다면 만나고 싶은 생각이 들지 몰라도, 배나 허벅지를 보면 그런 생각이 달아날 것만 같다. 내 전신 사진을 올리는 것은 마치 흠집에 얼룩투성이인 낡은 소파를 온라인으로 파는 것 같다.

2년 전쯤 틴더Tinder 앱에서 만난 남자를 어느 길모퉁이에서 기다렸다. 무슨 이유에선지 그날 입은 옷이 유독 선명하게 기억난다. 이자벨 마랑의 라벤더색 리넨 티셔츠와 검정색 면 스커트 차림이었다. 그는 결국 나타나지 않았고, 내가 점점 짜증의 수위를 높이며 여러 번 보냈던 **"어디세요?"**라는 메시지에도 대꾸하지 않았다. 나는 그를 비난하면서 불쾌감을 표하는 메시지를 보냈어야 마땅했다. 하지만 나는 그가 사실 나를 보러 나왔고, 아주 멀찍이서 나를 보았고, 그래서 되돌아갔다고 혼자 믿어버렸다.

온라인상에서 만난 또 다른 남자는 내가 뚱뚱한지 아니면 '조금 통통한' 편인지(확실히 사진상으로는 그 둘의 구별이 불가능했다)를 굳이 물었다. 물론 세상에는 특별히 비만 여성에게 매력을 느끼는 남자들(비만 취향 남자들, '거구의 미녀들Big Beautiful Women' 만남 사이트를 기웃거리는 남자들)도 있다. 하지만 그런 남자에게는 마음의 문이 더 닫혔다. 심지어 이런 만남이 내 모든 문제를 해결해줄 것이라고 생각하는 정신분석가도 만나보았다. 그녀는 "머리사 씨 얼굴은 흠잡을 데 없이 예뻐요"라고도 했다. 좋은 의도로 한 말이었겠지만 나는 그녀의 사고방식이 아주, 아주 낡아서 별 도움이 안 된다고 생각했다.

앱이나 온라인상에서 나더러 "굴곡이 멋지시다"거나 "엉덩이가 풍만하시겠다" 같은 말로 운을 떼며 먼저 데이트 신청을 하는(누가 기사도는 죽었다고 했을까!) 메시지는 꾸준히 무시해왔다. 누군가가 꿈에 그리는 그런 비만녀가 되고픈 생각은 추호도 없다. 페티시즘처럼 느껴질 뿐 아니라 진정한 나 또는 내가 보는 내 모습과 아무런 관계가 없기 때문이다. 어느새 나는 내 신체 유형이 아닌 나 자신으로 보이고 싶다는 마음으로 되돌아간다. 머리가 배배 꼬일 것 같다. 나는 대상화되고 싶다. 하지만 올바른 방식으로 되고 싶다. 비참한 역설이다.

가만히 생각해보면 그런 끔찍한 상황은 지금도 끝이 없다. 어떤 남자는 자기 몸 위에 발가벗고 앉아 있던 내 배를 주물럭거리더니 믿을 수 없다는 표정으로 이렇게 말했다. "아, 나 방금 미치게 흥분됐어." 바로 그 동일한 남자, 내가 항상 다정한 사람이라고 생각했던 그 남자가 이번에는 나더러 흑인과 사귀어보면 어떻겠냐고 했다. 흑인들이 내 몸에 정신을 못 차릴 것이기 때문이란다. 그때만큼은 나도 정색하고 대꾸했다. 그동안 당신이 얼마나 인종차별적이었는지, 섹스를 나눈 지 30분 만에 당신 아닌 다른 어떤 사람이 날 더 좋아할 것이라는 둥의 이야기를 한다는 게 상대에게 얼마나 상처가 되는지 등을 구차하게 내 입으로 설명했다. 또 다른 남자는 내 옷을 벗기면서 "당신이 자기 몸을 엄청나게 의식하고 있는 거 알아. 하지만 난 당신이 예뻐"라고 속삭였다. 물론 그가 다정하게 굴려고 했던 것은 안다. 그렇지만 나는 내가 안 예쁘게 느껴졌다. 가벼운 마음으로 데이트 중이던 또 다른 남자는 세 번째 잠자리가 끝나자 다음부터는 내게 비용을 청구할까 생각 중이라고 말했다. "당신은 내가 돈을 내야만 섹스 상대를 구할 수 있다고 생각하는 거야?" 반쯤은 절규하면서, 반쯤은 울면서 내가 물었다. 그날 밤늦게 나는 그와 섹스를 했지만, 내 인생에서 가장 수치스러운 순간 중 하나였다. 내가 얼마나 나 자신을 존중하지 않는지 그 바닥을 본 날인지도 모른다. 적어도, 그에게 돈을 지불하지는 않았다.

나는 인생을 즐기는 일은 살 뺀 이후로 미루라는 다이어트 클리셰에 넘어가지 않았다. 하지만 딱 한 가지 예외가 있다면, 솔직히 말해, 연애다. 이번 웨이트워처스 실험은 그 방면에서 나를 도와주리라 믿었다. 내 몸을 일반적인 규범에 끼워 맞추도록 열심히 노력하면 그 대가로 더 좋은 연애 상대가 나타날 것이다. 내가 내 외모에 좀 더 만족할 수 있다면 연애도 나아진다고 확신하는 셈이다. 하지만 실제 이 둘은 얼마나 상관성이 있을까? 그리고 내가 눈에 띄게 날씬해진 나머지 전에는 나를 거들떠보지도, 매력적이라 여기지도 않던 사람까지 갑자기 내게 매력을 느끼면 어떻게 될까? 지금 내가 수준 낮은 로맨틱

디스 이즈 빅

코미디 같은 소리를 하고 있다는 것은 안다. 하지만 십중팔구 나는 내가 진실을, 다시 말해 내가 전에는 이렇게 날씬한 사람이 아니었다는 사실을 털어놓지 않으면 과연 남자친구에 대한 내 사랑과 나에 대한 그의 사랑이 진짜라고 할 수 있을지 고민하느라 시간을 허비할 것이다. 나는 뚱뚱한 여자의 내면에 사는 영원히 날씬한 여자(나는 이런 개념을 거부한다)보다는, 날씬한 여자의 내면에 영원히 사는 뚱뚱한 여자일 것이다. 누군가 내 뚱뚱한 몸을 페티시로 삼을 것이라는, 나란 사람 자체 때문에 날 좋아하는 것이 아닐지 모른다는 두려움의 이면에는 그런 생각이 있다. 나는 상상 속에서조차 승자가 아니다.

인생에서 내가 제일 패배자같이 느껴지는 영역이 연애라면, 그 이유는 전적으로 외모 때문만이 아닐 것이다(성격도 일부 원인일 수 있다!). 하지만 내 몸은 너무나 많고 많은 연애 재앙, 흔히 말하는 **트라우마**가 생긴 장소였기 때문에 나는 그 둘을 완전히 별개로 보기가 힘들다. 나는 누가 나를 잘 대해주기를 바라지만 인간답게 대해주기도 바란다. 때로는 이 말이 과도한 요구처럼 들리기도 한다. 특히 나의 몸, 나의 연애생활이 진공 속에 있는 것이 아니기 때문에 그렇다. 실제로 내가 나의 몸과 연애생활을 바꿔보려고 애쓰던 사이에 사회적으로는 여성들이 직장에서 겪는 구조적인 모욕과 공격이 공론화되었다. 타임스 업Time's Up, '때가 되었다'는 뜻으로, 영화·연극·TV 분야의 여성 300여 명이 1,300만 달러를 모금하여 여성들이 성차별·직장 내 성희롱·성폭력에 맞서게끔 돕는 법률 지원 펀드의 이름과 #미투 운동은 쇼비즈니스 세계를 중심으로 진행되고 있지만 내가 몸담은 미디어 업계에도 파장을 미쳤다. 나는 일터에서 성희롱의 대상이 된 적은 없다(물론 가끔 아주 극단적인 우울에 빠진 순간, 나는 그 이유가 혹시 내 외모가 수준 이하여서였을까 하는 말도 안 되는 생각을 한다). 그러나 나 역시 오랫동안 내 몸이 경멸당하는 경험을 했다. 그리고 그 경험을 어떻게 받아들여야 할지 아직도 고민 중이다.

"당당해지세요!" 이번 주 웨이트워처스 팸플릿 표지에 적힌 말이다. 안에는 여성의 가사노동 부담과 운동 욕구 사이에서 접점을 찾으려 애쓰는 커플의 이야기가 실려 있었다. "당신이 바꾸고 싶은 일상 패턴을 이야기하세요. 예 : '저녁식사 후에 당신은 TV를 보지만 난 설거지를 해야 하기 때문에 걷기 운동을 할 시간이 없어.'" 이 문장에 묘사된 관계를 보는 것만으로도 내가 싱글이란 사실이 감사하게 느껴졌다. "그 패턴이 당신에게 어떤 영향을 주는지를 설명하세요. '결국 나는 주중에 걷기 운동은 거의 포기해야 돼.' 당신이 바꾸기를 원하거나 그럴 필요가 있는 부분을 구체적으로 말하세요. '월, 수, 금 사흘은 당신이 저녁 설거지를 해주면 어떨까? 그러면 내가 20분 걷기 운동을 할 수 있어.' 그 변화를 통해 당신에게 생길 수 있는 변화를 명확하게 진술하세요. '예전보다 걷기 운동을 세 번 더 할 수 있어서 운동 포인트 목표 달성에 도움이 될 거야.'" 나는 웨이트워처스가 건강에 좀 더 폭넓은 접근을 한다는 점은 높이 산다. 하지만 모든 강조점이 더 큰 사회적 차원의 변화보다는 오로지 개인한테만 주어진 탓에 전체 그림의 일부만 본다는 인상을 지울 수 없다. 물론 웨이트워처스는 체중 감량 서비스 업체다. 뚱뚱한 몸으로 사는 일을 수월하게 만들어주는 것이 그들의 일은 아니다. 어느 면에서, 사람들이 조금 낙담한 채로 있는 것이 사업적으로는 좋다.

체중 조절을 계속해가면서(대단히 천천히, 일주일에 500그램씩), 습관적으로 거부해 버릇하는 것이 어떤 느낌인지 엄마가 설명하던 장면이 떠올랐다. 아마 메이크업 아티스트 바비 브라운의 레시피대로 만든 초콜릿 단백질셰이크 이야기를 하던 중이었지 싶다. 엄마의 다이어트 비법 강연이 시작되면 나는 일단 시야가 흐려진다. 그리고 내 영혼은 근처의 가장 가까운 맥도날드(엄마가 델몬트 센터에서 나의 꾐에 넘어가 빅맥을 먹었던 1992년 이후로는 단 한 번도 안 갔다고 입버릇처럼 말하는 장소)를 향해 걸어가는 상상을 한다. 하지만 엄마가 음식을 부인해온 이야기를 듣고 있자니, 문득 살을 빼서 주류에 들겠다는 내 선택이 지금 내게 어떻게 느껴지는지가 더 궁금해졌다. 살을 빼고 날씬해지고 싶다는 것이 내 현재 상태status quo다. 그것은 급진적이지 않았다. 그러나 그걸 원하는 게 괜찮은 일이었을까?

모임 중에 회원들은 자기주장적이 되라는 팸플릿의 조언을 따르지 못했다. 오히려 과거 이야기를 나누며 다들 반성하는 분위기가 되어버렸다. "평생 동안 나는 비만인으로 살았어요. 친구들 중에서도 항상 뚱뚱했고요." 패트리스의 말이었다. "젊을 때는 여기저기 다니면서 다이어트도 했어요. 비만 전문 의사한테 가서 B12 주사도 맞아보고, 식욕 억제제도 먹고요. 그렇게 저렇게 해서 7킬로그램인가를 뺐는데, 그만뒀더니 금방 도로 찌데요. 나는 그랬어요. 빠졌다가 찌고, 빠졌다가 찌고." 우리 다이어트인은 다른 다이어트인과 자신의 실패한 다이어트 이야기를 나누는 것을 더없이 사랑한다. 드디어 자기를 이해하는 청중을 만났기 때문이리라. "나는 서브웨이 샌드위치 다이어트랑 앳킨스 다이어트를 했었는데 별 효과가 없었어요." 로이스가 말했다.

"나는요, 어떤 의사를 만났거든요. 그런데 자기들이 비만치료 수술을 한다면서 나도 거기 해당된다는 거예요." 로즈마리가 말했다. 사람들이 놀라 숨을 죽였다. "안 돼요"라는 속삭임이 들렸지만 나는 생각했다. '그럼요. 요즘은 10킬로그램만 과체중이어도 비만 수술 해주겠다는 의사를 찾기 어렵지 않을걸요.' 로즈마리는 목소리가 갈라졌고, 티슈를 집어 눈가를 몇 번 훔쳤다. 미리엄이 다가와 그녀 어깨에 손을 얹었다. "내가 남들 눈에 위 절제 수술을 해야 될 만큼 뚱뚱해요? 나는 날씬해지려고 몸에 칼을 대지는 않을 거예요." 로즈마리는 간호사로 밤근무를 하면서 4년에 걸쳐 몸이 조금씩 불었다. "좀 통통한 편이긴 했지만 한 번도 심각하게 살이 찌거나 비만인 적은 없었거든요. 그런데 나도 알아요, 이젠 뚱뚱하다는 거. 낮에는 하루 종일 자고 밤에는 계속 먹었거든요. 정말 다양한 국적의 사람들이랑 같이 일을 했는데, 밤마다 다들 나눠 먹을 저녁거리를 싸들고 왔어요. 무슨 무료 뷔페 같았어요."

그날 우리가 굳이 입을 열어 말하지 않은 것이 있었다. 지금 당장은 웨이트워처스 다이어트가 효과가 있을지 몰라도, 그럼에도 여전히 우리가 바라는 것은 각자의 암울한 옛 기록을 깨끗이 지우고, 불어난 체중을 몽땅 빼고, 그 상태를 꾸준히 지키는 것이다. 언제 다시 나락으로 떨어질지 모른다는 어마어마한 두려움이 그곳에 있었다.

CHAPTER 17

드세요, 드세요,
너무 많이는 말고요

1982년

결국 로스앤젤레스에서의 삶은 진을 그곳에 묶어두기에 충분치 못했다. 진은 맨해튼 아파트를 그대로 두고 있었으므로, 1982년 로스앤젤레스 생활 10년을 뒤로하고 옛 터전으로 돌아왔다. 5번가에 새로 마련한 아파트를 (달걀 방문판매를 하던 옛 모습을 상기시키는) 달걀 모티브로 장식했고, 플러스사이즈 의류 브랜드 '클로디아 쿠퍼Claudia Cooper'를 직접 출시했다. 1980년대를 풍미한 디자인은 모든 사람을 패트릭 나겔미국의 일러스트레이터. 〈플레이보이〉 연재물. 인기 그룹 듀란듀란의 앨범 표지 등을 그렸다의 일러스트처럼 보이게 만들었다. 진은 웨스트코스트에서 지낸 시간이 외로웠다고 솔직히 말했다. 편한 친구가 없어서가 아니라 친밀한 관계의 부재 때문이었다. "수영장, 저택, 캘리포니아의 아름다운 풍경, 이런 것들은 내겐 아무 의미도 없었어요." 진은 말했다. "휴가 때마다 브루클린에 있는 엄마의 방 세 개짜리 아파트에

디스 이즈 빅

서 가족들과 함께 지내고 싶었어요." 가족은 진에게 아주 큰 의미였지만 그럼에도 그녀의 손아귀에서 영영 빠져나간 듯했다. 언론 인터뷰에서 진은 두 아들, 손주들과 좀 더 가까이 있고 싶어 맨해튼으로 옮긴다는 말을 꽤나 강조했다. 진은 자신의 현실은 유감이지만 그래도 가족을 중시하는 사람으로 보이고 싶었거나, 아니면 자신이 꾸렸던 가족과는 다른 가족, 좀 더 친밀하거나 문제가 없는 가족을 가지고 싶었던 듯하다.

웨이트워처스는 1970년대부터 여름캠프를 시작했다. 〈웨이트워처스〉 1970년 3월호에는 뉴욕 웨스트 코페이크의 로다 호숫가에서 버크셔스 지역에 거주하는 여성들을 대상으로 웨이트워처스 여름캠프를 개최한다는 광고가 실려 있다. 이후 열 살에서 스물한 살의 연령대를 겨냥한 여름캠프와 성인용 캠프도 열렸는데 대부분 남녀 혼성 캠프였다. 또 북캘리포니아에서 몇 년간 스파를 운영하기도 했다.

캠프 참가자는 2주, 3주, 4주 또는 7주 단위 프로그램을 선택하여 주당 500~600달러의 비용을 냈고, 한 달 동안 엄청난 감량(예컨대 8킬로그램)을 달성할 수 있다는 기대에 부풀었다. 웨이트워처스는 일반적인 캠프와 체중 감량 목적의 활동을 결합시켰다. 대신 당시의 일부 캠핑 관례들(팬케이크 아침식사나 스모어 같은 캠핑 간식 등)은 다이어트라는 취지와 맞지 않았기 때문에 제외했다. 대부분의 캠프처럼 오전에 두 가지, 오후에 세 가지 활동이 진행됐고, 일과를 마무리하는 마지막 세션만은 다이어트 전문가와 함께하는 시간이나 에어로빅 교실을 편성했던 것 같다. 회사에서 자체 메뉴를 개발했으며, 변동이 생길 시에는 반드시 승인을 받아야 했다. 그리고 부엌을 감독하고 각종 모임을 인도하는 전담 웨이트워처스 강사가 일정을 함께했다. 처음에는 아이들도 캠프에서 성인과 동일한 식단을 따르도록 했지만 지도교사들이 아이들에게 간과 생선을 먹이느라 대단한 고역을 치렀기 때문에 점차 두 가지는 자취를 감추게 되었다. 펠리스 리퍼트가 이끄는 요리 교실에서는 구운 감자와 브로콜리를 곁들인 소고기구이 같은 건강한 메뉴를 가르쳤다. 캠프의 후식은 과일, 특히 사과가 주로 나왔다. 참가자 전원은 매주 한 차례씩 체중을 쟀으며 평균 일주일에 1.5~2킬로그램이 빠졌다.

진은 1970년대 후반부터 캠프에 참여하기 시작했다. 직원을 포함한 캠핑장 인원 전체가 이 방문 행사를 무탈하게 치르느라 법석을 떨었다. 아이들은 드레스리허설까지 했다. 기사가 모는 리무진을 타고 도착한 진은 으레 옷 갈아입을 방이 어디인지부터 물었다. 처음 며칠 동안은 완벽한 옷차림으로 나타났지만, 더운 여름날에 장소도 캠핑장이었던지라 나중에는 바지 정장으로 갈아입었다. 진 니데치식 캠핑용 캐주얼 복장이었던 셈이다. 진은 참가자 전원을 대상으로 강연을 했고, 어린 시절부터 체중 조절을 하는 것이 얼마나 중요한가를 주로 이야기했다. 하지만 이것이 진이었다. 한 사람보다는 500명 앞이 더 편하다고 했던 여성, 설사 아이들일지라도 청중이라면 일단 사랑했던 여성, 이것이 진이다. 아이들도 진을 좋아했던 모양이다. 강연이 끝나면 아이들은 으레 진을 둘러싸고 질문 공세를 퍼부었다. 진은 캠핑장에 도착하기 앞서 반드시 자신의 저서가 먼저 배달되도록 했고, 그 책들에 서명을 한 다음 아이들과 카메라 앞에서 포즈를 취했다. 이 순서가 여름캠프의 하이라이트였다. 어느 해에는 진의 손녀 헤더가 홍보차 캠프에 참여하기도 했다. 〈웨이트워처스〉에 이때의 기사가 실렸다.

1980년대는 미국 다이어트 서비스 업계의 황금시대였다. 1980년을 전후하여 미국인의 평균 체중이 증가하기 시작했다. 1980년에는 전체 여성 인구의 절반 이상이 집 바깥에서 일을 했고, 이는 가정 요리가 줄어들고 평균 허리둘레가 증가한 원인으로 지목받았다. 하인즈를 비롯한 유사한 기업들이 계속 성장하며 거대한 포장가공식품 산업을 형성했고, 미국인들은 점점 여기에 의존하며 패스트푸드와 포장음식을 즐겼다. 또한 베이비부머 세대가 부모가 되고 자녀를 날씬하게 키워야 한다는 압력이 여성들을 짓누르면서 피트니스와 다이어트 열풍은 더 거세졌다. 1984년을 기준으로 식비의 4분의 1이 다이어트 식품 구매에 들어갔다. 고칼로리 간편식품을 판매하던 회사들도 스토퍼스 린 퀴진, 다이어트 코크, 무설탕 젤로, 버드 라이트 같은 저칼로리 및 다이어트 식품을 선보이기 시작했다.

미용 측면에서는 화려함이 대세였다. 또 화려함은 얼마나 말랐느냐의 문제였고, 그러다 보니 미국인의 몸집이 점점 불어나고 있는 추세와 정면으로 배치되었다. 원래부터 동경의 대상이던 마른 몸매는 더욱 갈망의 대상이 되고 더욱 극단적이 되어갔다. 전직 모델이며 도널드 트럼프의 전 부인 이바나 트럼프는 〈뉴욕타임스〉 기자에게 이렇게 말했다. "배가 고파야 더 힘이 나는 것 같아요." 무엇이든 넘쳐났던 1980년대의 과잉 문화를 다룬 톰 울프의 소설 《허영의 불꽃》에는 소위 '사교계의 엑스레이social X-ray'톰 울프가 이 소설에서 만들어낸 표현. 항상 최고급 파티에 초대받아 최고급 요리를 접하지만 골격이 드러날 정도로 깡마른 여성을 가리킨다가 등장한다. 그녀는 먹긴 해도 절대 과식하지 않으며, 그녀의 마른 몸은 영혼 없음을 보여주는 징표다. 사교계의 엑스레이가 실존한다면 전 영부인 낸시 레이건도 후보군에 들 것이다. 마른 몸에 단정한 스카프 차림을 즐기던 이 영부인은 〈웨이트워처스〉와의 인터뷰에서 자신과 로널드 레이건 전 대통령의 식단을 이렇게 소개했다. "가정식을 기본으로 생선이나 닭고기, 살코기 적당량과 신선한 채소, 샐러드를 먹습니다. 가끔은 남편이 좋아하는 마카로니와 치즈를 먹을 때도 있고요."

유행 다이어트도 범람했다. 1982년 〈뉴욕타임스〉는 미스아메리카 출신인 베스 마이어슨이 공저자로 참여한 《아이 러브 뉴욕 다이어트The I Love New York Diet》가 하룻밤 사이에 거둔 천문학적인 성공(과 그다지 신빙성 없는 주장들)을 소개했다. 한편에는 식품 조합과 기존에 알려진 주장을 토대로, 가령 고기는 감자와 먹어야 한다든가 감자는 위장 안에서 발효하여 보드카가 된다든가 하는 주장을 펼쳤던 주디 마젤의 《베벌리힐스 다이어트Beverly Hills Diet》를 시도했던 이들도 있었을 것이다. 마젤은 자

디스 이즈 빅

신이 수동변속기 자동차를 몰면서 하얀 실크 드레스에 과즙 한 방울 튀기지 않고 망고 껍질을 까서 먹을 수 있다는 말을 즐겨 했다. 뉴욕 북부의 부촌 스카스데일에는 그곳만의 다이어트법이 있었다. 마찬가지로 마이애미 사우스비치에도 고유한 다이어트법이 있었다.

피트니스, 조깅, 재저사이즈(1970년대 말 주디 셰퍼드 미셋이 시작했다)가 일반화되었다. 40대 중반에 운동 구루로 변신한 제인 폰다보다 이 시대를 더 잘 보여주는 상징은 없을 것이다. 이 오스카상 수상자는 먼저 베스트셀러 운동 서적을 냈고, 이어 1982년에 〈제인 폰다의 워크아웃Jane Fonda's Workout〉이라는 운동 비디오를 출시하여 전 세계에서 1,700만 개의 판매고를 달성했다. 폰다는 줄무늬 레오타드에 허리벨트, 발목 워머를 착용한 모습으로 등장하여 홈비디오 시청자들에게 REO 스피드왜건과 지미 버핏의 노래에 맞춰 뛰면서 지방이 타는 감각을 느껴보라고 독려한다. "여러분의 나이가 열다섯이든 쉰이든 상관없습니다. 이 비디오의 도움을 받아 조금만 노력하면 누구나 건강하고 균형 잡힌 몸매를 가질 수 있어요. 몸속부터 건강해져서 밖으로 빛이 나는 건 말할 것도 없겠죠." 폰다는 비디오에서 이렇게 말했다. "자, 나이에 맞게 사세요. 여러분의 몸을 이해하고 존중하는 법을 배우세요. 몸이 여러분의 성전이죠. 그리고 기억하세요. 훈련이 해방discipline is liberation, 무용가 마사 그레이엄이 남긴 유명한 말입니다!"

웨이트워처스도 1981년부터 맥주를 허용하고 채식 식

단을 제공하면서 자체적인 변화를 꾀했다. 1984년에는 2주 만에 급속히 살을 뺄 수 있도록 보다 엄격한 관리 체계를 제공하는 '퀵 스타트' 프로그램을 출시했다. 이것이 엄청난 성공을 거두어 웨이트워처스의 수익은 2년 만에 두 배로 늘어났다. 잡지의 태그라인도 1975년의 "매력적인 사람들을 위한 잡지"에서 1985년에는 "다이어트 잡지 그 이상!"으로 바뀌었다.

웨이트워처스의 브랜드 확장 사례 가운데 당시의 시대상을 그대로 보여주는 것은 토크쇼였다. 신문광고 문구를 그대로 따르자면 이 토크쇼는 "당신의 식욕을 만족시킬 저칼로리 레시피와 고칼로리 유머"로 무장했고, 다이어트 팁, 운동, 메이크업, 스타일 변신 등을 다뤘다. 30분 분량의 이 〈웨이트워처스 매거진 쇼〉는 라이프타임 케이블 채널을 통해 1984년 9월에 최초로 전파를 탔다. 토크쇼 진행자는 코미디 영화 〈조지 걸〉에서 뚱뚱한 20대 미혼 여성 역할을 맡아 1967년 오스카 여우주연상 후보에 올랐던 린 레드그레이브였다. 레드그레이브는 웨이트워처스 브랜드가 배출한 최초의 유명인사 대변인이 되었고, 이 프로그램과 함께 13킬로그램을 감량한 뒤로는 자신을 "체중 문제가 있는 마른 사람"이라고 소개했다. 웨이트워처스 토크쇼의 한 인터뷰에서 레드그레이브는 자신이 유명한 배우 집안의 전형적인 셋째였다고 말했다. "저는 농담하는 사람, 재밌는 사람, 뚱뚱한 사람이었어요. 그리고 점점 더 뚱뚱해졌고, 나를 뺀 모든 사람들한테 점점 더 재밌는 사람이 되어갔죠." 그녀의 부모님은 한 번도 체중 문제를 겪어보지 못한 화려한 사람들이었

디스 이즈 빅

지만 유독 그녀만은 체중의 압박을 받았다. "뚱뚱하다는 사실이 너무 괴로웠습니다. 안 보이는 데 숨어 있다가 언제 나를 덮칠지 모르는 괴물 같았어요." 그녀가 말했다. "내가 재미없는 사람이 되어버릴까 봐 걱정됐거든요. 그래서 스파에서 7킬로그램을 뺐다가 2주 만에 도로 찌웠어요."

토크쇼는 뉴욕에서 촬영됐다. 운동 효과를 내며 걷는 법("문만 열고 나오면 지금 당장 시작할 수 있어요")이나 수중 에어로빅 같은 운동을 소개하고, 프렌치 레스토랑에서 저칼로리 음식을 주문하는 법, 낮 시간 동안 두꺼운 화장을 유지하는 법 등을 알려주는 코너도 있었다. 인공감미료를 넣은 다크초콜릿에 찍어 먹는 1회당 108칼로리짜리 신선한 과일 요리 시연도 있었다. 36킬로그램을 감량한 남성, 남아프리카에서 교환학생으로 미국에 왔다가 배스킨라빈스 아이스크림 때문에 불어난 22킬로그램을 모두 뺀 여성 등 웨이트워처스 회원 성공담 소개도 상당한 비중을 차지했다.

이런 내용의 토크쇼였으므로 1980년대 초 맨해튼에서 결성된 여성 코미디 그룹 '하이힐 신은 여자들High-Heeled Women' 과는 정반대 노선에 있었다고 할 만하다. 이들은 체중 감량과 신체 이미지에 관한 내용을 코미디로 연출했다. 가령 침실에 여성이 혼자 있다. 그녀가 전화기를 들고 속삭인다. "비토, 얼른 와. 방금 우리 남편 출근했어." 비토가 등장한다. 그는 피자 배달원이고 특대 사이즈 페퍼로니 피자를 들고 있다. 다른 코너에서는 파티에서 거절당한 여성이 보인다. 관객은 그녀의 독백을 들을 수 있는데, 그녀는 잘생긴 남자를 쳐다보며 이렇게 말한다. "난 뚱뚱해, 저 남자도 내가 돼지인 걸 알아." 그러고는 볼이 미어져라 프레즐을 입에 쑤셔 넣는다. 또 다른 코너에서는 당장 다이어트를 시작하지 못하는 핑곗거리가 끝도 없이 나열된다. "안 돼, 난 이탈리아 사람이잖아." "안 돼, 지금 휴가 중이잖아." "안 돼, 방금 새 옷장을 샀잖아." "안 돼, 난 갑상선 환자잖아." 이런 유머들은 얄팍하게 위장한 자기혐오다.

이런 국가적 다이어트 열풍이 부는 사이, 1980년대 이전에 12~14퍼센트에 머물던 비만율이 1980년대 후반에는 25퍼센트까지 껑충 치솟았다. 이유는 분분했다. 어떤 전문가는 설탕범벅의 저지방 혹은 무지방 식품을, 어떤 전문가는 옥수수 시럽을 원흉으로 꼽았고, 가공식품을 비판하는 목소리도 여전했다. 하지만 그들이 공통적으로 인지한 바는 미국인들이 조금도 건강해지지 않았다는 사실이었다.

어떻게 보면 전 국민이 웨이트워처스 회원이었다. 다이어트 문화는 웨이트워처스가 시작된 이후로 계속 발전을 거듭했다. 진은 아니었다. 진은 체중 감량의 다른 세상을 살았던 일종의 살아 있는 화석이었다. 1973년 웨이트워처스 창립 10주년 기념행사를 이끌었던 해럴드 루빈스타인은 행사를 마친 뒤 진에게 메모를 남겼다. 그는 진을 이렇게 일컬었다. "신데렐라! 교주님! 여신님!" 그다음에는 이런 내용이 이어졌다. "이제 다음을 계획합시다. 20주년을 위해(백악관에서 열어야 마땅하겠죠) 그

디스 이즈 빅

리고 혹시 모르니, 올림포스산을 향해서도." 이 예언은 적중하지 못했다. 1983년 웨이트워처스는 예전에 매디슨 스퀘어 가든에서 열었던 행사 규모보다 훨씬 축소된 창립 기념 파티를 치렀다. 개최 장소는 뉴욕 록펠러센터 65층의 레인보우룸이었다. 계속 확장 중인 웨이트워처스의 제품 세계도 그 파티에 끼었다. 진은 참석자 전원에게 이렇게 말했다. "드세요, 드세요. 너무 많이는 말고요." 회사도, 웨이트워처스 다이어트인들도 다들 진 없이 잘해 나가고 있었다. 그럼에도 진은 자리를 지켰다. 사랑받는 짜릿한 기분을 한 번이라도 더 느끼려고 그곳에 있었다.

CHAPTER 18

건강을 챙기는
작은 일들

2018년 3월

내가 아는 한, 엄마는 은퇴 기념으로 두 달간 유럽 여행을 가면서도 어떻게든 5킬로그램 감량에 성공해 올 수 있는 유일한 사람이다. 여행에서 돌아오자 엄마는 어느 농산물 직매장에서 샀다는 시금치 와플에 갖가지 잼을 얹어 먹는 스칸디나비아식 다이어트를 시작했다. 엄마에게 전화가 왔다. 내가 맨해튼의 스웨덴 과자점에서 사 보낸 월귤잼을 받았다는 인사를 하기 위해서였다. "포장지를 뜯자마자 뚜껑 열고 한 스푼 먹어봤어." 그리고 엄마는 잠시 목청을 가다듬었고, 내가 걱정하지 않았으면 좋겠다며 운을 뗐다. 이 말은 심각한 이야기가 나올 것이라는 불길한 예고다. 엄마는 갑상선 제거 수술을 해야 한다고 말했다. "왜?" 내가 묻자 엄마는 종양이 자라고 있는데 심상찮아 보인다고 했다. 소호의 길거리 한복판에서 통화 중이던 나는 갑자기 시야가 좁아 들고 금방이라도 기절해버릴 것 같았다.

발걸음을 멈췄다. 목 안에서 뭔가 물컹한 것이 올라왔다. "암이래?" 내가 물었다. "그건 종양을 꺼내봐야 알 수 있대. 하지만 걱정하지 마, 좋은 종류야." 엄마의 말이었다.

엄마는 멕시코의 망자의 날죽은 자를 기리는 멕시코의 기념일 축제와 관련된 작품과 기념품을 오랫동안 모아왔다. 내가 대학 다닐 때 엄마는 지옥에 떨어진 두 사람이 대화하는 장면을 묘사한 디오라마를 사 보내주기도 했다. 아래쪽에는 이렇게 써 있었다. "그래, 하지만 뜨거워도 습도는 낮으니까." 이 디오라마는 지금까지 부엌 싱크대 위에 있다. 엄마와 통화하면서 나는 그 대사를 떠올렸다. "수술로 떼어낸대. 그거 무게라 해봐야 얼마 되지도 않겠지만, 그래도 몸무게에서 얼마라도 덜어낸다고 생각하니 짜릿해." 나는 언젠가 스파에서 전신 스캐닝을 할 기회가 있었는데 내 온몸의 뼈와 장기를 합치면 18킬로그램쯤 나간다는 사실을 그때 처음 알았다고 엄마에게 말했다. 나는 적어도 30킬로그램은 나갈 줄 알았었다. 우리는 둘 다 웃었다. 그리고 내가 그날 아침에 웨이트워처스 모임에 갔었고, 지난주 내내, 그것도 대단히 기특하게도 샐러드와 잡곡 요리를 직접 해먹었으며 달달한 간식을 안 먹으려고 오후 약속도 피해 다녔건만 도리어 180그램이 불었다고 투덜댔다. "이런, 그랬구나. 나는 피넛버터 몰트볼 네 개 먹고 400그램이 늘었어." 엄마가 말했다. 먹는 이야기를 같이 하니 삶이 다시 정상으로 돌아온 것 같았다.

전화를 끊고 길 한복판에 서서 몇 초 동안 "양성일 거야,

양성일 거야"라고 혼잣말을 했다. 부모님, 특히 엄마는 항상 나보다 건강했다. 두 분 다 60대 중반이고, 아직 여생이 한참 남은 분들이라고 나는 믿는다. 나는 툭하면 두 분에게 화를 내고, (단 한 가지 두드러진 예외만 제외하고) 노골적인 방임으로 일관했던 그분들의 1980년대식 양육 방법에 분개하지만, 그럼에도 그분들을 사랑한다. 엄마와 나는 둘 다 블랙유머를 좋아했다. 매년 어머니의 날이 돌아오면 나는 항상 새롭고 창의적인 방식으로 엄마를 죽이는 드로잉이나 그림을 그려서 선물했다. 엄마와 나는 그것을 우리가 상상할 수 있는 가장 재밌는 일이라고 여겼고, 어쩌면 치유적인 효과도 있었다.

엄마는 〈헤더스〉, 〈헤어스프레이〉, 〈더티 댄싱〉 같은 영화가 나왔을 때 대번에 중요한 작품임을 직감하고는 갓 열 살 넘은 나를 극장에 데리고 갈 정도로 지혜로웠다. 그리고 1년에 하루 이틀 정도는 학교를 빠지는 것이 정신건강에 좋다고 여겼다. 그날은 엄마와 내가 쇼핑을 가거나 점심 외식을 하는 날이었다. 내가 고등학교 2학년에 올라간 직후에 나온 도나 타트의 《비밀의 계절》도 엄마가 직접 사줬다. 부모님은 내가 글을 쓰도록 용기를 북돋워 준 분들이기도 했다. 일곱 살에 썼던 시가 어느 지면에 발표되자 두 분은 꽃과 귀걸이를 선물하며 축하해줬고, 나는 지금도 그 귀걸이를 간직하고 있다. 그분들은 나의 모든 것이고, 어떤 의미에서는 내가 가진 모든 것이다. 나는 배우자도, 자녀도 없다. 형제자매도 없다. 내 또래의 사촌도 없고, 가까이 지내는 고모, 이모, 삼촌도 없다. 양가 조부모님들도 내

디스 이즈 빅

가 어렸을 때 돌아가셨다. 부모님이 없다면 나는 이 세상에서 그야말로 혼자다. 상상하기조차 고통스러운 일이라 그 생각이 떠오르자마자 본능적으로 얼른 밀어낸다. 나는 지금 울어서는 안 된다. 갑자기 라자냐 한 접시나 피칸파이 한 판이 먹고 싶다.

음식이라는 대응기제가 없어서 나는 다른 종류의 망각 수단을 찾았다. 반 블록 떨어진 루이뷔통 매장으로 들어가 잡지에서 본 스웨터를 입어봐도 되냐고 물었다. 검정에 가까운 진회색 오버사이즈 디자인에 실크와 면이 섞인 재질이었다. 사람들은 스웨터를 입으면 포근하게 안기는 느낌이 든다고들 하는데, 이 스웨터는 아니었다. 오히려 나를 세상에서 차단시키는 벽과 비슷했다. 한도가 아직 넉넉하기를 바라며 신용카드를 건넸고, 그렇게 950달러를 결제했다.

사람들이 돈과 관계 맺는 방식은 결국 음식과 관계 맺는 방식과 동일하지 싶다. 내 경우는 확실히 그렇다. 돈을 쓰면 음식을 먹을 때와 똑같이 욕구를 쌓아두는 것과 방출하는 것, 유혹과 위반의 느낌을 모두 경험한다. 한동안은 욕구를 쌓아두는 데 몰두할 수 있다. 가령 너무 예쁘지만 비싸서 살 수 없는 샌들을 아침마다 온라인상으로 구경만 하고 나올 때가 그렇다. 마찬가지로 금요일 저녁에 피자를 시킬지 말지를 고민하면서 나머지 요일을 기분 좋게 보낼 줄도 안다. 이런 쇼핑 습관이 과연 내 통제력을 넘어선 것인지는 솔직히 모르겠다. 이것은 과연 내가 음식을 많이 먹는 것이 단순히 문제의 전부라고 할 수 있는지 알 수 없는 것과 마찬가지다. 아마도 나는 쉽게 얻을 수 있는 보상의 일종으로 돈을 쓰는 것 같다.

그렇지만 쇼핑은 내가 자존감이 무너지고 푸대접을 당하는 시간이 되기도 한다. 지난겨울에 로스앤젤레스로 출장을 갔었다. 회의 전에 시간이 남아 돌아다니다가, 깡마른 여성들이 입어야 잘 어울릴 법한 옷을 만드는 프랑스 디자이너의 부티크에 들어갔다. 나는 스웨터 하나를 집어 들고 큰 사이즈가 있냐고 물었다. 그 말에 이유 없이 자극받은 점원이 빈정거리는 투로 말했다. "유럽 디자이너들은 8사이즈 이상 옷은 잘 안 만들어요." 그 말이 틀렸다는 것을 나는 알고 있었다. 내 옷장에는 유럽 디자이너들이 만든 12와 14사이즈 옷들이 넘쳐났다. 그리고 실제로 매장에 큰 사이즈 재고가 없다 할지라도, 일단 그 스웨터 자체가 오버사이즈 디자인이었다! 나는 목구멍이 죄어오는 느낌이 들어 잠시 숨을 가다듬었다. 그리고 심호흡을 한 번 하고는, 눈물을 떨구는 대신 내가 해볼 수 있는 가장 속물적인 말투로 이렇게 말했다. "사이즈 문제는 내가 훤해요. 매장에 이 스웨터 큰 사이즈가 있는 거예요, 없는 거예요?" 그러자 그가 미디엄 사이즈를 가져왔다.

안 맞았다. 나는 〈프리티 우먼〉이 개봉한 중학교 1학년 때 그 영화를 처음 봤다. 영화 속 유명한 쇼핑 장면을 알고 있다. "큰 실수한 거예요. 아주 큰!"남자주인공의 신용카드로 잔뜩 쇼핑한 여자 주인공이 방금 자신을 무시하며 문전 박대했던 상점 주인에게 한 말 내게 그런 일은 일어나지 않았다. 비참한 순간이 승리로 뒤바뀌는 경험을 살아생전에 할 수 있을까. 설사 그 스웨터가 너무 마음에 들어 샀다 한들 점원에게는 어떤 교훈이 되었을 리 없다. 그리고 혹시나 줄리아 로버츠가 연기한 비비안처럼 몇 시간 뒤 내가 물건이 가득 든 쇼핑백을 양손에 바리바리 들고 나타나 내 사이즈를 보상할 만큼의 재력과 스타일을 과시했다면, 아마 나는 나 자신이 안쓰러웠을 것이다.

자기 이미지를 바꾸는 일도 이미 충분히 어렵다. 그런데 나의 최악이라고 믿는 부분(내가 눈에 띌 정도로 뚱뚱하다는 사실)을 확인시키는 피드백을 지겹게 듣는 와중에도 그 노력을 계속한다는 건 아예 불가능하게 느껴진다. 나는 나 자신에 대한 가장 혹독한 비판가일지 모른다. 하지만 그런 비판적인 시각은 사회에 의해 강화되고 형성된 부분도 없지 않다. 타인들의 잔인함에 이토록 익숙해져 있다면 내가 어떻게 스스로를 혐오하지 않을 수 있을까? 어떻게 초연할 수 있을까? 부모님이 어느 면에서는 옳았다. 나는 날씬함을 지키는 데 실패하면서 내 고통을 막는 데도 실패했다. 이것이 건강한 생각이 아님은 안다. 하지만 택시 기사들은 꽉 막힌 도로에서 나더러 살을 빼면 훨씬 예쁠 것이라는 말로 침묵을 깬다. 어떤 안마사는 발가벗고 안마 테이블 위에 누워 있는 나에게 밀가루를 먹지 말아보라고 했고, 어떤 피부관리사는 내가 10킬로그램만 감량하고 오면 더 많을 것을 해줄 수 있다고 했다. 그리고 나는 이런 말들을 내면화하지 않는 것이 불가능하다. 그렇다면 잘못은 나인가, 그들인가?

웨이트워처스를 하는 동안 외모에만 초점을 맞추면서

나는 바빠졌다. 건강을 챙기는 작은 일들로 일상이 채워졌다. 채소를 썰고, 요가학원까지 지하철로 이동하고, 저녁으로 중국음식을 배달시킬지 간단히 채소를 구워 먹을지 고민하느라 45분을 보냈다. 뚱뚱한 자기 몸을 사랑하는 일을 나보다 훨씬 잘하는 듯 보이는 여성들을 인스타그램에서 스토킹했다. 새치를 감추려고 머리를 부분 탈색했다. 신축성이 전혀 없는 빈티지 리바이스 진에 허벅지를 밀어 넣는 무익한 시도도 계속했다. 나는 너무 많은 것을 했다. 칭찬받고 싶었다. 이번만큼은 뭔가 달라지기를 바랐다. 내 노력이 보상받기를 바랐다. 웨이트워처스 모임을 마칠 때 나눠주는 그 스티커들 말고 내가 바랄 수 있는 최상의 것을 갖고 싶었다.

다시 한번 체중 감량에 대한 희망을 품었지만, 실망했다. 1.5킬로그램이 늘었다. 엄마는 '좋은 종류'라고 했으나 암일 수도 있었고, 수술을 해야 했다. 비행기를 타고 엄마 옆에 갔으면 좋겠냐고 내가 묻자 엄마는 그렇게 되면 오히려 더 불안해질 것 같다고 했다. 이런 상황에도 나는 용케 기네스 펠트로의 요리책에 나온 레시피대로 메이플시럽과 스리라차 소스, 라임을 곁들여 구운 연어를 먹었고, 스시롤 하나만 주문하면서 나머지는 푸짐한 샐러드로 배를 채우는 종류의 사람이 되긴 했다. 이것은 불공평했다. 공평함이 허상이고 존재하지 않는다는 것은 알지만, 나는 진퇴양난에 빠졌다. 왜 누군가는 실패할 때 누군가는 성공하는가? 뚱뚱해질까 봐 전전긍긍하느라 이렇게 시간

디스 이즈 빅

을 많이 쓸 수 있다는 건 특권이었다. 나는 몇 가지 눈에 들어오는 실패들만 붙들고 늘어질 수 있는 일종의 무탈함을 누렸다. 체중이 인생의 가장 끈덕진 문제였다면, 그때의 인생은 꽤 괜찮은 것이었다.

오랫동안 나는 외모 문제가 사라진 미래만 바라보면서 고통을 무시하려고 애써왔다. 그러나 그 '미래의 나'라는 존재가 얼마나 현실적인지 의문이 들었다. 나는 다이어트에 실패한 것이 아니라 세상 속에 있는 나의 현실적인 모습을 보는 데 실패하고 있었는지 모른다. 겨우겨우 7킬로그램 감량에 성공하고 난 뒤로 명백한 사실 한 가지가 다가오기 시작했다. 나는 진의 수준만큼 살이 빠지지 않고 있었다. 이런 깨달음은 실망과 동시에 안도감도 주었다. 나는 엄청난 감량 이후 체중을 유지해야 하는 압박을 원치 않았다. 아닌 척하는 부인이 내 경우에는 절대 즐거움으로 바뀌지 않고 있었다. 하지만 약간이라도 감량했다는 사실을 내가 수용한다면? 체중 감량을 목표의 달성이나 실패가 아니라 성공의 여러 단계로 나눠서 보는 일이 왜 이토록 어려운가?

이번 주제는 '다이어트 피로'였다. 미리엄 자신도 다이어트 피로를 느낀다고 솔직히 말했다. "지금 몇 킬로그램 정도를 빼보려고 일주일에 다섯 번 운동을 하고 있어요. 좀 있으면 졸업 30주년 고등학교 동창회가 있는데 그때 우리 반에서 팔이 제일 예쁜 사람이 되고 싶거든요." 우리는 박수를 쳤다. 미리엄이 리벳공 로지의 포즈를 취했다.

그때까지 나는 괴상한 웨이트워처스 레시피는 거부해왔다. 1960년대 잡지에서 보던 것들의 현대판처럼 느껴졌기 때문이었다. 전에 회원들이 모임에서 이야기했던 3포인트 '베이글'도 그런 종류였다. 셀프라이징 밀가루 한 컵과 무지방 그릭요거트 한 컵을 섞고, 반죽에 달걀물칠을 한 다음 에브리씽 베이글 시즈닝을 뿌려 굽는다. 세이디가 "그건 베이글이 아니에요"라고 속삭였다. 셀프라이징 밀가루와 무지방 그릭요거트, 바나나로 만든 '팬케이크'도 팬케이크가 아니었다. 차라리 폭신폭신한 블루베리 팬케이크 한 개나 진짜 베이글 반 개를 먹는 쪽이 나았을 텐데. 하지만 누가 감히 그럴 수 있을까? 확실히 나는 아니다.

다른 대안이 있으면 좋겠다. 내가 혹할 만한 요소를 모조리 없애거나 먹고 싶은 음식을 외양만 비슷한 다른 것으로 바꿔놓은 그런 음식은 싫다. 음식에 관해 우리가 많이 들어온 격언이 하나 더 있다. 풍성하게 먹되 과욕을 부리지 말라. 확실히 중용은 어렵다. 나도 그래서 꽤 까다롭게 디저트 먹기 훈련을 해보지만, 몸에 밴 습관이 됐을 것 같지는 않다. 내가 좋아하는 음식과 나에게 좋은 음식 사이에는 엄청난 거리가 있다. 웨이트워처스는 우리 모두가 절대 그렇지 않다고 생각하길 원할 것이다. 다이어트와 쾌락은 충돌한다. 어떤 사람들(우리 엄마 같은 유형)은 쾌락 거부를 삶의 중심에 놓고 살아갈 수 있지만 나는 그런 식으로는 절대 오래 버틸 수 없고 행복할 수도 없다.

뒷자리에 앉은 내 옆에 처음 보는 여성이 있었다. 그녀는 집에서 가져온 플라스틱 그릇에 시리얼을 담아놓고 먹으면서 뜨개질을 했다. 내게 시리얼을 한 움큼 건넸지만 나는 사양하며 고개를 저었다.

로이스가 자신도 다이어트가 싫증 난다고 했다. "맘대로 먹지도 못하고, 뭘 먹을 때마다 포인트 추적을 하는 게 지겹네요." 그가 말했다. "이걸 영원히 해야 된다고 생각하니까 절망스럽고요."

내 옆에 앉은 여성이 뜨개질을 멈추더니 손을 들고 말했다. "우주에서 뭔가가 일어나고 있는 거예요. 모든 사람이 힘들고 허덕거리잖아요." 우리는 갑자기 교실에 출현한 외계인을 쳐다보듯 일제히 그녀를 향해 고개를 돌렸다. "그렇군요." 미리엄이 마지막 음절을 길게 끌면서 말했다. "그 사실이 우리에게 어떤 동기부여를 할 수 있을까요?"

"부정적으로 보지 않으려고 해보세요. 가령 '나는 식료품점에서 좋은 식재료 코너로 나를 데려갈 책임을 지고 있다' 이렇게요. 뭐랄까, 이런 거랑 비슷하죠. 자전거 타는 걸 좋아하게 되면 자전거를 계속 탈 거 아니에요." 항상 교과서 같은 정답을 말하는 로즈마리의 대답이었다. "힘을 빼요. 다이어트를 부업처럼 생각하면 오히려 잘 안 돼요."

"하지만 당신도 가끔은 아무 신경 안 쓰고 예전에 살 안 쪘을 때처럼 살고 싶을 텐데요." 로이스가 말했다.

미리엄이 끼어들었다. "'~해야 돼'보다는 '~하게 됐네' 식으로 말하는 건 어때요? 항상 100퍼센트 완벽하게 하려 들면 잘 안 됩니다. 그럴 때 다이어트 피로가 생기는 거예요. 좋아하는 일을 못 하게 자기 자신을 막는 거잖아요. 다이어트를 날씬함이 아니라 건강에 이르는 길이라고 생각해보죠. 성공의 수단을 다른 걸로 써야 해요."

그래서 나에게 웨이트워처스가 말하는 소위 체중계 숫자 너머의 '승리'가 있었는지 찾아본다면 예컨대 이런 것이다. 거의 1년 만에 레이첼 코미 화이트진이 다시 몸에 맞았다. '맞았다'는 표현은 엄밀히 말해 틀릴지 모르지만 어쨌든 맨 위 버튼을 채울 수 있었고, 앞으로 5킬로그램 정도만 더 빼면 보기 좋게 입을 수 있을 듯했다. 나는 스스로에게 너무 엄격했기 때문에 이 정도 성공은 고려조차 안 하고 있었다. 하지만 깨달은 것이 있다. 내가 관심 있는 발전은 그런 것이 아니라는 사실이다. 물론 나는 체중을 줄이고 싶었다. 하지만 무엇을 대가로? 내가 정말 원했던 것은 음식이 처벌이나 보상이 되는 세상에서 살지 않게 되는 것이었다. 나는 사라질 수 없었고(사라지지도 않을 것이다), 이 현재에 요지부동으로 살고 있다. 아무리 내가 하루를 잘 보내고 내 승리에 집중한다 한들 결국 나는 내 체중을 상기하게 되는 이곳에서 살 수밖에 없다. 그리고 내게 쓸모도 없고 쓰고 싶지도 않은 충고를 한 아름씩 안기려고 안달하는 사람은 언제나 있을 것이다. 이런 세상에 살면서 행복할 길을 찾을 수 있을까?

집에 돌아와 최초의 본격적인 플러스사이즈 모델이라 할 수 있는 애슐리 그레이엄의 테드톡 강연 〈플러스사이즈라고요? 제 사이즈에 더 가깝죠Plus-Size? More Like My Size〉를 보았다. 300만 뷰를 돌파한 영상이다. 무대에 등장한 그레이엄은 딱 붙는 푸른색 원피스에 피부색과 동일한 구두를 신어서 모래시계 같은 몸매가 그대로 부각된다. 그녀는 무대에 세워둔 전신거울을 보며 이렇게 말한다. "안녕, 내 굵은 허벅지야, 너희들 정말 섹시해. 둘이 딱 붙어서 떨어지질 않는구나. 괜찮아, 난 너희들과 함께할 거니까." 등에 붙은 지방과 셀룰라이트에게도 그녀는 사랑을 맹세한다. 영상을 보는 동안 나는 입술을 삐죽거리며 생각했다. '분명히 스팽스 보정속옷을 입었겠지. 사이즈 8 정도 되려나?'(나중에 그녀의 개인 트레이너를 만날 기회가 있었다. 그는 그레이엄의 실제 사이즈가 16이며, 그녀가 태생적으로 가늘게 타고난 허리를 강조하는 포즈를 취하는 데 탁월한 재능이 있다고 말했다.) 그레이엄은 SNS에 해시태그를 달고 스스로를 긍정하는 말을 올리자는 요청으로 결론을 맺는다. "아름다움에 대한 시각을 전 세계적으로 재정의하도록 우리가 함께 나서야 해요. 그것은 내가 나 자신의 롤모델이 되는 것부터 시작합니다."

지금처럼 몸과 몸무게가 문화적으로 광범위하게 논의된 적은 없었다. 하지만 조금이라도 진보가 있었는지는 의문이다. 몇 년 전 록산 게이를 인터뷰했을 때 그녀는 200킬로그램이 넘는 몸무게를 가진 사람으로서 자신이 바라는 목표는 공항을 손가락질받지 않고 걸어 나가는 것이라고 했다. 올바른 종류의 가시성을 향해 우리는 나아갔을까? 그레이엄이 미의 기준이 넓어지고 있다는 인상을 주는 상징적인 플러스사이즈 모델의 사례로 비치는 것은 마땅하겠지만, 그녀의 몸매(납작한 배, 잘록한 허리, 풍만한 가슴, 아찔한 가슴골)는 지젤 번천의 몸매만큼이나 얻기 힘들고, 비현실적이고, 아름답다(나는 엉덩이가 큰 여성을 이상적인 신체상의 변화를 보여주는 상징처럼 말할 때 본능적으로 반감을 느낀다). 현실에서 번천처럼 생긴 사람이 거의 없듯 그레이엄처럼 생긴 사람도 거의 없다. 그레이엄 역시 유전자 복권에 당첨된 셈인데, 왜 그녀에 대해서는 그런 식으로 이야기하지 않을까? 어째서 그레이엄은 '접근 가능한' 몸매이고 번천은 아닐까? 번천만큼은 아니라 해도 그레이엄의 몸매 역시 여성들이 갖고 싶어 할 만하다.

이것은 단순히 체중의 문제가 아니다. 체형의 문제이기도 하다. 다양한 신체 치수를 하나의 가능성이 아니라 엄격한 규정 묶음으로 만들어버린 표준의 독재에 관한 이야기다. 그 대답의 일부는 어째서 많은 사람들이 공항 같은 공공장소에서 비만인에게 손가락질하는 것을 전혀 문제가 없다고 여기는가에 있다. **접근 가능한** 것이란, 예컨대 "저 사람에게 가까이 가서 인사하고 싶어" 같은 문장에서처럼 친절한 것만을 의미하지는 않는다. 또한 **접근 가능한** 것은 문자 그대로 그리고 비유적으로 '가져도 되는 내 것'을 의미하기도 한다. 존중과 접근 가능성의 관계에 대해 우리는 좀 더 많이 생각할 필요가 있다.

SNS, 특히 인스타그램에서 나는 나보다 더 뚱뚱하면서도 매력 넘치는 여성들을 따라 해본다. 다양한 미적 기준에 눈뜨기 위한 일종의 상징적인 노력이다. 그 앱은 내 존재를 부식

시키는 독이다. 이를테면 내가 못생기게 나온 사진이 태그된 걸 발견하면 나는 그 파티를 얼마나 즐겼었는지가 아니라 내 턱밑 살과 짧은 목만 들여다본다. 아니면 비키니나 신축성 없는 하이웨이스트 진을 입고 포즈를 취한 예쁜 여자들을 본다(세상에 이렇게 미인이 많다는 사실을 누가 알까?). 그들은 우리더러 체중과 상관 없이 자기 몸의 울룩불룩한 굴곡을 받아들이고, 다이어트를 멀리하고, 자기 몸(그리고 그것의 연장으로 자기 자신)을 있는 그대로 사랑하라고 부추기는 것 같다. 이곳은 온통 자기 자신, 건강, 재미, 사진 잘 나오는 각도와 조명, 사진 확대해서 자르기 등을 펼쳐 보이는 퍼포먼스의 장 같다. 내가 따라 해보려고 최선을 다하는 그 비만 여성들조차 부러운 골격과 신체 비율 그리고 그들을 숭배하는 멋진 헤어스타일의 남자친구를 가졌다.

도처에서 여성들은 자기 자신과 자기 몸을 사랑하는 것이 얼마나 중요한지에 대해 이야기한다. 내가 SNS에서 팔로우하는 유명한 플러스사이즈 운동가가 있다. 그녀는 최근 몇 달 사이 체중 감량을 꽤 했지만 공개적으로는 그것을 언급하지 않았다. 나와의 인터뷰에서 그녀는 **그냥 너무 좋아서** 일주일에 두 번 발레 피트니스 수업을 듣는다고 했다. 그 말이 사실일 수도 있지만 그럴 가능성은 아주 낮다. 만약 그녀가 수십만 응원군에게 자신이 10킬로그램을 감량하고 싶은지 아닌지 그리고 그녀가 실제로 싸우고 있는 문제가 무엇인지를 솔직하게 밝힌다면 어떻게 될지 궁금하다.

여성에게는 자기 몸에 관한 회색지대를 표현할 수 있는

여지가 많지 않다. 그리고 인터넷이라는 거울의 방은 체중 감량의 문제를 더 어렵게 만든다. 자기 체중에 불만인 사람은 온라인 생활을 어떻게 하고 있을까? 우리는 비만이 곧 내면성을 부인하는 표면과 동일시되는 문화적 순간에 살고 있다. 비만 수용은 이 내면성을 한층 더 부인하는 것이 된다. 그것은 내가 남들보다 큰 몸으로 살고 있다는 진실을 지워 없애는 방식이자, 미덕을 수행하는 또 다른 방식이다. 우리가 자신의 신체적 자아에게 보여줘야 한다는 이 사랑은 너무나 극적으로 과잉 단순화되어 있다. 우리는 누구나 자기 몸을 기분 좋게 느끼고, 그렇다, 사랑할 자격이 있다. 그렇지만 여성으로서 우리는 자신의 불안정함과 잠재적 자신감의 근원이 오로지 자기 머릿속 생각에만 달려 있다는 이야기를 듣는다. 다시 말해 우리는 한 손으로 자신에게 무언가를 주고 다른 손으로 그것을 도로 빼앗는다. 여성에게 자신감을 준다는 우리의 머릿속 그 새로운 영토는 사실상 현실로부터의 명백한 후퇴다. 이것은 왈가왈부할 것 없는 당연한 이야기다. 바로 우리 자신의 존재를 위해, 우리는 자신을 향해 쏟아지는 세상의 분노를 중재해야 한다. 우리는 오도 가도 못하는 혼란에 빠진다. 생각을 바꾸고 스스로를 자유롭게 하라는 이야기를 듣고, 그래서 약간 힘이 생기고 나면, 그 즉시 세상은 우리 손목에 오래된 헤게모니의 수갑을 찰칵 채운다.

CHAPTER 19

그렇다,
진은 여전히 날씬하다

1988년

"그렇다, 진은 여전히 날씬하다." 1988년 웨이트워처스 창립 25주년을 맞아 〈뉴스데이〉에 실린 진 니데치의 기사는 그렇게 말했다. 사람들이 진에 대해 알고 싶었던 것도 그것이 전부였을지 모른다. 회사에서 진은 급속도로 존재감이 줄어들고 있었다. 웨이트워처스 고문이라는 형식적인 자리로 밀려났고, '올해의 회원' 심사위원 자리에 구색을 맞추느라 불려 나가는 정도가 고작이었다. 기사에 실린 〈그들은 지금 어디 있나〉^{왕년의} 유명인사를 찾아 그들의 현재 삶을 보여주는 TV 프로그램 제목식 스케치에 의하면, 진은 일주일에 세 번 그녀의 아파트를 방문하는 에어로빅 강사와 함께 운동을 하고 있다는 근황을 기쁘게 털어놓았다. 특히 이 강사는 초창기 웨이트워처스 다이어트법을 고수하고 있었다. 새로운 방법을 배우는 것보다 그 편이 쉬웠기 때문이다. 진은 자신의 인생에서 사회생활은 이제 막을 내린 것처럼 말했다.

디스 이즈 빅

이따금 요청받은 인터뷰와 강연에는 회사 또는 그녀 자신의 삶의 현재나 미래보다는 과거에 했던 일들을 그리워하는 향수가 더 배어났다.

1989년에 진은 가난한 소년들이 역경을 딛고 성공한 이야기를 들려준 유명 소설가의 이름을 본떠 만든 허레이쇼 앨저 상을 수상했다. 이 상은 '자기 주도성, 인내, 리더십, 탁월함을 위한 헌신, 자유기업 제도와 고등교육의 중요성에 대한 믿음, 공동체 봉사 그리고 더 나은 미래를 성취하기 위한 비전과 결단력'을 보여준 미국인 10여 명에게 해마다 수여된다. 그해 공동 수상자는 패스트푸드 체인 칙필레의 창업자 트루엣 캐시, 하와이 출신의 미 상원의원 대니얼 이노우에 등이었다. 진은 그해에 유일한 여성 수상자였다.

메리케이 코스메틱스의 창립자 메리 케이 애시가 진에게 시상을 했다. 그리고 진의 시대에는 여성이 자기 명의로 대출도 받을 수 없었지만 지금은 "여성도 두뇌를 가진 존재로 인정받지요, 다행스럽게도 말입니다"라고 언급했다. 어깨를 드러낸 검은 드레스에 퇼을 두른 진이 단상에 섰다. 부풀린 머리 위로 메달을 거느라 힘들었다는 농담으로 수상 소감을 시작한 진은 이렇게 말했다. "우수함은 제가 한 번도 바란 적 없는 칭호예요. 저야 살을 빼고 싶었을 뿐인데 말입니다." 진의 말에는 뼈가 있었다. "한때 저는 날씬한 사람들만 행운을 독차지한다고 생각했습니다. 그 사람들은 먹고 싶은 건 다 먹을 수 있어요. 저에게 뚱뚱하다는 건 운이 없다는 뜻이었습니다. 지금은 누구도 진 니데치가 운이 없다고 말할 수 없지요." 이어서 진은 자신이 고등학교까지밖에 정규교육을 못 받은 뚱뚱한 전업주부였고 지인 몇 명과 단순히 살 빼는 모임을 시작했을 뿐이지만 지금은 웨이트워처스를 대표해 전 세계 25개국의 수많은 도시를 방문하고 있다는 그 익숙한 인생 이야기를 들려주었다. 마치 진 니데치 '후보'의 정치 연설처럼 들렸던 이 회고담에는 1973년 10주년 기념행사 때의 축사가 인용됐다. "우리는 우리의 식습관을 바꾸고 우리의 인생마저 완전히 바꾸는 법을 배웠습니다. 인내심과 결단력을 발판으로 우리는 목표를 이뤘고, 우리 회원 한 분의 표현을 빌리자면, 인류의 일부가 되었습니다." 진은 수상에 진심으로 감격했고 이 수상을 자기 이력의 정점이라고 칭했다.

　　허레이쇼 앨저 수상자들은 해마다 시상식 자리를 다시 찾곤 한다. 진은 1992년도 시상식에서 마야 안젤루를 만났다. 《새장에 갇힌 새가 왜 노래하는지 나는 아네》의 작가 안젤루와 진은 마음이 대단히 잘 맞았다. 나중에 안젤루는 《웨이트워처스 이야기The Story of Weight Watchers》의 개정판 《진 니데치 이야기The Jean Nidetch Story》 서문에서 "우리는 태어날 때 헤어진 쌍둥이 자매 같았다"고 썼다. "나는 그녀의 대담함과 다정함이 좋았고 진도 나에게 그랬다. (……) 사람은 충분히 마음이 편안해져서 약간의 용기가 생기면 자신이 진정으로 원하는 일은 무엇이든 할 수 있게 된다. 한마디로, 자신만의 삶을 만들어낼 수 있다. 진이 생각했던 바는 사람들이 각자의 고유한 용기와 자기 가치감을 키울 수 있도록 그들을 해방시켜주는 것이었다."

웨이트워처스는 1990년대에 미국을 휩쓴 저지방 열풍을 상대로 경쟁을 벌여야 했다. 무지방 초콜릿쿠키 스낵웰스는 1993년 시판과 동시에 숭배에 가까운 인기몰이를 했고 상자째 먹어치우는 사람들을 조롱하는 온갖 유머까지 양산했다. 베이크드 레이의 감자칩, 금방 퇴출되고 말았던 맥도날드의 맥린 디럭스 버거 등도 무지방 대열에 합류한 사례였다.

24시간 내내 음식만 보여주는 채널 푸드네트워크도 이 시기에 등장했다. 대신 이 채널에 등장한 유명 요리사들은 누구도 체중 감량이나 건강식품을 강조하지 않았다. 삭발에 가까운 헤어스타일과 '미친 짓은 이제 그만 Stop the insanity'이라는 인포머셜로 유명한 수전 파우터가 "지방이 비만을 만듭니다 Fat makes you fat"라는 단순한 다이어트 조언으로 백만장자가 되었고, 그녀의 이름도 보통명사가 되었다. 활기 넘치는 에어로빅 강사 리처드 시먼스도 이 1990년대의 심야 토크쇼 전성기에 다이어트 식단 프로그램 딜어밀 Deal-a-Meal 인포머셜을 내보냈다. 웨이트워처스 인터내셔널 역시 유행 다이어트법과 차별성을 두기 위해 30분짜리 자체 인포머셜 '새로운 여성 A Brand New Woman'을 제작하여 선보였다. 이 인포머셜의 주요 메시지는 "미용보다 건강 Health first, vanity second"이긴 했지만, 한편으로는 여전히 웨이트워처스에 가입해 18킬로그램을 감량하고, 사랑을 찾고, 마침내 에어로빅 강사가 된 한 여성의 동화를 판매했다.

다이어트 약품 펜펜 Fen-phen의 인기도 폭발이었다. 로스앤젤레스에만 열여섯 군데의 지부를 두었던 캘리포니아 메디컬체중감량연합 같은 메디컬 센터에서 이 약의 처방을 남발했다. 펜펜의 수요는 고공행진을 계속했고, 1996년 한 해 동안 펜펜 하나에만 1,800만 장의 처방전이 발부되었다. 하지만 이듬해 1997년 메이요 클리닉Mayo Clinic의 보고서를 통해 펜펜을 복용한 여성 24명에게 심각한 희귀성 심장판막 이상이 발견되었다는 사실이 알려지면서 이 광풍은 순식간에 잦아들었다.

펜펜이 시장에서 퇴출되자 웨이트워처스는 약물 없이 음식과 운동에 집중하는 다이어트 방식으로 돌아가 활로를 찾을 수밖에 없었다. 회사의 대표 얼굴이던 진이 없었으므로 웨이트워처스는 홍보를 위해 유명인사 영입에 집중했다. 린 레드그레이브 이후에는 방송 저널리스트 캐슬린 설리번이 등장했고, 1997년에는 지금까지도 가장 성공적인 대변인 사례로 꼽히는 영국 앤드루 왕자의 전처인 세라 퍼거슨이 설리번의 뒤를 이었다. 퍼거슨은 오르락내리락하는 체중 때문에 오랫동안 언론의 조롱을 받아왔다. 그녀는 뉴욕의 피에르 호텔에서 기자회견을 열고 자신이 웨이트워처스의 새 홍보대변인이 되었음을 발표하면서, 자신이 소시지롤을 얼마나 좋아하는지를 언급했다. "저는 보통의 문제를 가진 보통 여성입니다. 그것이 오늘 제가 여기 있는 이유지요."

하지만 퍼거슨이 항상 대중과 가장 공감대가 넓은 대변인이었던 것은 아니다. 1998년 퍼거슨은 웨이트워처스가 인증한 요리책《공작부인과 함께 식사하기Dining with the Duchess》를 펴냈다. 책에서 그녀는 "요리책을 낸다는 생각에 처음에는 좋게 말해 회의적이었다. 우선 나는 요리를 거의 하지 않는 사람이다"라고 밝히면서, 결혼 전에는 자신이 거의 빈스온토스트^{토스트}_{에 콩 요리를 얹어 먹는 영국 전통 간편식}로 일관했으며 결혼 후 남편과 함께 버킹엄 궁전에 살면서부터는 아예 부엌을 없앴다고 덧붙였다. 그 뒤로 요리사를 고용했다. 하지만 "저자의 휴식"을 위한 메뉴로 그녀가 나열한 음식들, 즉 생강 당근 수프, 톡 쏘는 오렌지 드레싱을 끼얹은 시금치 샐러드, 껍질이 딱딱하고 두꺼운 빵, 바닐라 과일조림, 1인분 찻주전자에 담은 차 등을 보면 요리에 대한 약간의 욕심도 보인다. "워킹맘의 점심" 메뉴로는 한 끼당 5포인트밖에 되지 않는 고르곤졸라와 배 피자를 추천했고, 하일랜드 피크닉^{Highland Picnic}이 영국 왕실의 사저인 스코틀랜드 발모랄 성(여기 말고 어디겠는가?)_{1852년 영국의 빅토리아 여왕을 위해 남편 앨버트 공이 구입한 하일랜드의 발모랄 성은 이후 영국 왕실의 여름별장이 되었다. 하일랜드의 이국적 풍경이 마음에 들었던 빅토리아 여왕은 귀족, 정치가, 유력 사업가 등을 초청해 소풍을 다니며 도시락을 먹는 '하일랜드 피크닉'의 원조를 탄생시켰다}에서 열리기도 했다.

1996년 웨이트워처스는 좀 더 실제적인 다이어트 조언을 제공하기 위해 미국 전역의 웨이트워처스 리더들의 경험담을 모은 《성공의 비결^{Secrets of Success}》이라는 책을 펴냈다. "'딱 붙는' 스커트를 손이 닿을 만한 곳에 항상 둬요. 그리고 살이 얼마나 빠졌는지 보기 위해 자주 입어봅니다. 이렇게 하면 체중계 없이도 내가 얼마나 날씬해졌는지 확인할 수 있거든요. 기분이 정말 좋아져요. 체중 관리 프로그램대로 열심히 해야겠다는 결심을 한 번 더 확실하게 하게 되고요." 플로리다주 스프링힐에 사는 S.L.W.의 고백이었다. 역시 플로리다주 아틀란티스에 사는 M.G.는 이렇게 말했다. "'나를 위해 한다'는 생각이 강력한 도구입니다. 다른 사람이나 어떤 특별한 행사를 위해 살을 빼는 것보다 훨씬 효과가 커요. 그리고 기본을 잘 숙지하고 그대로 사는 법만 몸에 익히면 그건 평생 자기 것이 됩니다." 이 모두가 대단히 현실적인 조언이긴 했지만, 퍼거슨이 보여주었던 왕족 특유의 차분함이나 진의 강연이 뿜어내던 화려함은 없었다.

회사 고문 자격으로 진은 나중에 선풍적인 인기를 누리게 될 '1-2-3 성공' 프로그램을 개발하는 데 도움을 주었다. 포인트 시스템 개념을 도입한 이 식단은 좀 더 많은 음식을 포함시켰고 동시에 그 음식들의 포인트 관리도 할 수 있는 방법을 고안했다. 1포인트는 50칼로리, 지방 6그램에 해당했다. 식이섬유 4그램을 먹을 때마다 1포인트가 차감된다. 따라서 예컨대 120칼로리의 인스턴트 식사, 지방 2그램, 식이섬유 3그램을 먹으면 총 4포인트가 된다. 결정적으로, '1-2-3 성공' 프로그램은 이 시대의 문화가 요구하는 욕망인 통제감을 회원들에게 제공했다. 2000년대 초 〈엘르〉에 실린 어느 글에서 디애나 키지스는 이렇게 설명했다. "이 시스템은 매력적일 정도로 단순하다. 회원은 포인트를 스스로 계산하거나 유행하는 온갖 음식마다 포인트를 달아둔 다이어트 지침서에서 찾아보면 된다. 구운 가지 크로스티니? 1포인트. 캘리포니아롤? 3포인트. 크리스피

디스 이즈 빅

크림 오리지널 글레이즈드 도넛? 5포인트. 입에 넣는 모든 음식의 포인트를 계산하면서 몇 시간이고 보낼 수도 있다. 환상적이고, 소름 돋고, 묘하게 고무적이다. 마치 시선을 떼기 힘든 공포영화처럼."

한편 진은 센트럴파크가 내려다보이는 맨해튼의 펜트하우스에서 작지만 근사하게 자신만의 삶을 조용히 꾸려갔다. 부엌에는 웨이트워처스의 식품들로 가득 채운 스테인리스 냉장고 여러 대가 병풍처럼 늘어서 있었다. 낮 동안 진은 손주들의 선물을 사러 FAO 슈워츠 맨해튼에 있는 세계 최대 규모의 장난감 매장 같은 곳에 쇼핑을 다니거나 일주일에 한 번씩 루이스 리카리의 미용실에 정기적으로 머리 손질을 하러 갔다. 사람들이 거리에서 자신을 알아보면 진은 그때마다 멈춰 서서 그들의 공유된 목표, 즉 체중이 얼마나 줄었는가를 놓고 한참 이야기하곤 했다. 영화배우라도 된 것처럼 진은 그들이 건네주는 온갖 물건 위에 사인을 했다. 영화배우가 된 느낌, 진이 거듭해서 되돌아갔던 영광은 그것이었다.

1980년대 중반에 진은 애틀랜틱시티에 있는 엔클레이브 콘도미니엄 단지에 집을 한 채 샀다. 시설이 완비된 신축 아파트였지만 헤어드라이어가 없었다. 진이 전화로 요청하자 담당 직원 린다 이본이 드라이어를 가져왔고, 진이 필요한 만큼 가지고 있어도 좋다고 했다. 하지만 나중에 진은 그 드라이어가 이본의 것이었음을 알게 되었고, 이본을 볼 때마다 거듭해서 감사인사를 했다. 그렇게 몇 달이 지나면서 두 사람은 친구가 되었다. 그 무렵 진은 도박 사랑이 되살아나 라스베이거스와 애틀랜틱시티에서 제법 손이 큰 도박사가 되어 있었다. 처음에 이본은 진에 대해 전혀 아는 바가 없었다. 진을 그저 키 크고, 나이에 비해 매력적이고, 옷차림이 화려하고, 목소리가 크고, 주얼리를 많이 하고, 금발 머리를 부풀리고 다니는 사치스러운 여성으로만 알았다. 그러던 어느 날, 수영장에서 진이 한 여성을 가리키며 이렇게 말했다. "저 여자분 좀 보세요. 70킬로그램을 감량했네요. 전신수영복을 입었고요. 살이 처져서 그래요." 그때 비로소 진은 이본에게 자신이 웨이트워처스의 창립자이고 프랜차이즈 가맹점 한 곳마다 수익의 10퍼센트를 받고 있다고 말했다(너무 엄청난 이야기라 믿기가 힘들다). 또 버스를 운전하던 첫 번째 남편과 달걀 방문판매를 다니던 시절, 한때 몸무게가 97킬로그램까지 나갔다는 이야기도 했다.

진은 자신의 뉴욕 아파트에 이본을 초청해서 함께 머물렀다. 두 사람은 밤마다 오프브로드웨이의 극장 식당을 찾았고, 공연이 끝나면 배우들은 으레 진에게 몰려들어 다이어트 이야기를 하곤 했다. 진은 웨이트워처스를 통해 만난 평생 친구뿐 아니라 이런 식으로 사귄 지인도 아주 많았다. 진은 재치가 넘쳤으나, 그 이면에는 슬픔이 있었다. 진은 마티가 그립다고도 솔직히 말했다. 두 사람은 이혼 후에도 가깝게 지냈지만 마티는 재혼한 뒤 마이애미로 이사했고, 2003년에 세상을 떠날 때까지 그곳에서 살았다.

"나랑 같이 가요, 이본. 나, 가먼트 디스트릭트에 들러서

밍크코트 두어 벌을 찾아야 되거든요." 진이 이본에게 말했다. "이걸로 바머재킷을 만들어주세요"라는 진의 요청에 모피 상인은 이렇게 완벽하게 아름다운 검은 밍크에 도저히 가위를 대고 싶지 않다고 했다. 게다가 진은 이미 밍크 바머재킷이 한 벌 있었다. "어때요, 밍크코트 한 벌 사고 싶지 않아요?" 진이 이본에게 물었다. 그리고 이본에게 그 코트를 700달러에 넘길 테니 매주 할부금을 내면서 갚으면 어떻겠냐고 제안했다. 이본은 동의했다. 이본의 첫 모피코트였고, 라벨에는 진의 이름이 자수로 새겨져 있었다. 이본은 성실하게 할부금을 보냈다. 딱 한 번 이본이 한 주 늦게 보낸 적이 있었다. 그때 진은 일단 마음먹은 일은 끝까지 해내야 한다는 내용의 메모를 써서 이본에게 건넸다. 그것이 진이 세상을 보는 방식이었다.

CHAPTER 20

나는 구루들에게 본능적인 불신감이 있다

2018년 4월

태국 출장길에 올랐다. 12미터 요트를 타고 안다만해를 도는 웰니스 여행을 취재하기 위해서였다. 선장, 요리사, 트레이너 등을 포함해 총 8명이 승선했다. 트레이너가 소속된 소호지구 회원제 복싱클럽은 전 직원이 시간당 500달러를 받으면서 빅토리아 시크릿의 엔젤속옷 브랜드 빅토리아 시크릿의 전속계약 모델. 쇼에서 화려한 장식의 날개를 다는 자격이 주어지고 브랜드 홍보 모델로도 활동한다들을 관리해주는 곳이다. 나는 혹시나 내 삶에 필요한 단서를 찾을 수 있을까 싶어 그 트레이너를 한동안 관찰했다. 특히 먹는 음식을 모조리 기록하고 포인트 합산을 해야 하는 이런 고행 중에도 재미란 것이 있는지 보고 싶었다. 그녀의 몸은(끈 비키니를 주로 입었기 때문에 낱낱이 다 드러났다) 지금껏 내가 보아온 그 어떤 여성의 몸보다 아름다웠다. 단단하고 납작한 배, 크고 둥근 가슴, 건강한 허벅지, 조각칼로 깎아놓은 듯한 팔은 물론 몸 어느 구석에도 셀룰라이트 흔적 하나 찾기 어려웠다. 몸 전체가 고가의 강도 높은 관리를 꾸준히 해온 사람이라는 인상을 강하게 풍겼다. 그 몸은 그녀가 아침마다 우리를 끌고 완주하는 여섯 종류 버피 조합의 인터벌 트레이닝이 만든 결과만은 아니었다. 세심한 식단 관리도 한몫했다. 이 트레이너는 '치팅'다이어트 중에 잠시 식이제한을 풀고 먹고 싶은 음식을 먹는 것으로 밥을 먹었고 끊임없이 단백질셰이크를 마셨다. 그녀는 모든 것을 던졌고, 피트니스에 대한 그런 철저한 항복으로 미적인 보상을 얻었다.

그때 나는 그녀 같은 몸을 가진다는 것은 레이싱카를 몰거나, 비싼 돈을 주고 머리 모양을 새로 바꾸거나, 열대 희귀품종 새를 기르는 것과 비슷하다는 사실을 깨달았다. 다시 말해그 몸은 그대로 보전하기가 쉽지 않고, 유지와 관리를 위해서는 사실상 삶을 통째로 바쳐야 한다. 우리는 완벽한 몸을 갖고자 끊임없이 노력해야 한다는 전제에 시달리지만, 그럼에도 그런 몸은 얻는 것도, 유지하는 것도 불가능하다. 그런 몸을 욕망하도록 조건 지워지는 순간 우리에게는 이미 실패가 예정된다.

요리사는 기막힌 음식들을 내왔다. 허브 샐러드와 커리수프, 매콤한 구운 새우와 망고를 곁들인 오트밀죽. 속된 표현으로 맛이 좋다는 의미에서 기막힐 뿐 아니라 건강 면에서도 나무랄 데가 없었다. 밝은 태양, 날마다 먹는 온갖 채소와 규칙적인 운동에 둘러싸인 나는 가장 최고의 내가 된 느낌을 만끽했다. 물론 길쭉하고 하늘하늘한 몸매의 바슈티에게 물속에 떠있는 내 모습을 사진으로 찍어달라고 부탁하기 전까지는 그랬다(이번에도 나는 그 배에 탄 어느 누구보다 35킬로그램쯤 더 무거웠다). 나는 떠나기 이틀 전에 구입한 신상 수영복을 입고 있었다. 굵직한 줄무늬가 있는 검정 원피스로 꽤 비쌌다. 사진 속의 나는 창백하고, 목이 안 보이고, 두 눈은 얼굴 살에 파묻혀 사시처럼 보였다. 그때부터 주말까지 나는 사람들의 카메라 앵글 밖으로 나가기 위해 말 그대로 배에서 뛰어내려 바닷물 속에 들어가 있었다. 그리고 단체사진 찍어주는 일을 자원했다. 내가 사진 찍는 실력이 좋다거나 성품이 착해서가 결코 아니었다. 수영복 입은 내 모습을 시각 기록으로 남기고 싶지 않아서였다.

바슈티는 최근에 다시 싱글이 되었다. 어느 날 아침식사 후에 우리 둘은 쌍동선 그물 위에 나란히 앉아 미니애폴리스에 사는 그녀의 연애담을 함께 나눴다. 바슈티는 "그냥 즐기고 있어요"라고 했다. 나는 그 말이 무슨 뜻인지 설명해달라고 하고 싶었다. 나 같은 여자들은 즐기는 데이트가 어떤 것인지 모른다. 바슈티는 나에게 친구들이 남자를 소개시켜주지는 않는지, 온라인 데이트를 하지는 않는지 거듭 물었다. 나는 그때마다 손사래를 쳤다. "나는 내가 알아서 해요." 이 말도 진실이기는 했다. 하지만 내가 정말로 하고 싶은 말은 나는 오래 만난 어떤 남자와 결혼하느니 방금 눈앞에서 둥둥 떠내려간 크고 반짝거리는 분홍 빛깔 해파리와 결혼하는 쪽을 택하겠다는 것이었다.

여행이 막바지에 이르렀을 즈음, 우리는 낫앳워크Not@ Work라는 이름의 반대편 배에서 석양을 보며 칵테일을 마셨다. 그 배의 조타수는 해적처럼 생긴 잉글랜드 출신의 섹시한 남자

디스 이즈 빅

였다. 나는 나보다 매력적인 사람들에게 둘러싸여 있는 저릿한 통증을 느꼈다. 그들이 나를 원하기를 바랐지만 그런 일이 생길지 모른다는 생각은 절대 들지 않았다. 그들 중 누구도 내게는 눈길 한 번 주지 않았다.

이 배에 탄 사람들은 각자 읽을 자기계발서를 챙겨 온 것 같았다. 일주일간의 웰니스 체험에 3,000달러를 지불할 수 있는 사람이라면 응당 자기발전에도 관심이 많으리라는 사실이 새삼 놀랄 일은 아니었다. 하지만 나는 아름답고, 재정적으로 탄탄하고, 운동과 친한 이 날씬한 여성들은 대중심리학 정도는 거뜬히 뛰어넘는 삶을 살고 있을 줄 알았다. 하지만 말하는 것과 삶에서 실제 일어나는 일은 별개인 경우가 허다하다. 그들이 골라 온 책의 종류를 보니 각자 어떤 문제와 씨름하고 있는지 짐작이 됐다.

내가 가져온 책 한 권은 나더러 내 인생 이야기를 끌어가는 당찬 주인공이냐고 물었다. 또 한 권은 자칭 푸드테라피스트가 쓴 것으로, 음식 먹는 유형을 몇 가지 범주로 구분해놓았다. 몇 페이지 읽고 나서 나도 문제를 풀어보았다. 저자가 분류한 성격유형과 식사유형에 의하면 나는 범속한 것을 두려워하기 때문에 호사스럽게 먹는 사람이었다. 정확했다. 하지만 책에서 제시한 해결책은 소위 '클린 이팅clean eating'자연과 가까운 식재료 섭취를 강조하고 인공첨가물과 식품 가공을 최소화하는 건강식 유형과 관련된 내용이었다. 확실히 건강식품 강박증은 빅토리아시대 여인들이 겪었던 히스테리와 실신처럼 현대 부르주아 여성들의 병이다. 장담컨대 아마도 나는 이 배에 탄 사람들 가운데 나중에 비행기 환승을 위해 프랑크푸르트에 내렸을 때 버거킹에 들어가는 유일한 사람일 것이다.

다이어트라는 단어는 이제 유행이 지났다. 우리는 '클렌즈cleanse'몸속 독소를 배출한다는 의미로 쓰이는 유행어하고, '클린 이팅'하며, 건강과 웰빙을 추구한다. 그리고 웰니스와 자기 돌봄을 실천한다. 이 두 단어는 어느덧 일상용어처럼 되었다. 웰니스는 건강을 위한 건강을 가리키며 허영을 멀리한다. 정말이지 이것은 다이어트 문화와 신체 사랑 문화를 결합시켜 상업화한 형태다. 자본주의가 웰니스 문화의 심장에 놓여 있다. 웰니스는 예전 같으면 피상적이고 천박하다고 여겼던 일들을 할 수 있는 명분이 되었다. 동일한 활동이 웰니스의 기치 아래 들어오면 중요하고, 필수적이고, 영향력 있는 것으로 바뀐다. 내가 설레는 맘으로 퀴노아 샐러드 위에 얹을 자연산 홍연어를 사거나, 40달러짜리 필라테스 수업을 당연하게 여기거나, 크리스털 원석 치유를 받으려고 누군가에게 돈을 지불하는 그 모든 순간이 웰니스다. 나는 살을 빼기 위해 관장도 했고 적외선 사우나도 해봤다. 다이어트에 대한 글을 쓸 때마다 낯선 사람들이 내게 인생을 바꿀 다양한 비법을 전수하겠다며 선한 의도로 보내는 정보가 산더미처럼 쌓인다. 린 제닛Lyn-Genet 플랜(이미 해봤다), 채식, 설탕 끊기(시도했지만 이틀 만에 포기했다), 테이크아웃 음식 포기하기(불가능하다), 벡 다이어트 솔루션Beck Diet Solution(역시 해봤다) 등의 조언이 빗발친다. 심지어 보카러톤에 있는 한 뉴트리테리언nutritarian(이들은 매끼 영양소가 풍부한 많은 양의 샐러드를 주식처럼 먹으라고 권한다) 전용 클리닉에서는 2주 무료체험 기회를 제공하겠다고도 했다. 이 모든 것들은 결국 특정한 다이어트 방식이다. 나는 완전한 새 출발이나 효과 빠른 특효약을 장담하는 구루들에게 본능적인 불신감이 있다. 직업상 나는 자신이 모든 것에 통달했다는 사람들을 거의 매일 만난다. 그때마다 그런 거부감을 느낀다. 차라리 나는 트레이시 앤더슨의 주 6회 90분 운동(실제로 앤더슨은 수강생들에게 그렇게 말한다. 저 표현 자체가 시간제 아르바이트를 연상시킨다)으로 시작하는 정도가 좋다. 아니면 글루텐프리 식단을 시도하거나, 비용을 들여 나만의 초월 명상 만트라를 찾고 명상을 통해 모든 것이 제자리를 찾는 느낌을 경험해보는 정도면 할 만할 것 같다.

내가 세상에 나온 이 모든 다이어트법을 체험한 이야기를 하자면 나의 어린 시절 체중 문제로 거슬러 올라간다. 체중을 줄여보겠다고 유기농 식품을 먹고 침술사를 만나러 다니면서 어린 시절을 다 보냈기 때문이다. 결국 나는 어른이 되어 다이어트라는 주제에 관한 한 믿고 맡길 수 있는 작가가 되었다. 온갖 다이어트가 나에겐 그리 어색하지 않다. 사람들이 내게 글을 청탁한다는 것은 내가 에너지 클렌징이나 아로마테라피 같은 것을 덮어놓고 이상하게 여기지 않는다는 뜻이다. 내 직업적 이력의 일부는 웰니스에 빚진 셈이다. 그리고 사실 웰니스라는 넓은 우산 아래 들어간 것 중에는 재미있고 탐닉적이며, 굳이 일 때문이 아니라도 해볼 만한 것들이 많다. 가령 나는 뉴욕의 스카이 팅Sky Ting 요가를 즐긴다. 그것도 너무 자주 가서 강사들과 어느 정도 사생활을 공유하고 수강생 모두와 친해졌을 정도다. 수련실에 들어서면서 예닐곱 명쯤과 포옹을 하고, 휴가를 피정 프로그램으로 보내는 그런 짜증스러운 사람이 바로 나다.

요가 교실에서 알게 된 두 친구 로런과 머리사는 전직 직업 무용수다. 지금은 뉴욕 트라이베카에서 한 달에 두 번 무브스Moves라는 현대무용 교실을 연다. 두 사람이 춤추는 영상이 올라올 때마다 놓치지 않고 보는데, 마치 케이트 부시가 안무를 맡은 섹시한 1990년대 알앤비 뮤직비디오 장면들 같다. 나는 춤 실력도 없고, 솔직히 말하면 그 교실에서 범접 불가 수준의 엄청난 고도비만인일 것이므로 차마 가보지는 못하고 망설이기만 했다. "걱정하지 마." 친구 크리시가 말했다. "중간에 까먹으면 머리 한번 휙 넘기고 웨이브를 굴려."

조마조마한 마음으로 미니에그 초콜릿과 달걀 모양 리세스 초콜릿의 포인트를 계산하면서 한 주를 보내고 봄 휴가를 목전에 둔 어느 날, 나는 드디어 용기를 내어 무브스에 갔다. 막상 도착해보니 상상 이상으로 전문적인 분위기가 물씬 풍겼다. 스튜디오 바깥 복도에서 무용수들이 스트레칭을 하거나 담소를 나누고 있었다. 나는 뮤지컬 영화 〈페임〉에 나오는 어리둥절한 엑스트라가 된 기분이었다. 하지만 일단 스튜디오 문이 열리고 나를 포함한 수십 명이 교실 안으로 밀려들고 나자 무언가가 일어났다. 나는 나를 내려놓고 90분이라는 시간을 온전히 즐겼다. 나는 분명 그곳에서 가장 뚱뚱한 사람이었고, 어쩌면

디스 이즈 빅

나이도 가장 많았고 또 어쩌면 가장 춤을 못 추는 사람이었을지 모른다. 그러나 리애나의 리믹스 음악에 맞춰 끈적거리는 안무를 배우기 시작한 순간 나는 엉덩이를 돌리고, 두 팔로 물결을 타고, 에어섹스 air sex, 상대방이 있다고 생각하고 섹스하는 흉내를 내는 퍼포먼스. 대회도 열린다를 하듯 바닥에서 몸을 뒤틀었다. 아무것도 중요하지 않았다. 그게 좋았다. 그 시간 동안 나와 내 몸은 데탕트를 가질 수 있었다. 내가 회전하거나 앞으로 미끄러져 나아갈 때 거울 속에 비친 내 모습이 날씬해 보였을까? 아니다. 전혀 아니었다. 하지만 괴물처럼 보이지도 않았다. 사실은 행복해 보였다.

문화적으로 우리는 웰니스라는 유행을 따르려고 애쓴다. 그것은 재밌고, 내 삶을 더 나아지게도 만들었다. 그러나 우리가 무엇을 하고 있다고 생각하는지 정확하게 바라볼 필요가 있다. 웰니스 문화에 참여하려면 심지어 발끝만 담그려 해도 많은 비용이 든다. 직업 때문에 나는 이런 경험들을 무료로 해왔지만 마사지나 보디스크럽, 이탈리아 요가 피정은 직접 돈을 지불하고 소비한다. 내가 기사로 쓰는 고가의 관리를 찾아다니는 지인들이나 독자들이 소비하는 수준의 희미한 그림자 정도다. 많은 시간 동안 사람들이 보는 내 모습은 말끔히 제모를 하고, 스크럽을 하고, 좋은 냄새를 풍긴다. 이런 사실 때문에 나를 아는 많은 사람은 내게 진짜 문제가 있을지 모른다는 사실을 간과하기 쉽다. 웰니스가 부상한 것도 그런 맥락 같다. 웰니스는 의사가 자기 이야기를 충분히 경청한다는 느낌을 못 받는 여성들, 불안감을 해소할 배출구가 필요한 여성들을 위한 교정 수

단으로 각광받는다는 생각이 든다. 사운드 배스^{sound bath, 소리를} ^{통해 묵은 감정을 씻어내는 명상 기법}가 누구에게 해가 될까? 아니다. 과음으로 얼룩진 떠들썩한 저녁식사 모임에서 집단 소리 명상으로의 변화는 바람직하다. 웰니스는 현대사회를 사는 지금 우리가 가진 두려움에 대해 너무나 많은 이야기를 한다. 그리고 여성을 집중적으로 조준한다는 면에서, 여성들이 공유하는 두려움(여성의 두려움이자, 여성이 여성에게 가지는 두려움)에 대해 특히 많은 이야기를 한다. 우리는 우리 몸에 쏟아부은 모든 노력을 과시하고 그 노력의 주체로 인정받고 싶어 한다. 나아가 그 노력이 무익하지 않았으며 단순한 허영 이상의 더 고귀한 목적이 있었다고 느끼고 싶다. 웰니스는 우리에게 탁월함으로 가는 길을 보여주지만, 이따금 그 길은 막다른 골목에 불과하기도 하다.

웨이트워처스 역시 웰니스 바람을 이용하려고 노력해왔다. 한때 인공감미료를 팔았던 체중 감량 서비스 업체에게 웰니스는 안 맞는 옷처럼 보이는 것이 사실이다. 2015년 초 웨이트워처스는 4년째 신입 회원 숫자가 감소하고 있었다. 해마다 연초는 회사가 가장 바쁜 시기여야 마땅했으므로 그들은 회사 내부로 시선을 돌려보기로 했다. 그 결과 회사가 아직 진의 시대를 벗어나지 못하고 있음을 발견했다. 다이어트는 제한이 많았고, 시대에 뒤떨어졌고, 확실히 '쿨'하지 않아 보였다. 건강은 에어로빅 열풍이 불었던 1980년대 이후를 통틀어 지금 현재 가장 유행하고 있는지도 모른다. 하지만 초점이 달랐다. 건강은 다이어트 대신 웰니스, 클린 이팅, 활동성, 탄탄한 몸매 등의 문제

디스 이즈 빅

가 되었다. 웨이트워처스는 이런 세계관을 발 빠르게 반영하는 데 민첩하지 못했다.

그들은 홍보대변인으로 어떤 다른 유명인을 고용하는 대신 미국에서 가장 유명한 요요 다이어트인에게 손을 내밀었다. 다름 아닌 오프라 윈프리였다. 오랫동안 공개 다이어트를 해왔던 그녀는 1988년에 액상 다이어트로 30킬로그램을 감량했고, 이를 증명이라도 하듯 자신의 토크쇼에 검은 터틀넥, 청바지, 굵은 허리띠 차림으로 동물지방 덩어리를 수레에 담아 밀고 나왔다. 이날의 에피소드 제목은 '다이어트의 꿈이 실현되다'였다. 눈부신 성공을 거두었음에도 체중에 발목이 잡혀 있던 오프라가 드디어 날아오를 수 있게 됐다는 메시지였다. 하지만 그런 비상은 일어나지 않았다. 오프라는 다시 살이 쪘고, 1991년 〈피플〉에 이렇게 털어놓았다. "나는 내가 치유된 줄 알았어요. 하지만 그게 아니더군요. 우리는 이 세상에서 음식과 함께 살아가는 법을 찾아야 돼요." 1993년 오프라는 또다시 100킬로그램까지 체중이 늘면서 배우 밥 그린과 함께 운동을 시작했고, 1994년에는 다시 날씬해져서 마라톤을 4시간 29분 20초의 기록으로 완주하기도 했다. 2002년에는 오프라 자신이 창간한 잡지 〈O〉에 '내 몸과 화해하는 법에 대해 내가 확실히 아는 것'이라는 제목의 에세이를 썼다. "화창하고 쾌적한 어느 날 아침, 나는 침대에 앉아 내 심장을 사랑하겠노라고 맹세했다. 나의 심장을 소중히 대할 것이다. 잘 먹이고, 잘 보살필 것이다. 열심히 운동하고, 제대로 쉬게 하겠다." 2009년 〈O〉의 커버 사진에는 2005년의 날씬한 오프라가 2009년 현재의 오프라에게 기대선 모습이 실렸다. "어쩌자고 다시 이렇게 만들었을까?"라는 큰 글씨 질문과 함께. 오프라가 보기에 체중은 그녀가 원하는 삶을 살기 위해 통과해야만 하는 관문이었다. 하지만 오프라 윈프리조차 자신이 원하는 삶을 살고 있지 않다면, 나머지 우리에게 어떤 희망이 있었을까?

웨이트워처스는 2015년에 오프라 윈프리에게 러브콜을 보냈다. 오프라에게 홍보대변인 제안을 한 것이 그때가 처음은 아니었지만, 오프라가 발목 부상으로 쉬면서 체중이 는 시점이라 이번에는 승낙했다. 오프라는 4,300만 달러를 투자하여 회사 지분의 10퍼센트를 확보했다. 2015년 말에 웨이트워처스의 회원 수는 360만 명까지 급증했다. 오프라도 18킬로그램 감량 사실과 매일 빵을 먹는 짜릿함을 홍보하며 광고 스타로 등극했다. 그녀는 웨이트워처스의 대주주가 되고 얼굴 역할을 함으로써 투자 금액의 배 이상을 벌어들였다. 우려하던 팬들과 페미니스트들은 오프라의 이런 행보가 '자신을 사랑하고 자신만의 최고의 삶을 살라'고 주장하던 오프라의 에토스가 단순한 허울에 불과했음을 말해주는 증거인지 의구심이 들지 않을 수 없었다. 오프라조차 자기 수용을 할 수 없다면 과연 누가 할 수 있단 말인가?

2017년 4월, 웨이트워처스는 민디 그로스먼을 새 CEO에 임명했다. 그로스먼은 롱아일랜드 출신인 데다가 어느 정도 진을 연상시키는 면이 있었다. 백금발에 패션 취향이 화려했을 뿐 아니라(구찌 하이힐을 사랑했다) 진처럼 자기주장이 강하고 단도직입적이고 유쾌한 성격이었다. 게다가 웨이트워처스 베테랑 회원이었다. 그로스먼은 1971년 '조금 통통한' 10대 소녀 이미지를 벗어나려고 엄마와 함께 웨이트워처스에 가입했다. 나와 인터뷰하던 날, 그로스먼은 당시 시도 중이던 레시피들에 대해 극찬을 쏟아놓았다. 그 음식들은 무지방 그릭요거트로 만든 4포인트짜리 새우 그리츠 그리고 랍스터와 연어, 조개, 구운 옥수수, 비트로 만든 0포인트짜리 클램베이크였다. "그래서 사람들을 다 대접한 다음에 제가 그랬습니다. '이게 다 0포인트인 거 아세요?' 그리고 디저트로 과일을 냈죠." 그로스먼은 웨이트워처스의 경쟁 상대는 특정 다이어트 서비스 기업이나 책이 아니라고 했다. "우리의 라이벌은 자기 혼자 힘으론 건강해질 수 없다고 믿는 사람들이에요." 그 이야기를 들으니 코미디 쇼 SNL^{Saturday Night Live}의 프로듀서 론 마이클스가 했던 말이 떠올랐다. "당신의 라이벌은 누구입니까?"라는 질문에 그는 "토요일 밤에 일찍 자는 사람들이요"라고 대답했다.

그로스먼이 이끄는 웨이트워처스의 기조는 좀 더 부드럽고 관대한 오프라 풍의 웰니스라는 틀을 이어왔다. 그로스먼은 웨이트워처스의 현재를 내게 이렇게 묘사했다. "우리는 건강이 여러분 각자에게 어떤 의미인지 정해드리지 않습니다. 여러분의 몸무게가 얼마여야 한다고도 정해드리지 않아요. 우리는 절대 그런 것들을 결정하지 않아요. 다만 여러분이 직접 결정을 내리고 올바른 선택을 하시도록 교육과 영감과 도구를 제공하기 위해 노력할 뿐입니다. 그렇게 하는 편이 '회원님이 무얼 하면 안 되는지 알려드릴게요'라고 말하는 것보다 여러분 자신의 역량 강화에 훨씬 도움이 되지요." 목표 설정의 개념 자체가 달라지고 있었다. 나는 웨이트워처스의 최고과학책임자 게리 포스터도 인터뷰했다. 그는 체중 감량을 할 때 대략 10킬로그램의 변화가 생길 때마다 한 번씩 쉬고 재평가의 시간을 갖는 것이 이상적이라고 말했다. "이렇게 하는 걸 아무도 원치 않아요. 대부분은 '일단 목표 달성부터 할래요. 유지하는 건 나중에 얘기해도 되잖아요'라고 합니다. 하지만 10킬로그램을 빼는 동안 생활방식에 얼마나 큰 변화가 있었겠습니까? 그런 변화들이 나중에는 20킬로그램 감량보다 더 중요해집니다." 포스터의 설명이었다. "체중으로 인해 내 삶의 질이 얼마나 손상되었는가를 보아야 합니다. 저희는 사람들이 그런 부분들, 가령 계단을 오를 때 숨이 찬다든가 하는 문제들에 주목해주셨으면 해요. '나는 체중 몇 킬로그램에 도달해야 돼'보다 그것이 훨씬 큰 의미가 있습니다."

2018년에 그로스먼은 회사 이름 교체를 단행했다. 웨이트워처스라는 옛 이름은 완전히 버리고 WW(뉴욕 본사 직원들은 "더브더브"라고 읽었다)라는 새 이름으로 간판을 바꿔 달았다. 회사의 모토도 '실현하는 웰니스Wellness That Works'가 되었다. 회원들은 이제 웨이트워처스 영업소에 가는 대신 WW 스튜디오에서 웰니스 코치가 이끄는 워크숍 형태의 모임에 참석한다. 회사에서 생산되는 식품 라인은 인공감미료, 착색료, 착향료, 식품 보

디스 이즈 빅

존제 등이 들어가지 않은 '클린' 제품이다. 또한 WW는 명상 앱 헤드스페이스^Headspace와 손잡고 '먹는 순간에 감각을 동원하세 요^Engage Your Senses When Eating' 같은 짧은 명상을 제공했다("잠시, 이 음식이 어디에서 왔는지를 생각하고 감사하세요. 얼마나 오랫동안 재배했고 얼마나 오랫동안 조리했을까요. 이 음식이 지나온 여정과 연 결되어보세요."). 회원들은 웰니스윈스^WellnessWins라는 새로운 프 로그램을 통해 자신이 먹은 음식과 피트니스 과정을 기록하고, 식사, 모임 참석, 활동 내역 등에 관한 보상 포인트를 받을 수 있다. 이 포인트는 박람회장에서 농구 게임에 이기고 받은 표 로 곰 인형을 바꿔 오듯 다양한 등급의 상품과 교환할 수 있다. WW 로고가 찍힌 이 상품들은 '당신의 이유는 무엇입니까' 모 자나 '긍정적인 마음으로 봅니다^Positive Vibes Only' 요가 매트, 아 니면 의류 대여 서비스 렌트더런웨이 이용권, 콜스 백화점 15달 러 상품권, 냐키오 페이스오일 및 보디오일 작은 병 등과 같은 협력사 제품들이었다.

WW 웰니스는 파스텔 색상의 완곡어법으로 대외 이미 지를 단장하면서 회사 명칭에서 체중을 의미하는 단어 웨이트 를 아예 빼버렸다. 그로스먼은 이렇게 선언했다. "우리 회사는 앞으로도 전 세계에서 가장 뛰어난 체중 감량 프로그램을 선보 일 것입니다. 그러나 지금은 훨씬 더 큰 미션 수행을 위해 지난 수십 년간 축적한 모든 경험을 쏟아부을 것입니다. 우리는 웰 니스를 위한 전 세계인의 파트너가 될 것입니다. 여러분의 목표 가 무엇이든, 예컨대 체중 감량이든, 건강한 식사든, 운동량 늘리기는, 긍정적인 사고를 갖는 것이든, 아니면 이 모든 것이든, 우리는 과학을 근거로 여러분의 라이프스타일에 정확히 들어맞는 해법을 제공할 것입니다." 다른 인터뷰를 통해 그로스먼은 이를 좀 더 직설적으로 표현했다. "저는 오늘날 '건강의 역설'이라고 말하지만, 모든 사람이 건강과 웰니스를 이야기하는 걸 우리는 아주 잘 알죠. 모두들 웰니스 경제의 규모에 대해 이야기합니다. 시장 규모가 3조 7,000억 달러에 이르고 계속 성장 중이니까요. 이제는 **다이어트**란 말은 다들 쓰기 싫어하고, 사모펀드는 여기에 주목하고 있고, 우리는 시간이 갈수록 건강과 점점 더 멀어지고 있어요."

다시 나의 브루클린 웨이트워처스 모임 이야기로 돌아오면, 이번 주 체중을 쟀더니 1킬로그램이 빠졌다. "나 살찐 거 알아요." 일요 모임에 몇 분 지각한 패트리스가 들어오면서 모두에게 말했다. 먼저 온 사람이 30명쯤 있었다. 패트리스가 내 옆으로 와서 앉았다. 그녀는 우울해 보였다. 평소에 비해 더 패배주의적인 모습이었다. "내 하강 나선의 시작이에요." 내가 여행 중에 살이 빠졌다는 이야기를 하면 패트리스도 틀림없이 기뻐해줄 테지만, 그래도 그 이야기는 꺼내지 말아야겠다고 생각했다. 미리엄이 그녀를 다독여보려 했다. "사는 게 어디 그렇게 꾸준한가요. 인생은 이렇잖아요." 미리엄이 손으로 롤러코스터처럼 오르락내리락하는 시늉을 해 보였다. "콘퍼런스에 갔다가 2주 동안 온갖 걸 다 먹었어요. 모두 다요. 그러고는 위장이 탈

디스 이즈 빅

이 나서 당분간 점심때는 샐러드와 수프만 먹고 있어요." 패트리스가 말했다. "의학적인 문제네요. 부모 자식 관계 같죠. 애들은 고집을 부리고, 어른들은 '엄마 말 못 알아들어?' 그러고." 미리엄이 말했다. "중요한 건 당신이 여기 왔다는 거예요." 로즈마리가 말했다. 내 다른 쪽 옆자리에 앉은 세이디가 로즈마리는 저런 말 하기가 쉬울 거라고 속삭였다. 로즈마리는 계속 살이 빠지는 중이었고 목표 체중에 아주 가까이 갔다. "모임에 오기는 왔죠." 패트리스가 그렇게 말하면서 뾰로통한 아이처럼 팔짱을 꼈다. "하지만 이번 주는 체중을 안 재려고요."

'먹고 싶은 것 먹기'가 이번 주 유인물의 주제였다. 유인물 표지에는 프렌치프라이 사진이 있었다. 나는 '위로음식'을 '건강음식'으로 변신시켜놓으면 귀신같이 알아본다. 저녁에 채식주의 패스트푸드 레스토랑 맥달마스에 가서 채식 버거를 먹으면서 보낸 어린 시절 때문이다. 그래서 이런 흉내 음식은 여전히 미심쩍고 마음에 안 든다. 속지에는 샌디에이고에 사는 켈리라는 여성이 웨이트워처스에 네 번째 등록한 끝에 감량에 성공했다는 내용이 실렸다. 켈리는 자주색 레깅스와 분홍색 탱크톱을 입고 협곡 꼭대기에 서 있었다. 그리고 델타코의 칠리체다 프라이를 8포인트 정도로 개조한 자신만의 특별 레시피를 자랑스레 소개했다. "금요일은 피자를 만들고, 토요일은 데이트하는 날이죠." 나는 데이트하는 날 같은 말을 쓰는 사람이 이유 없이 싫다. 그래서 그녀의 낮은 포인트 치즈프라이가 맛있다는 말을 절대 믿지 않았다.

하지만 이것이 나와 다른 사람을 만날 때 나타나는 무의식적인 방어기제라는 생각이 퍼뜩 들었다. 나는 그들을 깔봤다. 맘에 안 드는 사소한 부분을 찾아내고, 코를 찡그리고, 눈동자를 굴렸다. 그리고 그 부분을 핑계 삼아 그들에게 배우기를 거절했고 심지어 내게 할 말이 있었을지 모르는데도 들으려 하지 않았다. 나는 속물이었다. 체중 문제와 별개로, 이런 사실을 직면하는 것, 내가 타인과 일부러 거리를 두려는 방식을 관찰하는 것이 진정한 변화의 시작일지도 모를 일이다.

CHAPTER 21

하지만 난 포크를
내려놓을 줄 압니다

1990년

1990년 진 니데치는 라스베이거스로 이사했다. 진의 친구였던 TV 쇼 진행자 머브 그리핀이 이따금 라스베이거스에서 녹화를 했기 때문에 진에게 그곳을 두루두루 소개해주었다. 진은 매일 도박을 했다. 음식이라는 한 가지 강박을 도박이라는 또 다른 강박으로 바꿔치기한 듯 보였다. 재정 상태는 자꾸 위축되었고 진은 본인의 수준에 비해 나름 소박한 삶을 살고 있었다. 그녀는 수영장이 딸린 저택에 살았고(그 당시 라스베이거스에 살던 사람들은 모두 집에 수영장이 있었다), 상주하는 가사도우미 대신 일주일에 한 번씩 방문하는 청소도우미가 있었다.

진의 사교 인맥 가운데는 네바다 도박 업계의 거물이자 여성 최초로 대형 라스베이거스 스트립 카지노를 운영했던 클로딘 윌리엄스와 박애주의자 키티 로드맨이 있었다. 두 사람 다 라스베이거스 네바다대학교의 기부자였다. 1993년에 진도 이

대학에 100만 달러를 기부하여 여성 센터를 짓는 데 기여했다. 센터는 진의 이름을 따 지어졌지만 나머지 면에서는 물리적인 유산이나 아카이브 어디에도 진과 연결시킬 만한 것이 없다. 심지어 센터 웹사이트에는 진의 생애에 대한 정보조차 올라와 있지 않다. 진은 자신처럼 가난한 환경에서 성장했거나 힘든 여건 속에서도 학업을 계속하는 여학생들을 위해 추가로 장학금을 내놓았다. 대학 측은 이에 대한 감사로 진에게 명예박사 학위를 수여했다. 1960년대에 스스로 자신에게 F.F.H.라는 호칭을 붙인 이후 처음으로 진은 마침내 니데치 박사가 되었고 비즈니스 명함에도 이 존칭을 쓰게 되었다.

1990년대 중반부터는 매년 장학금 수혜자들과 함께하는 연회가 마련되었다. 그때마다 진은 연설을 했다. 역시 그녀가 살아온 인생 이야기가 주를 이뤘지만, 조금씩 보다 보편적이고 정치적인 색채가 스며들기 시작했다. "저는 여성으로서 내가 믿는 바를 옹호했습니다. 그리고 다른 사람들의 말에 개의치 않고 나의 목표를 이뤘지요." 진은 그 자리에 모인 젊은 여학생들을 찬찬히 응시하며 자신이 실질적인 어떤 선한 일을 했다는 것, 그것이 자신의 유산으로 남으리라는 것을 느꼈으리라. "저는 여러분께 그 어떤 것도 요구하지 않아요." 진이 학생들에게 말했다. "다만 제게 꾸준히 연락해서 여러분이 무엇을 하고 있는지만 알려주세요." 장학금 신청자 중에는 라퀄 오닐이라는 여학생이 있었다. 오닐은 진이 누구이며 왜 장학제도를 후원하는지도 몰랐지만, 다만 자신이 맹인이며 점자를 읽는다는 내용을 신청시에 적었다. 오닐이 장학금 수혜자가 되어 진을 만났을 때 진은 오닐에게 점자를 배우고 싶다고 했고 두 사람은 펜팔 친구가 되었다.

웨이트워처스 기업은 사람들이 살을 빼기 위해 먹던 다이어트 약을 끊고 전통적인 식단 관리 다이어트 프로그램으로 회귀한 이후로 다시 안정 궤도에 올라섰다. 스마트포인트 프로그램의 성공과 세라 퍼거슨의 마케팅 캠페인도 도움이 되었다.

1990년대 후반에 영국의 일간지 〈가디언〉은 샌프란시스코대학교 아카이브에서 담배회사 필립모리스의 한 중역이 쓴 비밀 메모를 찾아냈다. '담배 전쟁에서 얻은 교훈'이라는 제목이 붙은 이 글은 크래프트 푸즈(하인즈와 크래프트 푸즈의 합병은 2015년이므로 웨이트워처스와는 아직 관련이 없었다)가 비만 유행병에 일조했다는 비판에 대응하는 전략을 어떻게 짜야 하는지 조언하는 내용이 담겨 있었다. "이 메모는 식품회사들이 조직적인 방어 전략으로 대응하지 않으면 지금 소비자들이 폐암 때문에 담배회사를 비난하듯 비만 때문에 식품회사를 비난하게 될 것이라고 설명하고 있다."

1998년 당시 하인즈의 사장이자 CEO였던 윌리엄 존슨이 웨이트워처스 등을 비롯한 다양한 기업 포트폴리오를 오래 유지하다가 마침내 웨이트워처스의 매각을 결정했을 때, 그는 수익성 유지라는 목적뿐 아니라 비만 유행병의 심각성도 염두에 두었을 것이다. 물론 웨이트워처스가 주춤거리고 있었기 때

디스 이즈 빅

문일 수도 있다. 북미 지역 웨이트워처스 모임의 참석 인원은 1990년의 1,290만 명에서 1997년 780만 명으로 떨어졌으며, 미국 증권거래위원회에 제출한 보고서에서 웨이트워처스는 하인즈가 가공식품 판매에만 주력하는 것을 비난했다. "이런 변화는 그룹 중역들이 직원에게 롤모델이 되고 동기를 부여하는 원래의 소임에 전념하지 못한 채 식품 판매원이나 소매 제품 관리자 역할로 내몰리는 결과를 낳았다." 그러나 하인즈 측 임원들은 식품 제조라는 핵심사업에 다시 초점을 맞추고 싶었다고 말했다. 1999년 하인즈는 웨이트워처스를 투자회사 아르탈에 투자매수 형태로 7억 3,500만 달러에 매각했다. 아르탈은 연평균 수익 3억 6,500만 달러, 연평균 이익 4,700만 달러를 올리는 회사였다.

린다 휴잇은 예일대학교 드라마스쿨 출신의 배우로, 런던에서 남편과 함께 살면서 쌍둥이를 낳고 첫돌이 지났을 즈음 웨이트워처스에 가입했다. 휴잇은 곧 웨이트워처스의 리더로, 이어 매니저로 승격했다가 부사장이 되었고, 2000년에는 마침내 웨이트워처스 인터내셔널의 CEO가 되었다. 2001년 아르탈은 웨이트워처스를 상장했다(공교롭게도 이때 9·11 테러 사건이 발생하면서 웨이트워처스의 매출이 뛰어올랐다. 사람들이 스트레스에 대처하기 위해 건강으로 관심을 돌렸기 때문이다). 린다 휴잇을 이어 2006년에는 웨이트워처스닷컴Weightwatchers.com의 탄생에 관여했던 데이비드 커크호프가 웨이트워처스의 사장이자 CEO가 되었다. 그는 18킬로그램을 감량한(10년 가까이 걸렸다) 자신의 경험을 비탕으로 남성의 체중 감량과 비즈니스 이야기를 버무려 2012년 《체중 감량 보스Weight Loss Boss》를 출간했다.

남성은 항상 웨이트워처스 프로그램의 10퍼센트가량을 차지해왔고, 공개적인 체중 검사나 모임 참석을 강요하지 않는 온라인 다이어트 프로그램의 도래는 이들 인구집단과 잘 맞아떨어졌다. 웨이트워처스는 남성 전용 온라인 프로그램("남자답게 감량하라"나 "진짜 남자는 다이어트를 하지 않는다" 같은 '남성적인' 어휘가 쓰인 것을 보면 이성애자 남성을 겨냥한 것 같다)을 시작했다. 농구 명예의 전당 헌액자인 찰스 바클리가 유명인사 대변인으로 기용되어 '프로그램을 그대로 지키면서 감량을 해나가라'는 메시지를 홍보했다. 여성 회원들에게 자주 쓰였던 구원을 약속하는 치료적인 어조나 자기 잘못이 얼마만큼인가를 따지는 자기 부인의 뉘앙스도 빠졌다.

회사의 방향도 차트에 따른 목표 체중이 아니라 보다 지속 가능하면서 세분화된 단계에 초점을 맞추는 쪽으로 옮겨가기 시작했다. 커크호프는 그의 저서에서 자기 체중의 10퍼센트 정도를 감량하라고 권장했다. 이것만으로도 제2형 당뇨병 발병률이 50퍼센트 이상 감소하고, 수축기 혈압이 내려가며, 예상 수명이 두 달에서 일곱 달까지 늘어날 수 있다고 주장했다. 웨이트워처스에 가입한 평균 키 162.5센티미터에 몸무게 90킬로그램인 여성 회원들을 향해서는 이렇게 말했다. "관심의 초점을 바꾸어 좀 더 현실적인 수준의 감량을 지속적으로 해나갈 수 있느냐에만 집중한다면, 우리는 이 싸움에서 집단적으로나 개인적으로 모두 승리할 수 있습니다." 2000년대 초반에 나온 프로그램 책자에도 유사한 내용이 보인다. "전문가들은 현재 체중의 10퍼센트 감량을 여러분의 첫 번째 목표로 추천합니다. 외모와 기분의 커다란 차이를 경험하실 수 있을 겁니다."

2000년대 초반, 〈엘르〉의 한 특집 기사는 웨이트워처스의 이 새로운 '쿨함'에 대해 이렇게 묘사했다. "여러분이 혹여 듣지 못한 소식일지 모르지만 웨이트워처스가 맨해튼, 시카고, 샌프란시스코 등지는 물론 LA의 패셔니스타 사이에서도 새로운 파워 다이어트로 떠올랐다. (……) 웨이트워처스의 열기가 갑자기 너무 '핫'해서 〈섹스 앤 더 시티〉의 한 작가는 얼마 전 웨이트워처스 주간 모임 자리에서 에미상보다 이 다이어트가 더 좋다고 말했을 정도다." 실제로 〈섹스 앤 더 시티〉는 미란다가 임신과 출산 때문에 늘어난 체중을 감량하려고 노력하는 에피소드에 웨이트워처스를 끼워 넣었다. 미란다는 심지어 같이 웨이트워처스 다이어트 중인 멋진 남성 회원을 만나 데이트까지 한다.

이 새로운 쿨함에는 또 다른 이야기가 숨어 있다. 어느 날 웨이트워처스는 유명 앵커 케이티 쿠릭에게서 프로그램은 하고 싶지만 모임에는 참석할 수 없다는(또는 나가기가 꺼려진다는) 전화를 한 통 받았다. CEO 커크호프는 당장 리즈 조지프스버그에게 연락했다. 과거 브로드웨이 여배우였던 그녀는 다이어트 프로그램으로 30킬로그램을 감량한 후 웨이트워처스에서 일하고 있었다. "케이티 쿠릭을 위한 웨이트워처스 블랙옵스특수 비밀 작전를 하나 만들어주셨으면 합니다. 다른 유명인들도 함께할 수 있게요." 이렇게 해서 조지프스버그는 유명인들의 개인코칭 업무를 맡게 되었다. 현장에서 곧바로 받는 코칭으로, 코칭 받는 사람이 레스토랑에서 조지프스버그에게 전화하면 어떤 음식을 주문할지 그 자리에서 알려주는 식이었다. 1년 전에 출산을 한 배우 제니퍼 허드슨은 당시 제작 준비 중이던 영화에서 위니 만델라 역을 맡고 싶었지만 너무 뚱뚱하다는 이유로 거절당한 뒤 웨이트워처스의 문을 두드렸다. 허드슨은 조지프스버그에게 맡겨졌고, 조지프스버그는 허드슨이 살고 있는 시카고로 매주 비행기를 타고 날아갔다. "처음에는 허드슨이 고생을 많이 했어요. 낮은 포인트로 잘 버티다가 갑자기 다른 곳에서 과식을 하곤 했죠." 조지프스버그가 말했다. "하지만 결국은 프로그램으로 다시 돌아왔어요." 허드슨은 조지프스버그에 이렇게 묻곤 했다. "그러니까 나는 이렇게 포인트 계산만 하면 되는 거죠, 그렇죠?"

2006년 10월, 진의 라스베이거스 저택 맨 위층에 살고 있던 진의 둘째 아들 리처드가 갑자기 극심한 통증을 호소했다. 구급차가 리처드를 병원으로 실어 갔다. "병원에서 리처드에게 어마어마한 종양이 있다고 했다. 어안이 벙벙했다." 진은 자서전에 그렇게 썼다. 리처드는 그 병원에서 마흔아홉의 나이로 세상을 떠났다. 진은 그 소식을 듣자 첫아이를 잃었을 때처럼 청력에 이상이 왔다. "그 애는 나와 함께 살았다. 밤마다 우리는 수다를 떨었다. 나는 절대 극복하지 못할 것이다. 처음에

디스 이즈 빅

는 나도 죽고 싶다는 생각밖에 안 들었고 진지하게 고려해보기도 했다. 그런데 나는 비록 종교는 없어도 자살을 하면 천국에 갈 수 없다고 믿는다. 어디선가 그렇게 읽은 기억이 있다. 하지만 그곳에 가면 반드시 신에게 물어볼 것이다. 부모가 아이를 앞세우는 일이 어떻게 가능합니까? 그건 팔다리를 자르는 것과 같아요. 아니, 더해요." 가족들에게 확인받은 사실은 아니지만, 니데치 가족과 가까웠던 지인들 중에는 배우였던 리처드가 오랫동안 약물중독 상태였고 약물과용으로 목숨을 잃었다고 믿는 이들도 있었다.

리처드가 사망한 뒤 진은 라스베이거스의 생활을 버틸 힘이 없었다. 진은 남아 있는 유일한 가족인 아들 데이비드 곁에 조금 더 가까이 있으려고 플로리다의 파크랜드로 이사했다. 은퇴 주거단지인 애스턴 가든스에서 진은 익숙한 생활리듬을 회복했다. 아침마다 오트밀을 주문하고 재미있는 사람을 만날 수 있을까 기대하며 싱글 전용 테이블에 앉아 있곤 했다. 지인들은 그녀가 오전 11시에서 오후 11시 사이에만 전화를 받고 그 이전이나 이후에는 받지 않는다는 것을 알고 있었다. 토요일마다 미용실에 들렀고 일주일에 닷새는 포커 게임을 했다. 가끔 아이스크림을 한 입씩 먹기도 했고, 인공감미료를 끊으라는 의사의 조언을 들은 다음부터는 일반 탄산음료로 바꿔 마셨고, 오후에는 베일리스 아이리시 크림이라는 리큐어를 한 모금씩 마시곤 했다("베일리스를 넣은 칵테일은 취할 수가 없어요. 그냥 잠이 오거든요!"). 진은 화려한 블라우스를 입었다. 그리고 아무에게

나 가짜 보석이라고 흔쾌히 말하던 금지막한 초록색 칵테일반지를 꼈다.

진이 플로리다에서 가난한 생활을 한 것은 결코 아니었지만 진이 살던 아파트는 작고 단출했다. 거실 벽은 화려한 과거를 보여주는 사진들로 빼곡했다. "진과 함께 날씬해지자"나 "여왕 진" 같은 현수막을 든 군중, 라스베이거스 신문 1면을 장식한 진, 1973년 매디슨 스퀘어 가든을 가득 메운 군중에게 강연하는 진, 옛 연인 프레드 아스테어와 함께했던 진 등이 사진 속에 있었다. "저한테 필요한 건 이게 다예요. 옷은 언제든 살 수 있고 가구도 언제든 살 수 있죠. 하지만 사진을 대신할 수 있는 것은 없잖아요. 내가 가진 가장 기억할 만한 물건은 사진이랍니다." 진이 말했다.

거실의 작은 탁자 위에는 진의 오래된 롤로덱스_{회전식 명함}정리기와 웨이트워처스 프랜차이즈 가맹사업자들이 보낸 카드를 비롯하여 아직 뜯지 않은 우편물들이 있었다. 진은 방문객이 조금이라도 관심을 보이면 집 안 곳곳에 보관되어 있는 41개의 앨범을 즉시 펼쳐 보였다. 하지만 주방만큼은 수프 통조림 몇 개뿐 텅 비어 있었다. "돈을 더 모아두지 않은 것을 후회할지 모르죠. 그러나 이건 절대 돈 문제가 아니었어요." 진은 말했다. 말년의 진은 은행에 돈이 얼마나 있는지도 모른다고 자주 말했다. "사람을 도와주는 일이었거든요. 그 사람들의 사랑이 돈보다 더 가치 있지요. 나는 사람들에게 말합니다. '내가 언제든 다시 97킬로그램이 될 수 있다는 걸 알아요. 그럴 수 있고말고요.

하지만 난 포크를 내려놓을 줄 압니다.'"

진은 여전히 군중을 끌어들이는 힘이 있었다. 진이 올랜
도에서 열린 웨이트워처스 리더 컨벤션에 모습을 드러냈을 때,
CEO 데이비드 커크호프는 사람들이 진과 사진을 찍기 위해 무
대 위로 몰려드는 모습을 보면서 롤링스톤스 콘서트라도 온 듯
한 전율을 느꼈다. "무대 전체가 그야말로 들썩했습니다." 그가
말했다. 진은 카리스마가 있었다. 하지만 그것을 넘어 진은 체
중 감량이 인생을 바꿔놓는 힘이 있다고 진심으로 믿었다. 회원
들은 그녀의 확신에 반응했다.

애스턴 가든스에서 진이 복도를 지나갈 때면 누군가 "저
여자야" 하고 속삭이곤 했다. 진은 항상 카메라 앞에 설 준비가
된 모습이었다. 탈색한 머리를 완벽하게 손질하고 체중과 외양
에 언제나 신경을 썼다. 냉동식품 상자에 얼굴이 실렸던 그 진
니데치로 언제든 불려 나갈 수 있을 것 같았다. 진의 가장 깊은
욕구이자 동기는 관심이라는 전율이었다. 진의 평생 친구 플로
린 마크는 이렇게 전했다. "진은 인정받기 위해 살았어요. 제가
생각하는 인정은 가족에게 받는 인정이랑 같은 거예요. 진은
그것을 거리에서 또는 언론을 통해 다른 사람들에게서 찾아야
했죠. 어찌 보면 진은 혼자 남겨진 사람이었어요."

진에게는 슬픔이 있었다. 84세 때 한 어느 인터뷰에서
진은 기자에게 이렇게 말했다. "이것이 내 인생의 피날레라는
걸 알아요." 그 무렵 진은 얼굴과 머리에 통증을 유발하는 신경
염증인 삼차신경통을 앓고 있었고 허리가 약간 굽었으며 보행

보조기에 의지해서 걸었다. 단기기억력도 예전 같지 않았다. 건강이 좋았다 나빴다를 반복했고, 진을 찾아갔던 이들 중에는 치매를 의심하는 사람도 있었다. 어떤 날은 진이 방문객 응대를 일체 거절하기도 했다.

2015년 4월 29일, 진 니데치는 플로리다의 파크랜드 아파트에서 91세의 나이로 세상을 떠났다.

말년에 진은 자신이 일군 회사로부터 잊혔다는 느낌을 점점 더 많이 받았다. 지인들과 함께하는 자리에서 진은 최소한 한 번 이상 뉴욕의 웨이트워처스 본사에 전화를 했던 것 같다. 지인들은 너무 점잖아서 또는 너무 슬퍼서 진을 말리지 못했다. 진은 어느 기자 앞에서도 뉴욕 본사에 전화를 걸었고, 기자는 직업정신에 못 이겨 대화 내용을 받아 적었다.

상대가 누구인지 상상도 못 하는 교환원에게 진이 물었다. "웨이트워처스는 누가 만들었나요?" "어머나, 그걸 모르세요? 진 니데치 여사님이죠!" 교환원이 진에게 말했다. "그러면 진 니데치가 아직 살아 있나요?" 진짜 진 니데치가 조금 짓궂은 말투로 물었다. "그럼요! 그럴 거예요!" 교환원이 대답했다. "여사님이 돌아가셨다고는 말하지 마세요!"

이거,
맛이 슬퍼

2018년 5월

5월의 어느 비 오는 날, 제니퍼가 문자메시지를 보냈다. "판단하지 말고 들어줘." 제니퍼의 첫마디였다. "나 웨이트워처스 온라인 챌린지 하는 거, 한 개가 아니라 두 개야." 최근 들어 제니퍼와 나는 주로 제니퍼가 보내주는 문자메시지로 웨이트워처스 관계를 이어나가고 있다. 제니퍼는 웨이트워처스에 유별나게 열심인 사람들이 올린 포스트를 스크린샷으로 찍어 내게 보낸다. 조금 전에도 아이 다섯을 키우면서 감량 체중 34킬로그램을 유지하느라 매일 새벽 4시에 일어나 운동을 하는 어떤 여성의 사진을 보냈다. 나는 제니퍼가 그런 노력을 이렇게 진지하게 여기고 있는 줄은 전혀 몰랐다.

"알았어, 말해." 내가 회신했다. 제니퍼는 매일 1분씩 플랭크 운동을 하는 30일 플랭크 챌린지 모임에 들어가기로 했었다. 그러고는 일주일에 하루씩 0포인트의 날을 실천 중이란다.

디스 이즈 빅

주로 가금류나 해산물, 과일과 채소, 콩류를 먹는 날이다. "재미가 너무 없어." 제니퍼의 메시지였다. "그다음은 뭘까? 일요일은 즐거워Sunday Funday 같은 말이나 하는 사람이 되는 건가? 집에다가는 살고, 웃고, 사랑하자Live, Laugh, Love 이렇게 써 붙여두고?"

"앞으로 내가 널 모른 척해야 되는 거니?" 내가 물었다.

나는 더 좋은 친구, 마음을 더 깊이 터놓을 수 있는 친구가 되어보려고 노력 중이었다. 우선 베라를 불러내어 같이 저녁을 먹으면서 베라의 인생 고민과 문제를 함께 이야기했다. 내 몸무게에 대해 언급하지 않아도 된다는 말을 대화 중에 한 번 정도 한 것 같다. 이것은 우리 우정을 시험하는 일종의 벡델 테스트 미국의 여성 만화가 앨리슨 벡델이 영화의 성평등 수준을 측정하고자 고안한 테스트 같다. 물론 우리는 거뜬히 통과한다. 오히려 지금 얼마나 '운동 체질'이 됐는지, 얼마나 '늦깎이 운동선수' 같은지 등을 말하고 싶어 입이 근질근질한 쪽은 나였다. 나는 저 두 단어 모두 평생 내게는 해당 안 되는 말이라고 생각했었다.

5월 말에는 제니퍼의 생일을 축하해주려고 집으로 초대했다. 살짝 공들인 장난을 해보고 싶었다. 그래서 고리짝 시절 웨이트워처스 레시피를 뒤져 고심 끝에 '프랑크푸르트 크라운 로스트'라는 1970년대 메뉴를 골랐다. 익힌 핫도그 20개쯤을 둥그렇게 세워 핀으로 연결했더니 제법 크라운로스트 양갈비 여러 대를 둥그렇게 왕관 모양으로 연결하여 구운 요리를 닮은 조잡한 복제품이 탄생했다. 왕관 내부에는 사워크라우트(원래 레시피 그림 상으로는 묽에 씻은 코울슬로가 이닐까 싶다)를 조금 넣고, 파슬리 잔가지와 머스터드소스로 그린 소용돌이무늬로 풍성하게 주변 장식을 했다. 내가 이 메뉴를 고른 이유는 레시피 책에 나온 다른 음식들(몰드 아스파라거스 샐러드, 아스픽 닭고기, 아스픽 양고기)과 달리 아스픽이나 젤라틴이 들어 있지 않았고, 내가 핫도그와 사워크라우트, 머스터드를 좋아하기 때문이기도 했다. 아니, 사워크라우트와 머스터드는 최소한 푹푹 찌는 한여름 밤에 구운 번 위에 올려 먹으면 맛있다.

"이거, 맛이 슬퍼." 제니퍼가 한 입 먹어보더니 말했다. 나는 지난 1년 동안 웨이트워처스의 레시피를 뒤지다가 심증을 굳힌 나만의 가설을 제니퍼에게 공개했다. "가끔 나는 1970~1980년대 사람들이 우리보다 날씬했던 게 아닌가 싶어. 음식이 형편없잖아." 우리는 근처 그리스 음식점에서 배달을 시켰다. 가짜 크라운로스트의 대부분은 곰팡이 핀 피자 가장자리부터 참치 캔에 남은 국물까지 가리지 않고 즐기는 조안의 몫으로 돌아갔다.

"네가 살 빠진 걸 아무도 못 알아보는 거 같다고 그랬잖아. 난 알아볼 수 있어." 제니퍼가 말했다. 나는 얼굴이 화끈 달아올랐다. 제니퍼와 나는 드라마 〈베벌리힐스의 아이들〉 이야기나 같이 좋아하던 연예인 추억담처럼 항상 밝고 유쾌한 수다만 떠는 사이였다. 우리는 함께 즐거운 시간을 많이 보냈지만 서로의 감정에 대해서는 여간해선 말하지 않았다.

"너도 보기 좋아." 내가 말했다. 제니퍼가 얼마나 감량했

디스 이즈 빅

는지는 정확히 몰라도 목이 꽤 가늘어진 것은 내 눈에도 확연히 보였다. 내가 친구에게 그런 칭찬을 하는 사람이라는 사실을 인정하기가 꺼려진다. 우리는 안 해본 애정 표현을 하느라 몸이 배배 꼬이는 시트콤 속 아버지들 같았다. 20년이라는 시간을 함께했지만 서로에게 이 정도 이야기를 하는 것조차 힘들다니, 차라리 참담하다고 해야 할까. 지금 내 앞에 있는 이 여자는 내가 좋아하는 남자에게 손을 흔들다가 러닝머신 위에서 자빠지는 모습도 보았다. 그녀 앞에서 용변을 본 횟수도 셀 수 없다. 우리는 함께 대륙 세 개를 여행했다. 그럼에도 체중은 여전히 우리 둘에게 너무나 난해한 어떤 것이어서 농담 속에 묻어버리거나 눈동자를 굴리게 되고, 굳이 서로 신경 쓰지 않아도 각자 알아서 잘하는 척한다. 하지만 그 문제에 대해 우리는 천천히 서로를 열어가고 있다.

무엇을 발전이라고 여겨야 할지 궁금하다. 다이어트를 둘러싼 말들이 달라졌다고는 하지만, 우리가 자신의 몸과 맺는 관계도 달라졌을지는 의문이다. 내가 (그리고 많은 이들이) 힘들어하는 한 가지 문제는 개인, 특례, 자력으로 개척하기, 문제 해결, 사적인 승리 등을 점점 더 강조하는 사회에 어떻게 대처해야 할지를 알기 힘들다는 것이다. 우리 문화는 불가능한 미의 기준과 불가능해 보이는 수용 기준 사이에서 커다란 방향 전환을 했다. 이것은 거의 모든 사람에게 끔찍한 영향을 미쳤다. 체중은 여성이 이쪽저쪽을 다 해낼 수 있는지에 대한 그 지겨운 대화의 또 다른 반복이 아닐까? 체중은 여성의 노력과 삶을 일정 방향으로 강제하고 그 안에서 자신의 인간성을 정당화하도록 만드는 더 큰 속박 시스템의 일부다. 그리고 그런 속박이 강제적이란 사실, 체중에 대한 그 어떤 결정도 완전히 주관적일 수는 없다는 사실을 이해하지 못한다면, 우리 사회는 비만 여성으로 사는 것의 어려움, 다른 측면이 아닌 비만 여성으로만 보이는 것의 어려움을 온전히 이해할 수 없다.

　내가 어릴 적부터 음식과 몸 때문에 느꼈던 고통과 수치심을 누구도 겪지 않았으면 좋겠다. 지금껏 다이어트에 쏟아부은 돈과 노력이 후회된다. 내가 나 자신에게서 빼앗은 것들을 다시 돌려줄 수 있다면 좋겠다. 하지만 나는 신체 긍정도 완전히 수긍하지 않는다. 신체 긍정은 우리가 진공 속에 살고 있다고 전제할 뿐 아니라 뚱뚱한 몸으로 살아가는 현실도 인정하지 않는다. 내가 원하는 삶을 살고 싶고 그런 삶을 얻기 위해 해야 할 일은 기꺼이 할 용의가 있다는 사실, 이 정도는 신체 수용에 대한 이야기가 나왔을 때 길을 잃는 다이어트인들에게 동기부여가 된다. 나는 비만 긍정 운동에 속할까? 도리어 비만 긍정이 나를 포함시켜주었을지가 문제다. 신체 긍정에서 한 가지 실망스러운 것은 '적게 하라'는 메시지다. 다이어트를 그만두라! 운동은 몸이 원할 때 하라! 하지만 우리가 사회를 바꾸는 것보다 우리 몸을 바꾸는 것이 어쩌면 더 빠를지 모른다는 것이 냉혹한 진실이다. 신체 수용은 자기 몸을 기쁘게 느끼지 못하는 것이 내 잘못이라고 말한다. 자기 몸을 사랑하는 일에 철저히 몰입

디스 이즈 빅

하지 않았기 때문이다. 하지만 이는 해결되지 않은 다이어트 문화 위에 긍정주의의 페인트칠을 한 겹 올린 것에 불과하다.

　　그러나 영원히 지속해야 효과가 있는 것이 다이어트라면 누가 그것을 할 수 있을까? 누가 다이어트를 원할까? 다이어트의 역사를 다룬 《불가능한 만족Never Satisfied》에서 힐렐 슈워츠는 날씬해지려는 욕구는 "자기 자신의 욕망 때문에 혼란에 빠져 만족이 불가능해진 산업사회의 현대적 표현"이라고 썼다. "한편으로 우리는 모든 것을 더 많이 원하는 것처럼 보이고, 다른 한편으로는 잉여를 수상쩍어한다. (……) 날씬함의 문화는 실체보다는 분위기flavor의 우위성을 점차적으로 강조했다. 그것은 무엇이 음식이고 무엇이 음식이 아닌지, 무엇이 모조품이고 무엇이 진짜인지에 대한 우리의 감각 자체를 도마 위에 올렸다." 슈워츠의 해결책은 일종의 비만 유토피아다. 그곳에서는 비만 여성이 "현재의 자신과 미래의 날씬해진 자신 사이에 유예된 채 미래를 조건부 삼아 살지 않을 것이다. 비만 여성은 그들 몸의 4분의 1쯤 되는, 거기에 사랑스러움은 네 배쯤 되는 판타지 자아를 굳이 만들어내지 않을 것이다."

　　이 비만 유토피아가 지금 개장해서 입주민을 받는다면 과연 내가 들어갈 수 있을까? 평생 동안 나는 두 가지 상반된 이데올로기, 즉 '다이어트를 하느냐'와 '다이어트하지 않기를 수용할 것이냐' 사이에서 선택을 강요받아왔다고(또는 스스로 강요해왔다고) 느꼈다. 내 좌절의 너무나 많은 부분은 이 길과 저 길, 곧 나를 바꾸려 노력하든가 나를 혐오하든가 둘 중의 하나를 선택해야 하지만 어느 쪽을 선택하든 실패가 예정되어 있다는 느낌에서 비롯된다. 양쪽이 장담하는 약속은 대단히 유혹적이다. 당신이 해방을 발견하는 것은 거부를 통해서인가 아니면 묵인을 통해서인가? 나의 유토피아는 두 쪽 모두를 거절하거나 차라리 양쪽을 서로에게 가까이 끌어당기는 데 있다.

우리는 모두 자기 삶을 개선하려고 애쓰며, 우리가 내리는 어떤 결정도 당위성은 없다. 이것은 이중구속이다. 앞으로 나아갈 수 있는 유일한 길은 차라리 우리 중 많은 사람이 다이어트를 원할지 모른다는 것 그리고 어느 정도 감량을 하면 실제로 더 행복해지며 어쩌면 더 건강해질 수도 있다는 사실을 인정하는 것이다. 다이어트는 (살이 빠지든 빠지지 않든) 중독적일 수 있다. 구속은 특유의 자체 논리를 제공한다. 두 가지 선택지 너머로 가려면 노력이 필요하다. 즉 잠시 멈춰 서서 내가 무엇을 원하며 사회는 무엇을 원하는지, 나는 무엇을 기꺼이 희생할 것인지를 깊이 생각해야 한다는 뜻이다. 사람들은 "가장 좋은 다이어트는 무엇인가요?"라고 묻기를 좋아한다. 그 답은 생활하며 자연스레 할 수 있는 다이어트, 단순히 참기만 하지 않는 다이어트다. 나를 행복하게 만들기도 하는 가장 건강한 삶의 방식이다. 그런 다이어트가 어떤 모습일지를 따져보는 것은 각자의 몫이다. 평화는 다이어트 문화나 비만 수용 문화에 대한 맹목적인 굴복이 아니다.

허영심이든 건강이든, 우리는 온갖 이유로 살을 빼고 싶을 수 있다. 동시에 내 몸이 어떻게 보이는지가 덜 중시되는 세상에서 살고 싶을 수도 있다. 내가 앞으로도 언제나 이런 역설 속에 살게 될 것임을 나는 이제 막 이해하기 시작했다. 그리고 내가 나를 바꾸고 싶어서 아등바등하는 사람이라는 것도 받아들이기 시작했다. 이런 생각의 변화 때문에 내가 선택하는 음식과 몸무게에서 더 많은 행복을 발견할 수 있다면, 이것을 삶의 다른 영역에도 적용한다면 과연 어떤 일이 가능할까.

모임 중에 바깥에서 비가 내렸다. 사람들이 반쯤은 불평 삼아, 반쯤은 장난 삼아 몸이 젖으면 체중을 잴 때 문제가 많아진다고 떠들어댔다. 패트리스가 바르셀로나에서 방금 휴가를 마치고 돌아왔다. "나 1.5킬로그램밖에 안 늘었어요." 모임 시작과 함께 그녀가 말했다. "휴가 떠나기 전에 나한테 이렇게 말했거든요. '패트리스, 넌 살이 찔 거야. 하지만 1.5킬로그램 이상은 안 돼.' 정작 음식은 너무 진해서 많이 먹을 필요가 없었는데, 이거 다 술 때문에 찐 거예요." 미리엄이 웨이트워처스에서 양 조절을 도와주는 와인 잔을 판다고 일러주었다. 겉으로 보면 일반 와인 잔과 똑같이 생겼지만 5, 6, 8온스를 표시하는 작은 금이 새겨져 있다고 했다. 내 앞에 앉은 세이디가 중얼거리는 소리가 들렸다. "아, 제발, 레스토랑에 그런 걸 가져갈 것도 아니고." 그녀가 뒤를 돌아보자 내가 속삭였다. "여행 가방에 넣어서 외국에 가져갈 것도 아니고." 우리는 둘 다 웃었다.

이번 주제는 '나의 신체 이미지 격려하기'였다. 주간 인터뷰에는 위스콘신주에 사는 브리타니라는 여성이 소개되었다.

그녀는 자신의 튼살을 '호랑이 줄무늬'라고 불렀다. 나는 순간적으로 반감이 들어 얼른 책자를 덮어버렸다. 패트리스가 이 주제와 관련해서 할 말이 있다고 했다. "아들을 낳고 6개월쯤 지났을 때예요. 한참 전이죠. 나는 침대 끄트머리에 앉아 있고 가족들은 크리스마스 모임에 갈 준비를 하느라 정신없고요. 그런데 옷장 안을 아무리 뒤져봐도 맞는 옷이 없는 거예요. 우울했어요. 결국 큼지막한 붉은 스웨터에 검은 타이츠를 입고 갔죠." 패트리스는 그때 기억을 떠올리며 약간 서글프게 웃었다. 그리고 이야기하는 내내 범죄 현장을 떠올리기라도 하듯 눈을 감고 있었다. "그때 난 피자, 버거 같은 음식만 먹고 채소는 거의 안 먹었어요. 샐러드는 크루통이랑 치즈를 볼에 담아 랜치드레싱을 뿌려 먹는 정도로만 생각했죠. 지금 나는 웨이트워처스를 2년째 하고 있는데 그때 사진을 보면 아직도 동기부여가 돼요. 요즘 말이죠, 정말로 내가 전에 꿈꾸던 그런 여자가 된 거 같아요." 미리엄이 다가와서 패트리스를 포옹했다. 다들 고개를 끄덕였다. 스웨터와 타이츠 차림으로 파티에 가야 했던 사연과 비슷한 경험이 없는 사람은 이 자리에 한 명도 없었다. 심지어 진조차 커튼을 두르고 코스튬 파티에 가야 했던 때를 결코 잊지 않았다.

그날의 빅뉴스는 로즈마리가 목표 체중(70킬로그램)에 도달했다는 소식이었다. 로즈마리가 간단히 소감을 발표했다. "지금 공군 입대 절차를 밟는 중이에요. 모병관이 그때 그랬거든요. 내가 30킬로그램을 뺀다면 자기가 찾는 성품과 군인정신을 가진 사람일 거라고요." 우리는 박수와 환호를 보냈다. 공군

디스 이즈 빅

은 절대 나를 원할 리 없지만(나는 자동차 운전도 못한다), 그 순간 로즈마리가 얼마나 준비된 군인인지 그리고 얼마나 들떠 있는지는 알 수 있었다. 로즈마리가 자기 몸에 대한 시시콜콜한 이야기를 길게 늘어놓는 동안 우리 40명 전원은 그녀와 완전히 공감하고 있었다. 어쩌면 그것이 우리가 이곳에 오고 또 오는 이유일 것이다. "이제는 다리를 꼴 수 있어요. 애들처럼 소파에 무릎 꿇고 앉을 수도 있고요. 다른 사람들은 못 알아보는 자잘한 것들도 있어요. 제 친구 말로는, 전에는 제가 신발 끈을 묶을 때마다 발을 어디 올려놔야 했대요. 그런데 지금은 허리를 굽힐 수 있거든요." 로즈마리가 말을 이었다. "점프슈트하고 민소매 셔츠도 샀어요. 18사이즈였을 때는 꿈만 꿨지 감히 엄두도 못 냈는데 지금은 10이나 8을 입으니까요. 심지어 신발 사이즈도 줄었다니까요!" 나는 발 사이즈까지 줄어들 줄은 상상도 못 했다고 말했다. "손도 그래요." 그녀가 말했다. "일할 때 전에는 대형 사이즈 장갑을 꼈는데 지금은 소형을 껴요."

나는 로즈마리가 너무 자랑스러워 포옹이라도 하고 싶었다. 하지만 로즈마리는 신체 접촉이 편한 사람이 아니었고 우리는 거의 대화도 나눠본 적이 없다. 그녀가 목표를 이룬 것이 기뻤지만, 솔직히 말해 다이어트에 주저 없이 뛰어들지 못하는 나의 양가감정을 로즈마리는 전혀 모르는 것 같아 질투도 났다. 로즈마리는 웨이트워처스를 통해 인생을 송두리째 바꿨다. 그리고 내가 보아온 정기 회원 상당수가 그랬다. 그들은 모임에 열성을 기울였고 이번만큼은 성공해야 한다는 태도로 임했다. 내가 그들에게 이질감을, 심지어 거리감을 느꼈던 것도 그때문이었다.

웨이트워처스 모임이 자기혐오의 자리가 아님을 발견하게 되어 기뻤다. 회원 가운데 비현실적인 목표를 가졌거나 섭식장애를 가까스로 숨기고 있는 사람은 없어 보였다. 우리는 많은 정보와 요령을 나눴다. 농담과 진정한 지지가 넘쳤다. 나도 마지못해서이긴 했지만 한 공동체의 일원이 되었다. 어느덧 나도 미시간주 어느 상가나 영국의 어느 교회 지하에 입주한 웨이트워처스 영업소에 태연히 들어가 집처럼 편안하게 앉아 있곤 한다. 그곳에서 새로운 절친을 만나거나 삶의 이정표를 찾지 못해도 상관없었다. 나는 웨이트워처스가 가장 낮은 공통분모처럼 느껴져서 가입이 꺼려졌었다. 하지만 웨이트워처스는 균등하게 만드는 이퀄라이저일지 모른다. 터무니없는 소리가 아니다. 모임과 온라인을 통해 사람들은 자기 일상의 거품 바깥에 있는 이들의 이야기를 어쩔 수 없이 듣게 된다. 그 경험 때문에 나는 내가 그리 특별하지 않다는 사실을 깨달았다. 그것 자체가 커다란 위안이었다.

외모 변신에 관한 한, 로즈마리든 신체 사랑 콘퍼런스에 참가한 여성이든 누구에게도 지름길은 없다는 사실을 안다. 나는 요가를 다니고 오트밀을 먹고 명상을 하던 때에도, 한 끼에 66포인트를 소비하고 포인트 추적을 포기했을 때에도 나 자신에게 그렇게 말했다. 아빠와 함께 이탈리아 레스토랑에서 밥을 먹을 때 아빠는 나에게 빵 바구니에는 손댈 필요 없다고 말했

디스 이즈 빅

다. 엄마는 갑상선 수술을 무사히 마치고 잘라낸 조직이 프라이드치킨을 닮았더라는 농담을 하는 와중에도 수십 년간 프라이드치킨은 입에도 대지 않았다는 언급을 빠뜨리지 않았다. 한 친구는 드론 카메라로 찍은 내 사진을 보내줬다. 사진 속의 내 얼굴은 금방이라도 흐물흐물 녹아내릴 것 같았고 턱 밑에는 풍선처럼 부푼 살덩어리가 보였다. 나는 너무도 오래 체중 감시, 즉 '웨이트 워칭'을 해왔다. 어떤 날은 그것이 제2의 천성처럼 느껴졌고 어떤 날은 모든 의욕이 깡그리 사라졌었다. 좋은 날도 지났고 나쁜 날도 지났다. 살이 빠지면 다이어트가 효과를 발휘하고 있다는 낙관주의가 마음을 채웠지만 동시에 나를 두렵게도 했다. 감량된 체중 1킬로그램마다 한 아름의 질문을 도로 쌓아놓았다. 나는 언제쯤 내 외모를 좋아하게 될까? 살을 얼마나 더 빼야 연애가 쉬워질까? 도로 살이 찌면 어떻게 할까? 체중이 다시 조금 불어나는 후퇴를 반복할 때마다 나는 실망에 빠졌었다. 하지만 이따금 그 후퇴는 편안하고, 친숙하고, 위협적이지 않은 공간 속으로 스스륵 미끄러져 들어가는 것처럼 느껴지기도 했다.

체중 감량은
마법이 될 수 있다

체중 감량은 사람 자체를 바꿀 수 있어요.
저는 항상 그 점이 경이로워요. 살이 빠지면 사람의 성격도 달라집니다.
생각을 통해 몸을 바꿀 수 있다는 것을 실감하면서
인생 철학이 달라지지요.

— 진 니데치

    진에게 체중 감량은 마법이었다. 그것은 잠재력을 상징하는 정도가 아니라 실제 낯선 이들을 하나로 모으는 잠재력을 발휘했다. "이스라엘에 가면 유대인과 아랍인 회원이 한 방에 나란히 앉아요." 1993년 진 니데치는 한 오스트레일리아 신문에 그렇게 말했다. "그리고 아시죠, 절대 서로 미워하지 않습니다. 아침밥으로 무얼 먹었는지, 거기에만 관심이 있어요." 진은 우리가 이야기를 공유할 때 인간다워지며 체중과의 싸움은 고립이 아닌 연합을 가져올 수 있다고 믿었다. 좌절 때문에 우리는 공동체를 찾을 수 있다. 진이 그토록 자주 말했듯 우리는 다들 하나쯤 자신만의 프랑켄슈타인, 강박적으로 매달리는 자신만의 음식이 있다. 누구나 욕실 간식 바구니에 감춰두는 자신만의 특별한 쿠키가 있다. 그리고 그것은 진의 비범함이기도 했다. 누구나 음식과 어느 정도 어려운 관계에 있다면 이것은 누구나 잠재적인 웨이트워처스 회원이라는 뜻이기도 했다. 진은 비만인에게 필요한 것은 특정 식단이나 프로그램보다는 서로에 대한 지지, 곧 마음과 글을 나누거나 아니면 단순히 듣기만 하면서 앉아 있을 수 있는 자리라는 사실을 알았다. 다이어트는 진에게 억압의 도구가 아니라 자신을 돌보고 미래를 위한 계획을 세워나가는 하나의 방법이었다.

진은 모든 세대에 통용될 수 있는 신데렐라 이야기의 주인공이었다. 그녀는 체중 감량에 성공한 다이어트 분야의 1인자였고, 극적으로 삶의 소명을 발견했으며, 지금까지 계속되는 국민적 취미이자 강박을 탄생시키는 데 일조했다. 전통적인 의미의 교육은 받지 못했지만 정서적으로 명민하고, 카리스마가 넘치며, 사람의 심리가 움직이는 방식을 직관적으로 이해했다. 진에게는 뭐라 말하기 힘들지만 분명히 전달되는 어떤 진정성이 있었다.

진은 "자신이 감량한 체중을 유지해온 시간으로 성공의 척도를 삼을 수 있답니다"라고 말했다. 진은 확실히 이 척도를 통해 자신의 성공을 가늠했다. 하지만 이런 엄격한 정의는 그 자체가 감옥을 만든다. 진은 체중을 엄청나게 감량했지만 기본적으로 그 이후의 삶은 '감량 체중'이라는 금박 입힌 새장에 갇혀 살았다. 그녀는 감량한 몸을 지키기 위해 살았고, 체중 감량 내러티브를 골격으로 삼은 회사를 세우면서 그 방면의 도움도 받았다. 그러나 체중 유지에 수반되는 고충과 싸움에 대해서는 솔직하지 못했다. 대중에게도, 심지어 자신에게도 솔직할 수 없었다. 진은 1960년대 초에 처음 살을 뺀 것이 자신의 체중 감량 이야기의 전부라고 단언했지만 실제는 좀 더 복잡했다. 이런 사정은 진의 결혼 그리고 자녀들과 리퍼트 부부와의 관계에서도 마찬가지였다고 말할 수 있을 것이다. 진은 자신의 야망을 위해 이 모두를 희생했다. 말년에 진은 자신이 남편보다는 일과 회사를 선택했노라고 인정했다. "일을 못 하면서 결혼을 유지해야 했다면, 나는 결혼도 유지하지 못했을 거예요." 진이 말했다. "저도 그 부분은 유감입니다. 그것 때문에 저를 호되게 비난할 분들도 있겠죠. 하지만 그건 나 자신을 믿느냐, 내 삶이 나를 어디로 데려갈지에 대한 내 본능을 믿느냐의 문제이기도 했어요."

진의 도박은 끝까지 대박을 터뜨리진 못했다. 웨이트워처스의 사장 자리에서 내려온 순간 기업가이자 비즈니스우먼이라는 진의 자아감도 함께 벗겨졌다. 그리고 그저 무기력하고 허우적대는 모습으로 인생의 후반부를 보냈다. 진은 전설적인 여성이었다. 하지만 실제 삶에서는 외적으로 보이는 만큼 결코 전설적이지 못했다. 진이 누구였는가에 대한 하나의 보편적인 진실은 없다. 그녀는 바깥세상에서 인정받고자 노력했던 외향

디스 이즈 빅

적인 여성이기도 했고, 성취한 업적에 비해 충분히 인정받지 못한 여성이기도 했다.

　　진은 좋든 나쁘든 이후 성공한 수많은 라이프스타일 및 웰니스 관련 기업가들이 그 뒤를 따라 수십억 달러를 벌어들이도록 해준 냉정한 개척자였다. 개척자로서의 진이 가진 문제는 그녀의 명성이 당시로서는 너무나 새롭고 독특했기 때문에 업계가 그녀를 어떻게 다뤄야 할지 전혀 몰랐다는 사실이다. 물론 진은 요리책도 냈고 자신의 얼굴이 들어간 냉동식품과 의류도 출시했지만, 동일한 유명세를 지금 누렸다면 소위 '살림의 여왕'으로 불리는 마사 스튜어트나 스타 셰프 아이나 가르텐, 배우 기네스 펠트로, 피트니스 유명인사 리처드 시먼스, 페이스북 최고운영책임자 셰릴 샌드버그 같은 이들이 이룬 기업 왕국의 시조가 되었을 것이다. 진은 자신의 경험과 그것을 토대로 사람들에게 무언가를 알려주고픈 욕구를 초석 삼아 그녀만의 신흥 왕국을 이룬 현대판 인플루언서의 전형이었다. 진의 뒤를 이은 문화적·사업적 후계자들이 성공을 이뤄가는 모습을 보는 것이 나쁘지는 않지만, 나는 그들의 야심만만한 비즈니스가 거둔 초대형 성공 속에는 완벽주의라는 미끼가 없어서는 안 될 역할을 발휘했다고 생각한다. 어쩌면 진은 걸출한 토크쇼 진행자도 될 수 있었을 것이다. 그리고 자신의 이름을 넣어 회사명을 지었다면 대중의 뇌리에 그녀의 이름이 더 잘 새겨졌을 테지만, 진은 그렇게 하지 않았다. 자신의 진정한 동기가 된 거시적인 개념을 따라 회사 이름을 지었다.

진은 현대석인 다이어트법을 창시했고 그 과정에서 판도라의 상자를 열었다. 다이어트 자체가 유행에서 밀려날 일이야 절대 없겠지만 우리가 그것에 대해 이야기하는 방식은 확실히 바뀌었다. 진이 주장했던 감수성은 사실 끔찍할 만큼 매력이 없었고 양극단의 음식이 공존하는 이 시대에 주목받기도 힘들다.

대신 내가 진에게 배운 가장 큰 교훈은 진이 결코 다른 사람과 나누고 싶지 않았을 메시지일 듯싶다. 진은 식탐이 많은 여성이었다. 하지만 음식에 대한 욕구를 음식에 대한 거부로 대체했다. 진은 아침식사 오믈렛에 곁들여 나온 감자 요리에 단 한 번도 유혹을 느껴본 적이 없노라고 기자들에게 자랑스레 말했고, 실제로도 수십 년간 자제했다. 파티에서 본 어느 우아한 여성이 디저트를 먹지 않고 께적거리기만 하더라는 이야기가 진이 즐겼던 대화 주제였다. 어떤 여성이 대화 중에도 파르페를 휘젓기만 할 뿐 절대 맛은 보지 않더라는 식이다. 진은 그렇게 의지력을 과시하는 행동이 멋지다고 생각했다.

식욕은 교활하다. 다른 방식으로라도 튀어나올 곳을 찾는다. 진은 음식이나 웨이트워처스의 얼굴 역할을 하는 데서 더 이상 전율을 느끼지 못하게 되자 부동산, 밍크코트, 포커 게임, 거액의 자선기부 등에서 출구를 찾았다. 이것들 대부분이 그녀의 경제적인 수준을 웃돌았다. 진은 사랑과 관심에 대한 갈망이 너무 컸기 때문에(그리고 어쩌면 문자 그대로 케이크나 해시브라운이 너무 먹고 싶었기 때문) 자신이 갖지 못한 것을 보상하고자 사치스럽게 살았다. 그녀는 웨이트워처스를 매각하면서 받은

700만 달러라는 적지 않은 재산을 순식간에 써버렸다. 진의 이야기는 경종을 울린다. 다이어트를 할 때 우리는 무엇을 포기하고 있다고 생각하며, 그것을 어떻게 보상하고 있는가? 진은 거창한 인생을 원했지만 그녀가 얻은 것은 조촐한 삶이었다. 진은 홀로, 현실을 부인하며 세상을 떠났다. 그녀의 삶이 도달한 이 같은 결론에 진이 얼마나 만족했을지 나는 가늠하기 힘들다.

게다가 진의 존재는 웨이트워처스에서 부차적이다. 혹은 본문 아래쪽에 달린 각주에 불과하다. 웨이트워처스 뉴욕 본사의 안내 데스크 쪽 바닥에는 이런 문구가 새겨져 있다.

여러분의 운명을 결정하는 건 우연이 아니라 선택이랍니다.

—진 니데치

CHAPTER 24

내겐 그것이
발전이다

2018년 6월

우리는 모두 진이 필요하다.

진은 내게 어떤 접점이었다. 나는 자신을 바꾸려는 진의 불굴의 욕망, 확신, 후츠파에 환호했다. 현실에 안주하지 않고 새로운 삶을 살고자 하는 추진력에 반했다. 물론 그녀가 신봉했던 모든 것에 맹목적으로 동의하지는 않는다. 진의 다이어트 브랜드는 때로는 진부하고 시대에 뒤떨어진 자기 변화의 모델일 뿐 아니라 고통스러울 정도로 지겹고 초인적인 의지력을 요구한다. 내가 아는 누군가가 저녁 파티에 체중계를 들고 온다면 나는 조용히 그 사람에게 상담이나 치료를 권할 것이다. 게다가 나는 진처럼 비만을 악당 취급하지도 않을 것이며, 게으름이나 헌신의 부족을 나타내는 표식으로 보지도 않을 것이다. 1년 동안 그녀를 알아가는 시간은 나를 이해하는 새로운 시야를 열어주었다. 진이라는 한 사람의 사례를 통해 나 자신의 삶

디스 이즈 빅

을 알아가게 되었다.

내 주변의 누군가가 체중 감량 캠페인을 벌일 것 같지는 않다. 살이 충분히 빠져서 내가 가진 문제가 전부 또는 조금이라도 해결되는 일도 일어나지 않았다. 나는 마법처럼 하루아침에 날씬한 사람으로 변신하지도 않았고, 단것에 입맛이 뚝 떨어진 사람이 되지도 않았으며, 남자들을 휘어잡는 미녀가 되지도 않았다. 그저 지금 감량한 체중을 계속 유지할 수 있을지조차 미지수라는 사실을 인정할 만큼만 현명하다. 내 안의 이야기꾼은 이 이야기가 좀 더 극적인 결말을 맺기를 원했다. 나는 사람들에게 30킬로그램 감량과 새로운 피앙세를 옆구리에 꿰차는 결론 같은 건 절대 기대 안 한다는 농담을 했었다. 물론 그것이 가능했다면 마다하지는 않았을 테지만.

이것은 실패 이야기가 아니다. '체중계 너머로'(손발이 오그라드는 웨이트워처스의 문구 중 하나다) 시선을 옮겨보면 나는 조금 더 건강해졌고, 조금 더 옷이 잘 맞고, 운동에 열심인 사람이 되었다. 캐나다에 사는 친구가 먹음직스러운 케첩 향 감자칩을 토론토에서 사 보냈지만, 나는 아직 그것을 뜯지 않았고 부엌 조리대 위에 그대로 두었다. 적당한 때, 아마도 친구들과 함께 있을 때 그 감자칩을 개봉할 것이다. 내겐 그것이 발전이다.

백조로 변신하는 순간, 무도회장의 공주, 예상을 뒤엎는 반전 같은 것은 없을지 모른다. 내 사고방식, 나 자신 그리고 나를 둘러싼 세상을 바꾸는 데 얼마나 많은 것이 소요되는지를 곰곰이 따져보았다. 우선 다이어트 의지를 계속 이어가려면 수백만 번의 결심이 필요하다. 그리고 나 같은 사람은 일단 지겨워서라도 반대하는 소위 절제의 문화도 필요하다. 체중 감량이 증폭시키는 내적 갈등도 있다. 우리는 누구나 자신의 인생에 대해, 자신의 선택과 나아가는 방향에 대해, 자신의 삶이 이룬 것과 이루지 못한 것에 대해 갈등한다. 하지만 체중 감량은 이 거대하고 다루기 힘든 대화를 가져와 엄격한 서사를 부여한다. 내 삶에 강제로 부여된 그 서사에는 믿기 힘들 정도의 스트레스와 압박이 따라붙는다. 그리고 그에 맞춰 사느라 끊임없는 두려움과 불안정을 덤으로 얻는다. 어찌 보면 이것은 신체적·정서적인 개인용 스트레스 테스트와 비슷한 무엇이다. 자신을 바꾸고 싶다는 욕망은 내적이고 개인적이면서 동시에 사회적이고 보편적이다. 사회가 (수백만 가지 형태로) 나와 우리 모두에게 보내는 메시지에 대한 반응이기 때문이다.

내일은 내일의 다이어트가 있을 테지만, 죽기 살기로 버티는 다이어트나 칼로리 계산이 포함된 다이어트는 아닐 것이다. 대신 내가 무엇을 먹으며 운동은 얼마나 하는지를 언제나 의식할 것이다. 신체 중립이 내 몸에 맞지 않는 옷으로 느껴지는 이유가 여기에 있다. 나는 결코 날씬해지고 싶은 마음이 사라지거나 날씬함을 추구하는 일을 그만둘 것 같지 않다. 나의 삶은 앞으로도 항상 이런 식일 것이다. 괜찮다. 그런 수용이 비록 쉽지는 않지만 그래도 그것이 나의 새로운 표준, '뉴 노멀'이다.

사람은 자신이 언제 멈춰야 하는지, 아니 정확히 말해 언제 노력을 멈춰야 하는지를 어떻게 알 수 있을까? 나는 다이어트가 내게 주는 통제감을 추구하는 것을 멈추지 못했다. 그렇지만 다이어트가 우리 삶에 덧씌우는 서사의 포물선은 포기했다. 비만인은 흔히들 미래에 살고 있다고 말한다. 자신의 날씬한 신체적 자아가 밖으로 드러나 마침내 새로운 삶이 시작될 순간만을 기다린다는 것이다. 나는 그런 상상 게임에 동참하고 싶지 않다. 진과 달리, 나를 바꾸는 것이 내게는 삶을 시작하기 위한 필수 전제조건이 아니다. 나는 현재에 집중하려 노력하고 있다. 이 말은 내가 과거에 실패한 다이어트 때문에 온종일 한탄하지도 않으며, 걸을 때마다 내 허벅지가 쓸린다는 사실에 갑자기 초연해진 미래의 어떤 완벽한 나에게 초점을 두지도 않는다는 의미다. 내 몸에 대한 걱정을 늘어놓는 그 끈질긴 백색 소음을 나는 '단순히 존재하는 감각'과 조금이나마 맞바꾸었다.

내가 얻은 승리는 진의 승리와는 아주 달라 보인다. 내가 문득 발견한 것이 있다. 그것은 그간 내가 다이어트의 성공과 실패에 너무 치인 나머지 평화를 누릴 수 없었다는 사실이다. 다이어트에 거리를 두고 바라볼 수 있다면 그 평화는 내 것일 수 있다. 다시 말해, 내 삶의 한복판에서 다이어트를 밀어내는 일이 필요하다. 어릴 적 다이어트는 내 의지와 무관하게 인생의 중심으로 들어왔지만, 이제는 그 자리에서 들어내 다른 일상적 현실 속의 한 영역으로 옮겨놓기로 한다. 진의 승리에 비해 이런 결심은 좀 더 관념적이고 추상적이지만, 대신 좀 더 지속 가능한 것이기를 나는 바란다. 나는 체중과 나를 분리시켜 생각할 수 없다. 이것은 체중을 내 모든 문제의 원천이라고 생각하지 않는 것과 마찬가지다.

본인이 자기 몸을 얼마나 원하는가와 무관하게 모든 사람은 그 몸으로 먹고, 운동하고, 살아가도록 마땅히 허용받아야 한다. 나는 신체적 평가의 무자비함에 어마어마하게 짓눌렸다. 웨이트워처스에서 1년을 보내면서 어떤 사람들은 이런 정치학에 대해 나만큼 고민하지 않는다는 사실을 알게 되었다. 하지만 미적 기준에 맞추기 위해 자신을 얼마나 바꿀 것인가 하는 문제에서 비켜난 사람은 대단히 드물다는 사실도 확인했다. 그런 기준에 맞지 않는 사람이라면 심지어 그것에 더 연연할 수밖에 없었다. 나는 이 문화가 뚱뚱한 몸을 보고, 다루고, 수용하는 방식을 바꾸기보다 내 뚱뚱한 몸을 바꾸는 쪽이 더 빠를지 모른다는 사실을 받아들여야 했다. 살을 빼는 것으로 내가 행복해질 수는 없었지만(이것이 가장 쓰라린 부분일지 모른다), 살을 빼는 것만이 유일한 승리가 아니라는 사실도 이제는 이해한다.

여성이 된다는 것과 관련된 한 가지 중요한 진실이 있다. 그것은 우리가 충분치 않은 존재이며 그 같은 사실을 받아들이는 데 평생을 써야 할지 모른다고 속삭이는 내면화된 메시지를 너무 많이 갖고 있다는 점이다. 그리고 체중은 이런 싸움이 뒤에 남기는 신체적인 유물이 되기도 한다. 나는 이런 불공평함에 집중하는 특권을 누린 셈이다. 하지만 그런 생각들이 내 삶의 다른 영역에까지 스며들었다. 누군들 이 세상을 쉽게 헤쳐나갈 수 있을까? 권력의 정상에 있는 사람들이라고 반드시 그러란 법은 없다. 사회경제적 지위를 가진 백인 남성이든 슈퍼모델 같은 외모를 가진 젊은 여성이든 마찬가지일 것이다.

다이어트는 대개 축소된 삶을 살도록 우리를 강제하기 마련이다. 바지 사이즈의 축소가 아니라 경험이 축소된다는 뜻이다. 체중 감량은 지불을 절대 멈출 수 없는 세금이다. 사정을 봐주지 않는다. 체중 감량이라는 고약한 여신의 제단에 당신은 모든 것을 희생할 수 있으며, 나중에는 그것으로도 모자랄 것이다. 이것이야말로 진의 삶이 가르쳐준 좀 더 비극적인 교훈이다. 다이어트는 자발성을 없애고, 새로운 것을 두려워하고, 주어진 계획에서 이탈하는 것을 꺼리도록 강요한다. 이것은 내가 삶을 살아가는 방식과 다른 모든 면에서 너무도 이질적이다. 다이어트와 신체 수용 두 가지 모두 만족스럽지 못하기 때문에 나는 좀 더 큰 그림을 보는 쪽을 택하고 싶다.

체중에 강박적으로 몰두하느라 인생의 반을 낭비했다고 생각하고픈 유혹을 느낀다. 하지만 내 앞에 펼쳐진 남은 인생을 생각하면 마음이 들뜬다. 큰 몸으로 사는 것은 눈에 띈다. 내가 얼마나 불행했는지 그리고 그 불행이 내 몸과 얼마나 관계되어 있었는지를 직면하면서 나는 나 자신을 알게 되었다. 나의 허기, 갈망에 대해 더 많이 이해하게 되었다. 그리고 무엇보다 그 갈망은 체중 감량이 아니다. 나 스스로 자발적인 선택을 하고 싶다. 다이어트도 마찬가지고 삶의 다른 영역에서도 마찬가지다. 최후의 체중 검사에 대한 두려움 때문에 무언가를 하는 일은 결코 없을 것이다.

웨이트워치스 모임에 마지막으로 간 날, 나는 체중 검사를 하지 않았다. 내 생일 직전이었다. 원래는 체중을 잴 만큼 여유 있게 일찍 도착하지 못해서 일단 건너뛴 것이었다. 자리에 앉자마자 미리엄이 브롱스과학고등학교 동창 모임에 나갔더니 동창생 가운데 자기 팔이 제일 예뻤다고 자랑스레 말했다. 그 학교는 얼마 전 미리엄의 맏딸도 우등으로 졸업한 곳이다. 미리엄은 아이스블루와 라벤더색으로 머리를 염색했고, 내가 그녀를 처음 본 날 입었던 흑백 폴카도트 원피스 차림이었다. 모임이 이어졌고 아는 얼굴 사이사이로 신입 회원도 몇 명 눈에 들어왔다. 미리엄이 던진 질문 하나가 머릿속을 맴돈다. "체중 감량 휴지기를 갖는다는 건 여러분에게 어떤 의미인가요?" 자기 손으로 세운 회사에서 다이어트에 관해 이런 느슨한 관점이 거론되는 것을 들었다면 아마도 진은 무덤 속에서 눈동자를 굴렸을 것이다.

그래서 나는 체중을 재지 않고 모임에서 나왔다. 내가 1년에 걸쳐 10킬로그램이 빠졌다는 사실은 안다. 앞으로도 나에게는 많은 모임이 있을 테지만, 어쩌면 매주가 아닐지도 모르고 때로는 체중 검사도 건너뛸 것이다. 그 10킬로그램이 인생을 바꿀 숫자처럼 보이지는 않는다(감량 전후 사진으로 비교해보면 확실히 아니다). 그렇지만 지난 한 해를 그것만으로 기억하지는 않을 것이다. 사실 가장 적게 달라진 것은 내 몸이다.

작가의 말

　　진 니데치를 만날 기회가 있었다면 좋았을 것이다. 나는 진에 대해 최대한 많은 정보를 모아 그것을 토대로 나름의 결론을 내렸다. 진의 다이어트 자서전 《진 니데치 이야기》가 출발점이었다. 그 책에서 나는 그녀 특유의 목소리를 처음 만났다. 다행히 진은 당대에 꽤 유명한 미디어 스타였기 때문에 여러 인터뷰, 프로필, 방송 출연 자료 등을 남겼다. 나는 그것들을 검토하고 이 책에 인용하기도 했다. 개인적으로 또는 직업적으로 진을 알았던 사람들을 만나 인터뷰했고, 진의 시대와 우리 시대의 역사가와 비평가, 작가 들과도 이야기를 나눴다. 〈웨이트워처스〉 잡지를 차례대로 몇 권 보았고, 오래된 요리책을 읽으며 며칠을 보냈고, 곳곳의 아카이브를 뒤지고 다녔고, 이베이에서 (친필 카드와 진의 조언이 녹음된 레코드판 같은) 진과 관련된 기념품을 찾아 입찰하기도 했다.

진이 들려준 다채로운 일화 가운데는 부정확하거나 서로 모순되는 내용도 있다. 진이 말을 만들어내기 좋아하는 이야기꾼이었거나 단순히 기억력에서 비롯된 문제였을 것이다. 가령 진은 식료품점에서 자신을 보고 임신한 줄로 오해했던 여성에 대한 이야기를 여러 번 했는데, 날짜가 9월이 되기도 했고 10월이 되기도 했다. 또 진이 80대 중반에 쓴 자서전에는 제시카 미트퍼드의 기사가 1980년대 초에 나온 것으로 되어 있지만, 내가 미트퍼드의 아카이브에서 찾은 바에 의하면 1967년 기사였다. 그리고 "우연이 아니라 선택이 당신의 운명을 결정한다"는 진의 말은 결국 출처를 찾지 못했다. 외부적인 설명이나 자료를 통해 진위 파악이 가능하다면 그렇게 했고, 그게 불가능할 때는 내가 찾은 자료 가운데 가장 정확해 보이는 것을 택했다.

　　나는 이 책을 비밀리에 쓰지 않았다. 웨이트워처스 측은 내가 자사에 관해 책을 쓰고 있다는 사실을 알고 있었으며 자료 조사에도 협조해주었다. 모임 리더들과 몇몇 회원도 마찬가지였다. 하지만 모든 사람의 프라이버시(특히 다이어트의 우여곡절에 관한 이야기)는 존중받아야 하므로, 나는 몇몇 사람의 이름을 바꾸고 여러 명을 하나의 인물로 합쳐놓기도 했다. 이 책의 일부 내용은 시간적으로 압축되거나 변경되어 다른 지면에 이미 공개된 바 있다.

감사의 말

이 책은 나의 에이전트이자 친구인 젠 마셜이 없었다면 나오지 못했을 것이다. 젠의 격려 덕분에 나는 진의 목소리와 나 자신의 목소리를 찾을 수 있었다. 데이비드 쿤을 비롯한 애비타 크리에이티브 매니지먼트의 모든 분께 고마움을 표한다.

바네사 몰리는 내가 좀 더 깊이, 좀 더 비판적으로 생각할 수 있도록 자극을 주었다. 몰리를 비롯하여 리건 아더 그리고 리틀 브라운 출판사의 모든 팀원과 함께 작업할 수 있어서 운이 좋았다.

WW 인터내셔널의 관계자분들께 무엇보다 깊은 감사를 드린다. 민디 그로스먼과 개리 포스터를 비롯한 많은 분이 인터뷰에 응해주었고, 자료 조사에 앞다투어 힘을 보태준 스테이시 셔러, 제니 짐머만, 브루크 테이스, 사라 보스코, 님라 버트 그리고 폴 칼리스를 잊지 못한다.

크리스티나 맥코슬랜드와 자라 골든 역시 자료 조사를 위해 애써주었다. 뉴욕 공공도서관의 레베카 페더만, 국회도서관의 앨리슨 켈리 그리고 로라 셔피로, 알렉시스 코는 그들의 시간과 전문성을 아낌없이 나눠주었다.

나를 열렬히 응원한 로잘리 스웨딘과 알렉스 골드스톤에게 감사한다.

자미 아텐버그와 로런 메클링은 나의 초고를 읽어주었다. 설치미술가 윈디 치엔, 스캔들 클럽 그리고 나의 스카이 팅, 무브스, 발레1, 세이크리드 피그 요가 가족들에게도 특별한 마음을 보낸다. 그들의 우정은 내 정신건강을 지켜주었다. 그리고 틈날 때마다 책은 잘되고 있느냐고 물어봐주었다.

마지막으로 부모님을 언급하지 않을 수 없다. 감사해요. 그리고 사랑합니다.

디스 이즈 빅

디스 이즈 빅

초판 1쇄 인쇄   2023년 3월 23일
초판 1쇄 발행   2023년 3월 31일

지은이   머리사 멜처
옮긴이   곽재은

편집인   이기웅
책임편집   안희주
편집   주소림, 양수인, 김혜영, 한의진, 이원지, 오윤나, 이현지
디자인   MALLYBOOK 최윤선, 정효진, 이예령
책임마케팅   정재훈, 김서연, 김예진, 김지원, 박시온, 류지현, 김소희, 김찬빈, 배성원
마케팅   유인철, 이주하
경영지원   김희애, 박혜정, 최성민
제작   제이오

펴낸이   유귀선
펴낸곳   ㈜바이포엠 스튜디오
출판등록   제2020-000145호(2020년 6월 10일)
주소   서울시 강남구 테헤란로 332, 에이치제이타워 20층
이메일   odr@studioodr.com

ⓒ 머리사 멜처

ISBN 979-11-92579-52-8 (03330)

스튜디오오드리는 ㈜바이포엠 스튜디오의 출판브랜드입니다.